東大英作の徹底研究

山口 紹 著

駿台文庫

あなたがもし，この本を買おうかどうか迷っているのなら，あるいは，購入した後で，どこから読もうかと考えているのなら，ためらうことなく，第2章の第4講 (p.82) を開いてみることを強くおすすめしよう。

わずか3頁。そこに，この本の原点がある。掲載されている解答例は，4とおり。著者本人①と，ネイティブ②，「軟体動物」君③と「スピカ」さん④。

②には「J.B. 氏の体験」という注記だけがある。①には，英語に関する解説がある。推察するに，①には（本人の意図かどうかとは無関係に）「T.Y. 氏の体験」が，まぎれもなく投影されていると思う。本人に尋ねたとしても，否定するだろう（いつもの「照れ隠し」だ）。しかし，①の英文の背後には，遠く異国の地で，（日本の標準からしたら遅ればせながらの）学びの道を踏み始めた山口紹の，ブザンソンとロンドンでの日々が見え隠れする。思えば，very mixed feelings とは，著者が，フランスや英国に対して持つ思い，そのものなのではないだろうか？

だからこそ，問題文の後の「必要な知識・能力」の箇所に「自分の素の力が出る。アイディア的にも，語彙も，志も。」という言葉が登場したのだ。

もちろん，そんな文学的な読み方をすることが，この本を読む際の本道なのではない。その点でも，著者はぬかりがない。なにしろ，「志」の文の後に＜自由英作は「内容・書きたいこと」と「表現力・書けること」のせめぎあいである＞という根源的なアドバイスが登場し，さらには①の英文の中に，それよりも十数頁手前に説明しておいた on the contrary が，きわめて適確な形で，さりげなく登場するという繰り返しの技法が施されている。これを教育的配慮と言わずして，何と言えばよいのか。

そして，その後の③。そう，「粛然」である。そしてまた，この英文を前にして，おそらくは講師室かどこかで，現代文や歴史の同僚たちと語り合っている著者の姿を想像することは，授業に出席したことのある学生たちにも，職場をともにする教職員にとっても，かなり容易なことにちがいない。

駿台予備学校という空間は，世間が想像する以上に，純然たる，そして（変な言い回しだが）言葉の最もよい意味で「旧態依然」の「学校」である。そして，その「教師」の典型例の1人が，この本の著者なのである。もちろん，他にも，いろんな「教師」がいて，立場や方法論も多様なので，普通なら，あいいれないと思うような人々が，学生たちを導き，送り出している。

学生たちから見る著者の姿は，これまた言葉の最もよい意味で「旧態依然」の「教師」である。これには根拠がある。この文章の役割は，この本と著者を褒めて推薦することなのだろうが，実は褒める言葉につまってしまったので，著者を知る学生たちに聞いてみた。メモをくれたり口頭で話してくれたりした。いわく「どんな答案でも，けなさずに見てくれる」「あまり授業に集中しすぎないで，お話をしてくれるので，楽しい」「進度が遅いので予習が楽」「何もないときに校舎にやってきて質問に応じてくれる」「何時まででもいてくれる」…まあ，すべてが褒め言葉なのか，よくわからないし，そもそもメモのいくつかをなくしてしまった(☺;)ので，確定的なことは言えないけれど，おそらく著者を直接知っている人々には，だいたいそのとおりだと思えることだろう。

　こう書くと，のめり込みタイプに見えるかもしれない。たしかに，著者の人生には，のめり込むところがあって，そうでなければ，こんな「徹底研究」が書けるわけがない。しかし，その一方で，絶妙な釣り合いを持ち合わせている。そうじゃなきゃ，駿台予備学校で，一流講師を何十年もやっていけるわけがない。

　本書の中で，そういうバランスを，さらに1つだけ確認しておけば，さきほどの箇所。

　「軟体動物」君③の志の後には，ちょうど釣り合いがとれるように，「スピカ」さん④が登場する。実はこういうバランスが，著者なりの「せめぎあい」なのであって，こういう複数の答案例が相互照射しあうところが，本書の真骨頂なのである。

　読者の皆さん，英語を学ぶということには，すばらしい副産物が，たくさんあるのですよ。本書の作成の礎となった，T.Y. と T.G. の長き友情も，T.Y. と元教え子たちとのやりとりも，彼ら，彼女らに，英語が授けてくれた，ささやかな贈り物です。

　「うらやましい」ですか？　いいえ，本当にうらやましいのは，この本をきっかけとして，自由英作文の新たな展望台への扉を開けようとしている皆さんがたなのですよ。

駿台予備学校　英語科講師
大島　保彦

—— that 節を制するものは入試の英作を制する ——

序

　本書は受験参考書であり，受験参考書に，「まえがき」や「本書の使い方」は必要でも，序文は本来必要ないと思うが，本書の場合，諸々の理由で（ちなみに受験生諸君は自由英作で for various reasons とか etc. とか書いてはいけない。著者がロンドンの英語学校で最初に習ったことである。理由は説得力のあることを具体的に書け，と。だからこの「諸々の理由で」はありとあらゆる意味で，日本語的である），黙って本文にいくのはあまりにも多くの人の協力を仰ぎ，自覚している限りでも説明責任を果たしていないことになると思う。また畏友の大島保彦先生から身に余る推薦文をいただいた。それを読んだこれも尊敬する明治学院大学の Tom Gill 教授（本書中にも登場する）に，「素敵な推薦文ですね」と言われ，著者にすればありがたいというより汗顔の至りなのだが，これも大島先生と私の間では，ほっかぶりできるようなことではないと思った。そういうわけで最初からの本意ではないが，いささかの駄文を序文と称してしたためる。忙しい（非制限用法である。念のため）受験生諸君はすっ飛ばして読んでもらって差し支えない。

　著者が受験生のとき，古文の受験参考書のまえがきに，著者である偉い先生が「受験参考書を書くことは学術書を書くことに比べて一段下に見る人がいるが，それは大きな心得違いである。人生で最も多感で吸収力の強い時期に，青春の貴重な時間を割いて読む受験参考書は大変重要なものなのである」という趣旨のことを書いておられた。そのときは，「なるほど，そうだなぁ」と思っただけのような気がするが，それからはるかな後年，自分自身が受験参考書を書く立場になったとき，その先生の言葉を思い出して身が引き締まった。

　『東大英作の徹底研究』という書名の本を書くことになったのは偶然と言えば偶然であるが，必然と言えば必然ともいえる。駿台文庫から要請があり，ちょうどそのころ著者は「東大」と名のつく1年制の本科生のコースや，やはり「東大」と名のつく講習講座を持っていたので，ここでひとまず自分の教え方をまとめておくのも自分にとってよいことであろうし，普段駿台に接する機会のない人に駿台の英作文の方法論を伝えるのも意義のあることと思いお引き受けした。

初めはそれほど構成や書く内容についていろいろ考えていたわけではなかった。最初のうちは普段の授業や講習でやっていた通り，東大英作の過去問や著者自作の東大英作の予想問題の解答解説を中心に書き進めておけばいいつもりでいた。その際ユニークな試みとして，「著者の元教え子で，東大に受かった人たち（つまり現在東大に在籍しているか東大卒の人たち）に実際の東大の入試問題の解答例を頼んで，それを入れてみてはどうか」と考えた。そのとき急に思い立ったアイディアではなく，講習会ではそういうふうにやってきたからなのだが，途中で「解答例を書いたご本人たちが，解答の際に考えたことや感想を入れる」ことを思いついた。自分ではそのためこの本はぐっと面白味を増したと思う。

　しかしどんなことにも両面がある。普通この種の参考書で生徒の解答例を入れるのは，間違いを指摘し，それを正しながら，文法や内容を説明するためである。ところが，本書に登場する東大生たちは，東大に受かるような英作文の答案を書ける生徒の中でもぶっちぎりに（本人たちは言わないが察するに他教科も）できる人たちである。それは読者諸氏が見ても一目瞭然にわかるだろう。そのため当然ながらこちらが期待するような可愛い（予備校講師的な言い方をすると"おいしい"）間違いをしてくれない。正直あわてた。しかし考えてみればそれも道理で，「ネイティブや英語教師ではなく，高校生としてこれだけの英語が書けるようになった人たちのようになるにはどうすればいいか」というのが本書の趣旨であるから，解説する側に都合のいい間違いをなかなかしてくれないのである。

　元々入れるつもりであった「APPENDIX」の他に，「文法講義」や「コラム」が大幅に増えたのはそのためである。全体としての一体感が大幅に崩れるのはやむを得ないと思っていたが，何とか見られるようになったのは（著者から見れば申し分のない体裁になったのは）駿台文庫の方々の献身的な協力のおかげである。

なお本書の刊行にあたっては，さまざまな方にお世話になった。先の Tom Gill 先生や英語を母国語とする駿台の歴代のネイティブスピーカーのコンサルタント，同僚の山際伸治先生，廣田睦美先生，田上芳彦先生には大変貴重なアドバイスを頂戴したり，綿密なる打合せにお付き合いいただいた。著者の友人で高校教員である東大視先生にもとてもお世話になった。また，解答作成やコメントをしてくれた東大生 5 名（軟体動物君，Cygnus 君，fifth tendon 君，grdn 君，スピカさん：参考書の性質上，あえてハンドルネームとした）や，編集・校正に携わった駿台文庫の上山匠さん，杉浦理香さん，斉藤千咲さんには深く感謝している。とりわけ著者をよく知る上山さんだから刊行にこぎつけたと言っても過言ではない。

　感謝している方々はほかにもたくさんいる。一例を挙げれば p.37 にある立体座標の座標軸の取り方である。著者としては数学や物理の説明をしているつもりはなく，文を時制と構文と単語の 3 次元で見ることを提案しているだけで，A 軸，B 軸，C 軸でも甲軸，乙軸，丙軸でも，何なら，い軸，ろ軸，は軸でもよかったのだが，この図を見た著者よりはるかに若い数学や物理の先生が，「先生，これは座標軸の取り方がおかしいですよ」「立体座標は通常右手系で書くから右から x, y, z の順に並んでないと」とそれこそ真剣にいさめてくれるのである。こういうとき駿台予備学校で講師をやっていることに至福の思いを感じる。現在完了の 3 用法を説明した図（p.44）も同様である。特に継続用法を図示するとき，線分とは連続の点の集合であることを時間軸上で説明しようとしてなかなかうまくいかず，数学や英語の先生が皆一生懸命考えてくれた（結局よくある図になってしまったが，それは著者の力量の限界のせいである）。

　これらはほんのいくつかの例にすぎない。著者としては渾身の力を込めて書いたつもりではあるが，なお人間は 1 人では何もできないという当たり前のことを，この本を書いて改めてよくわかった。

　本書が役立つことを願いつつ，諸氏の健闘を祈る！！

2013 年 1 月

駿台予備学校　英語科講師

山口　紹

本書の特長と利用法

❶ 問　題　全46講（過去問29講＋オリジナル問題17講）

出題形式別に章を分け，過去の東大入試の英作文・文法問題から良問を精選。さらに著者のオリジナル問題を加えている。当たり前のことだが，解説を読む前に自分なりの解答を作成すること。

❷ 考え方／必要な知識・能力

その問題に対する著者の所感，および取り組み方のポイントや対処法を掲載。よく読んでから解答作成に取り組むことも有用な方法。ここで解き方のコツをつかもう。

❸ 解答例／コメント

T.Y.（著者），T.G.氏（大学教授：イギリス人男性），J.B.氏（コンサルタント：カナダ人男性），現役東大生／東大卒業生5名（軟体動物君，Cygnus君，fifth tendon君，grdn君，スピカさん）のハンドルネームで「解答例」や「コメント」を掲載。書き方・発想法・表現法を大いに参考にし，自分の解答と比較してどこが違うのかをじっくり研究してほしい。なお，現役東大生／東大卒業生5名の「解答例」，「コメント」には，語数制限を満たしていないもの，内容に誤りを含むものもあるが，参考のためそのまま載せている。

❹ 書くための英文法　実戦講義　全10講

英作において必要不可欠かつ受験生が苦手とする重要事項を文法講義形式で掲載。精読し十分に理解を深めよう。実戦講義部分のみを，まとめて学習するのも有効的である。

❺ コラム

英作をする上で予備知識として知っておきたいことをコラムとして掲載。余裕のあるときに目を通してほしい。

❻ APPENDIX

巻末のAPPENDIX（付録）を十分に活用し，文法・語法項目で，曖昧になっている事項，英文を書くために必要な事項を，しっかりとチェックしよう。

CONTENTS

本　編

- 第1章　キーワード指定 …………………………………… **14**
  書くための英文法　実戦講義
  1. 日本語の構造（N中心）と英語の構造（SV中心）　*32*
  2. 時（Time）と時制（Tense）と相（Aspect）と法（Mood）について　*37*
  3. 完了相の概念と「現在完了を使ってはいけないケース」　*44*
- 第2章　英文空所補充 ……………………………………… **58**
  4. 仮定法について　*112*
  5. 「…になる・なった」,「…にならない・ならなかった」,
     「…するようになる・なった」　*119*
- 第3章　文法問題 …………………………………………… **124**
  6. ofの多彩さ　*148*
  7. 冠詞について：定冠詞（the）にフォーカス　*154*
- 第4章　和文英訳 …………………………………………… **160**
  8. it, this, thatの使いわけ　*190*
  9. 受動態3原則　*196*
- 第5章　日本文の大意要約 ………………………………… **198**
- 第6章　描写(1)　情景描写 ………………………………… **224**
- 第7章　描写(2)　出来事の描写 …………………………… **234**
  10. ナレーションの現在について　*248*
- 第8章　描写(3)　グラフ …………………………………… **254**
- 第9章　意思決定 …………………………………………… **266**
- 第10章　議　論 …………………………………………… **294**

APPENDIX　　　　　　　　　　　321

- 1. 仮定法　　　　　　　　　　　322
- 2. 不定詞と動名詞　　　　　　　329
- 3. 形容詞・副詞の用法　　　　　336
- 4. 名詞の用法　　　　　　　　　344
- 5. 動詞の用法　　　　　　　　　347
- 6. その他　　　　　　　　　　　349

コラム

前置詞 by について	21
基本動詞の個性	22
There is 構文について	30
未来時の表し方	42
Have you ever been skiing?	48
過去完了余話	50
助動詞に関する注意	56
事実と規範	81
S + be + [形容詞] + to do の研究	95
? If I hadn't had that accident, I would still live in Tokyo.	117
in の用法	152

● 過去問掲載ページ一覧 ●

年	問	ページ		年	問	ページ
1987年	3(A)	**160**		2005年	2(A)	**228**
					2(B)	**76**
1988年	3(B)-2	**119**				
				2006年	2(B)	**269**
1989年	3(C)	**167**				
				2007年	2(A)	**203**
1990年	3(B)	**220**			2(B)	**224**
1992年	2(A)	**252**		2008年	2(A)	**106**
	2(B)	**171**			2(B)	**272**
1993年	2(A)	**14**		2009年	2(A)	**85**
	2(B)-2	**185**			2(B)	**24**
1996年	2(A)	**178**		2010年	2(A)	**64**
	2(B)	**184**			4(A)	**124**
1997年	2(A)	**234**		2011年	2(A)	**58**
					2(B)	**294**
1998年	2(A)	**302**			4(A)	**130**
1999年	2(A)	**266**		2012年	2(A)	**138**
					2(B)	**286**
2001年	2(A)	**198**			4(A)	**144**
2003年	2(A)	**254**				

本書で使用した記号と意味
S → 主語　　　　V → 述語　　　　O → 直接目的語
O′ → 間接目的語　　C → 補語　　　　N → 名詞
M → 修飾要素　　　— → 動詞の原形　　p.p. → 過去分詞
to do (to be を含む) → to 不定詞
doing (being を含む) → 現在分詞もしくは動名詞
➡ → 参照箇所

※なお，たとえば「現在時制完了相」，「現在完了」，「現在完了形」など，表記が異なる場合があるが，厳密性と読者へのわかりやすさを勘案して使い分けているので一言断っておく。

本　編

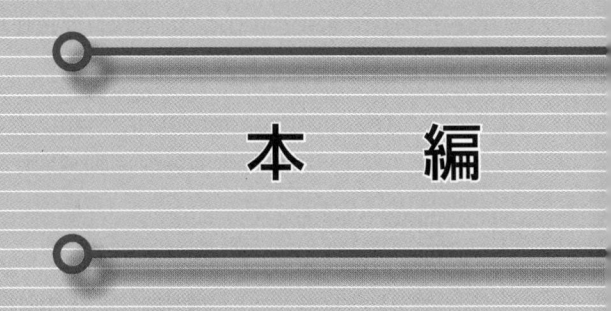

第1章 キーワード指定

第1講

次の(1)から(8)までの語群をもとに，例を参考にして8つの文を作り，一貫した内容の手紙となるようにせよ。文に作りかえるとき，語群の順序を変えてはいけない。

（例） I / wonder / what happen / you.
→ I was wondering what happened to you.

Dear Sachiko,
(1) I be / so happy / get / present / send.
(2) What / nice idea / send / selection CDs / Japanese singers.
(3) I enjoy / listen / them / very much / so / my boyfriend.
(4) He like / so much / he take home / him / last night.
(5) I be / very angry / he lose / CDs.
(6) It be / not possible / buy / Japanese CDs England / except perhaps / special shop London.
(7) I / post present you / yesterday / but / it come sea / not air.
(8) I / not say / what present be / it be / surprise.

Love,
Alice

（東京大 1993年 2(A)）

自由度 ★☆☆☆☆ **難易度** ★★★★☆

■ 考え方

ある意味，非常な難問。ただし，それは出題者の意図がわかりにくいという意味で，である。また例も不親切。多分大概の受験生は指示を誤解する。

余談ながら同じ「キーワード指定」に入れている第1講と第2講は，コンセプトも難易度も極端に異なっている。出題の意図をいかにとらえるべきかに悩むところだけは同じだが，東大英作では見かけの形式に惑わされてはならない，という例にはなるかもしれない。

■ 必要な知識・能力

　要求されている知識はかなり多岐にわたる。不定詞の副詞的用法，時制の諸問題，感嘆文，前置詞の用法，またさりげなくこなれた英語表現が出てくるかなど。野心的な問題ではあるが，受験生の側にはおそらく出題の意図は伝わらず，問題としては成功していないように思う。でも本問を丹念にやれば，少なくとも文法・語法項目に関して東大の先生がどういうレベルのどういうことを受験生に求めているかが見えてくる。

解答・解説

　まず最初に本問の指示を確認しておく。例では，

　　（例）　I / wonder / what happen / you.

と happen と you の間に /（スラッシュ）が入っているから → I was wondering what happened to you. と happen と you の間に前置詞 to が入っていることには抵抗はないが，実はスラッシュに関係なく前置詞は必要なものは入れよ，というルールなのである。たとえば(2)の selection CDs は selection **of** CDs と前置詞を入れなければ無理なのだが，受験生にそれを要求するのは酷だろう。受験生がなじんでいるルールは通常「与えられた語句は指示がない限りそのまま使用せよ」というものだからである。ただし(6)の … / Japanese CDs England や … / special shop London になるとさすがに前置詞を入れなければ書きようがないから，ここでルールに気づく受験生は多いだろうが，そこまで行ってからすでに書いた文の調整まで手がまわるかどうか。ここで強調しておくが，こういうことに気づく受験生を大学側は求めている，ということではない。

　東大の英作文はあくまで受験テクニックやパターンの暗記（英文の暗誦が無意味と言っているわけではない）によらず，受験生の純粋な作文力を試すためにさまざまな出題形式を工夫しているのだと思う。しかし，その工夫が受験生にとって時に余計な負担になっているのも事実である。それは受験生の側からはどうしようもないから，過去問をよく研究し，本番では指示，問題文をよく読んで予断を持たずに個々の問題の出題意図を理解してから取り組むように。

T.Y. の解答例

(1) I was so happy to get the present you sent.
(2) What a nice idea (it was) to send a selection of CDs by Japanese singers.
(3) I enjoyed [enjoy] listening to them very much and so did [does] my boyfriend.
(4) He liked [likes] them so much that he took them home with him last night.
(5) I would [will] be very angry if he lost [loses] any of the CDs.
(6) It is not possible to buy Japanese CDs in England, except perhaps at a few special shops in London.
(7) I posted a present for [to] you yesterday, but it will come by sea, not by air.
(8) I won't say what the present is; it is [will be] a surprise.

(1) you sent に合わせて I was とこちらも過去形にするのがよい。今この手紙を書いている時点でも幸せなのだから，I am so happy でもよいと思うが（また減点もされないと思うが），英語の発想ではもらったときにうれしかったということだから過去形で書く。不定詞の副詞的用法で「感情の原因」を表す。頭がよく，よく勉強している生徒は「受け取ったのは過去で，うれしいのは今だから I am so happy to have got [gotten] the present you sent. が正しいのではないか」と考えるかもしれない。英語の完了不定詞の意味を考えると原理的には正しいはずだし，また減点もされないと思う（東大は頭のよい生徒，よく勉強している生徒には採点が甘い気もする）。しかし「感情の原因」を表す不定詞の副詞的用法では，完了不定詞にせず通常の不定詞にするのが慣用の世界。

(2) 感嘆文。it was は省略可能。不定詞は副詞の用法で「判断の根拠」を表す。(1)と同じく英語の発想では過去形。なお，(1), (2)とも多彩な S＋be＋［形容詞］＋to do の１つ（→ p.95 コラム）。

「日本人歌手の／日本人歌手による CD」この場合，CDs of Japanese singers でも CDs by Japanese singers でもよいが，①「…の」をなんでもかんでも of...としないこと。「日本人の英語は "of" だらけ」とは，ネイティブからよく聞く批判である。②ただし「…で／…によって」が英語で by ... になるほうがまれである（→ p.21 コラム）。この場合 by でよいのは，受動態の意味上の主語を表す by で p.p. by [made by / produced by / composed by / written by] Japanese singers の p.p. が省略されたと考えられるからである。

(3) ここでの so は "I could do with a glass of beer."（ビールが飲みたいなぁ）"So could I."（私も）などの「こちらも同様（So V S と倒置形にする）」というときの so（could do with ... は「…がほしい［したい］」という意味のイディオム）。ちなみに，enjoy のあとは to 不定詞ではなく動名詞，などという中学基本レベルのことも結構東大英作では問題にする。

(4) こちらの so は so ... that ～の so。take は他動詞なので took them home とする。him に関しては，... took them home **with** him という with の用法についてチェックしているのが確実。

(5) ここがしばしば著者の言う「出題者と受験生のすれ違い」。出題者としては，昨晩ボーイフレンドが CD を持って帰って，今日 Alice がお礼の手紙を書いている時点で CD をなくしている可能性は少ないから（ありえなくはないが），ここは「万一なくすようなことがあったら私は怒る」と仮定法を要求しているのである。仮定法で書かなければ，この設問全体が 0 点になるとは思わないが，求められていることに答えていないことになるだろう。

(6) ここのポイントは前置詞 except の用法である。前置詞は本来その後に名詞が来るものであるが，どう考えても名詞とはとれないものが来る場合もある。⟨cf.⟩ take ... for granted, from among many people, since then（×*after then*）, until then, in short（辞書にはこの場合の short は名詞とあるが）。except もそのような前置詞の1つで，except in an emergency「緊急の場合を除いて」のように他の前置詞と共に用いることができる。受験生は except for という言い方を知っていると思うが，for に限らずその文中で「何々を除いて」の「何々」が名詞なら except ＋名詞，「何々」にあたるところが前置詞句なら except ＋前置詞句となる。

(7) ここの by は交通・通信手段を表すもので，そのあとの名詞は無冠詞となる（→ p.21 コラム）。

(8) ここでの surprise は（可算）名詞として用いよ，という意味である。東大の英語では，ものすごく重要というわけではないが，よく勉強している生徒なら知っているはずのことを，配点を低くして訊くことがある。これもその一例と思う。

ネイティブの解答例（J.B.）

(1) I was so happy to get the present you sent.
(2) What a nice idea (it was) to send a selection of CDs of [by] Japanese singers.
(3) I enjoy listening to them very much, and so does my boyfriend.
(4) He likes them so much that he took them home with him last night.
(5) I will be very angry if he loses those CDs.
(6) It's not possible to buy Japanese CDs in England, except perhaps at special shops in London.
(7) I posted a present to you yesterday, but it will come by sea (mail), not (by) air (mail).
(8) I will not say what the present is, so that it will be a surprise.

著者が解答例を考えたとき，(1), (2) の時制をどうするか悩んだが，どのネイティブもためらわずに<u>過去時制を選んできた</u>。冠詞，前置詞，時制はネイティブの最も強いところである。逆に外国語として学習するとき，原理原則の理解だけではままならない分野でもある。受験生としては，そのような分野では不必要に悩まず，しかし理論的理解と習熟のどちらが個々の問題点において大きいのか，自覚的に考えて地道な努力をすればよい。

東大生による解答例① 「軟体動物」君

(1) I was so happy to get ~~a~~ **the** present sent **you** ~~by you~~.
(2) What a nice idea it was to send me **a** selection **of** CDs of Japanese singers!
(3) I enjoyed listening to them very much, so I recommended ~~those~~ **the** [by] CDs to my boyfriend.
(4) He ~~also~~ liked them so much that he took home **them** ~~some of the CDs~~ **with him** last night.
(5) I would be very angry with him if he lost any of those CDs.
　[I will be very angry with him if he loses any of those CDs.]

(6) It is not possible to buy Japanese CDs in England ^(at) except perhaps ~~in~~ some special shops in London.

(7) I posted a present for you yesterday, but it ~~comes on the~~ (will come by) sea, not by (mail) ~~air~~. [to]

(8) I won't say what ^(the) present ~~it~~ is, because it's a surprise.

「S.Y.」氏のコメント：
(3)の後半で，こういう手があるというのは，やはり問題としての完成度に難があるということなのでしょうね。

「軟体動物」君も「スピカ」さんも「Cygnus」君も単に東大生というだけでなく（もう卒業した人もいるが），英語がケタ外れにできる人たちばかりである。でもこういう問題だと，きめの細かさという点では，どうしても不手際が出る。真の英語力を測る，という観点からはふさわしくない，入試の英作文のよくないところが出た問題かもしれないが，怖いところでもある。

東大生による解答例② 「スピカ」さん

(1) I ~~am~~ ^(was) so happy because I ~~get a~~ ^(got the) present you sent.

(2) What a nice idea it ~~is~~ ^(was) to send me ~~your~~ ^(a) selection ^(of) CDs of Japanese $Singers$! [by]

(3) I enjoyed listening to them very much, and so ~~was~~ ^(did) my boyfriend.

(4) He ~~likes it~~ ^(liked them) so much that he took ~~it~~ ^(them) home with him last night.

(5) I will be very angry if he loses ^(the) CDs.
    [any of the CDs]

(6) It ~~will~~ ^(is) not ~~be~~ possible to buy Japanese CDs in England except perhaps in special shops in London.

(7) I ~~have~~ posted a present for you yesterday, but it will come by sea, not by air.

(8) I ~~dare~~ will not say what the present ~~it would be~~ is because it is so that it will be a surprise.
　　　　　　　　　　　　　　　　　　　　　[because I want it to be]

個人的なことを知っているわけではないが，聞き及ぶプロフィールからすればスピカさんはここに登場する5人の（元）東大生の中では一番ナチュラルな英語を話すはずである。しかし著者の考えでは，(1)で because I get a present と現在時制にするのはかなり罪の重い間違いである。こういうところが日本人が英語を学ぶ上での最難所であると思うが，皆等しく間違えるので，偏差値を大きく左右するということはなく受験生は自覚がない。しかし東大英作の特徴として（京都大学の和文英訳の難問などあくまで他大学との比であるが），時制を重要視していると思う。

東大生による解答例③　「Cygnus」君

(1) I ~~am~~ was so happy to get the present you sent.

(2) What a nice idea it ~~is~~ was to send a selection of CDs of Japanese singers.

(3) I enjoy listening to them very much, and so does my boyfriend.

(4) He likes them so much that he took them home with him last night.

(5) I am very angry now, because he lost some of ~~them~~ the CDs.

(6) It is not possible to buy Japanese CDs in England, except perhaps at a special shop in London.

(7) By the way, I posted a present for you yesterday, but it will come by sea, not by air.

(8) I won't say now what the present is, because I want it to be a surprise for you.

(2)で Cygnus 君にして selection CDs としているのは，本問が難問というより作り方に不手際があるせいと思う。

コラム　前置詞 *by* について

　日本語の「…で」あるいは「…によって」が必ず英語で by ... になると考えてはいけない。「私自身の目で見る」は see with [×*by*] my own eyes だし,「風邪で休んだ」は I was absent because of / on account of / due to [×*by*] my cold. と言う。受験生としてはとりあえず「…で」,「…によって」に by を使うのは次の4点に限り, これ以外の場合は別の言い方を考えるのがよい。

1. 交通・通信手段に by car, by telephone など（無冠詞であることに注意）。ちなみに「インターネットで」は, ×by Internet ではなく on the Internet とか using the Internet などにする。理屈としてはインターネットは「通信手段」ではなく "network system" であり, 通信回線にインターネットをつなぐのであってインターネット自体は手段ではない, という説明が与えられる。

2. 受動態の意味上の主語は当然 by ... である が, その…がたまたま無生物なら日本語の「…で」,「…によって」になる。たとえば「蒸気で動くエンジン」は an engine driven by steam である。興味深いことに「電車は雪で遅れた」を, be delayed は受身形なので The train was delayed by the snow. と言ってよいが,「遅れた」を late で表す場合は受身形とならないので, ×The train was late by the snow. とは言えず, The train was late on account of / because of / due to the snow. とするのが正しい。

3. by doing（─することによって）という形はあり, I learned English by listening to English programs on the radio. などは正しい。ただし, これは「手段」であることを強調する言い方なので,「窓を見たら日が沈むのがわかった」を, △*I realized that the sun was setting by looking at the window.* としないほうがよい。窓を見たのは日没を知るための手段として見たのではなく, たまたま見たら日が沈んでいたのだからである。正しくは, When I looked at the window, I realized that the sun was setting. などとする。ちなみに×*I realized sunset.* は意味不明の英文になる（➡ p.22 コラム）。

　また, コンサルタントが教えてくれたのだが, He opened the door **with** a key. （彼は鍵を使ってドアを開けた）は標準的な表現である（余計な注：この文は『鍵のついたドアを開けた』のか『鍵を使ってドアを開けた』のか, 二義性がある, という議論に使われる。受験生諸君はその手の議論には必要以上に悩まないほうがよい）。He opened the door **using** a key. も同様。上記の2文は「鍵を使って開けた」と事実をそのまま記述しているので問題はない。しかし, ? He opened the door by using a key. はどうであろうか。鍵を使ってドアを開けるのは当然であるから,「どういう手段によったか」を強調する by doing には違和感を感じるという。それに対して「（合鍵がなかったので）ヘアピンを使ってそのドアを開けた」を I opened the door by using a hairpin. とするのは, 手段に情報価値があるので問題ない, という話である。

4. イディオムとして by を使うことに決まっているもの。たとえば「手で書く・手書き」は write by hand と by を使うが，ここでなぜ by を使うか，と考えてもよい答えは出てこない。これはそういうイディオムだと覚えておくほうが手っ取り早い。

 ## コラム　基本動詞の個性

　どの動詞にも個性があるのは当然であるが，基本動詞ほどその傾向は強い。特に日本語を母語とする者から見ると，その個性はさらに際立つ。これは文法ではなく語法の問題であり，したがって文法の参考書よりも，辞書の領分である。

know, realize

　If I had known (that) you were coming. と言えるのに，× *If I had known your coming*. と言えないのは，著者が昔から説明に苦しんだ問題である。know は動名詞を目的語にとれない，というようなことなら大したことはないが，同様に× *If I had known your visit*. であるのに対し，I remember your coming. や I remember your visit. とは言えるから，これはやはり名詞／動名詞の違いの問題ではなく，動詞の個性の問題である。以前，東北大の過去問をやってきた東北大受験生が（その生徒は東北大に受かった），「先生だとわかった時」という部分の英訳を× *when I realized my teacher* と書いてきたことがある。それは間違いで when I realized that it was my teacher が正しいのだが，そういうところが受験生には腑に落ちにくいところのようである。個々の動詞の用法について辞書に勝る参考書はない。だから受験生諸君は労をいとわず，自分であやふやだと思う動詞の用法があれば，丹念に辞書を見てほしい。基本動詞だけでいいのだから。**know** や **realize** など「知る」系の動詞（**be aware of** なども含めて）は特に難しい。

tell, say

　「言う」系の動詞もややこしい。**tell** などは第 4 文型（S V O O）をとれる動詞であることは誰でも知っていると思うが，同時に S V O about ... という形でも用いられ，両者には明白な違いがある。「外国人に日本文化を伝える」は tell foreigners about Japanese culture であり，× *tell foreigners Japanese culture* ではない。

　また，He told a lie to me. はよくても× *He said a lie to me*. はない（「意見を言う」が× *say one's opinion* ではなく state / express one's opinion であるのは英作文の基本事項の 1 つである）。なお，**say** は第 3 文型の動詞なので，S（≠ It）be said that s v の構文は使えない（× *Ichiro is said that he is a genius*. (It is said that Ichiro is a genius. は正しい構文)）。著者が繰り返し言っていることだが，that 節の間違いは罪が重い。使わなければ

いけないときに使わないことも，使ってはいけないときに使うことも，どちらも罪が重い。「<u>that 節を制するものは入試の英作を制する</u>」と言われるゆえんである（言っているのは著者だけかもしれないが）。say に関しては Ichiro is said to be a genius. も説明に困る形。その能動形に当たる× *They say Ichiro to be a genius.* が存在しないからである。著者は Ichiro is said to be a genius. は say を第5文型で用いた× *They say Ichiro to be a genius.* の受動形，ただし必ず受動形でのみ用い能動形では用いない，と教えることにしている。say ほどではないが他にも suppose なども，第5文型で用いるときは be supposed to do と受動形で書くことが圧倒的に多い。文法事項としては別のことではあるが，関係副詞の how とその先行詞 way は現実には× *the way how* という形では用いず，必ず way か how かどちらかを省略するということもある。いずれも英文法が一直線的な体を成していない，ということの例であると思う。

expect

expect も，英作文を教えるとき説明の難しさを感じた動詞の1つである。S expect that S V とか S expect O to do など，that 節や不定詞とともに使うのは比較的わかりやすいのだが（とは言っても間違えるところはいっぱいある。油断しないように），S expect［名詞］と，目的語に本物の名詞（➡ p.333 APPENDIX 2.7）だとどういうものが来るのか，非常に教え方に苦労した。たとえば次の神戸大の問題である。訳は T.G. 氏。

「今の子供は親の期待を受け，親の視線に守られて親の決めた進路を歩かされている」
Children nowadays are burdened with parental expectation, protected by the parental gaze, and made to walk a path (through life) decided (for them) by their parents.

もちろん，受験生がこういう英語を書けなくて当然だが，それにしてもみな判で押したように，× *Children are expected by their parents.* と書いてくる。しかし，S expect children は「子供に期待する」という意味にはならないから間違いである。基本動詞の使い方が大切である，というのは英語を教える人たちにとって共通の価値観であると思う。

第2講

以下の例に従って，次の(1)～(5)について，(a)と(b)の文が同じ意味になるよう，括弧内の単語をそのままの形で用いて，空所を2～5語の英語で埋めよ。

(例) (a) "Can I go to the party?" Susan asked.　(**she**)
　　 (b) Susan asked *if she could go* to the party.

(1) (a) It's extremely rare for her to miss class.　(**almost**)
　　 (b) She _____ class.

(2) (a) His eyesight is so poor that he can hardly read.　(**such**)
　　 (b) He _____ he can hardly read.

(3) (a) Because the weather was bad, the trains were late.　(**to**)
　　 (b) The trains were late _____ weather.

(4) (a) That's the nicest compliment anyone has ever paid me.　(**a**)
　　 (b) No one has ever _____ nice compliment.

(5) (a) We can't afford that car.　(**us**)
　　 (b) That car is _____ buy.

(東京大　2009年　2(B))

| 自由度 | ★☆☆☆☆ | 難易度 | ★☆☆☆☆ |

■ 考え方

　本問は普通に考えれば英作問題ではない。文法の書き換え問題である。しかし出題されている位置が2番の(B)で，ここは本来英作文の定位置なので，出題者としては東大英作のバラエティーの中に入っているつもりなのだろう。英作問題としても文法問題としても，やさしいと言えば東大入試とは思えないほどやさしいし，問題の出来もいまひとつと思われる。しかし採点基準としては冠詞1つ違っていても確実に1小問分は吹っ飛ぶに違いない。これも前述（➡p.17 解説(8)）したように，配点を低くして，しかしどういう文法項目もまた細かいことも無視してはならない，というメッセージと思う。

■ 必要な知識・能力

　限定詞（冠詞など ➡ p.349 APPENDIX 6.1），可算名詞・不可算名詞の区別，あるいはごく基本レベルの英作文の表現の知識。

解答・解答例

　そもそもこれは英作文問題なのかどうか自信がないが，東大の出題の先生の意識としてはもともとそういう形式や分類をあまり重要なことだと思っていない節もある。書き換え問題は文法問題だというのは受験英語の常識であるだけであって，同じ内容の文を別の言い方で書いてみるというのは確かに英作文の習熟に大切なことではある。しかしそれならもう少し自由度とレベルの高い問題であってほしかったとも思う。

　(1)は難しく考えすぎれば，It's extremely rare for her to miss class. を almost を使って書き換えろ，と言われて，① almost never と almost の後に never と否定語が来てよいものかどうか，② almost never misses と miss を繰り返すのはよくないから almost always attends と動詞を代えなければいけないのか，などと悩む人もいるかと思うが杞憂。単に3単現の s を忘れていないかどうかだけの問題だと思う。ちなみに miss class と class に冠詞がついていないのは(2)や(4)へのヒントのつもりなのかどうか。

　意識的なのかどうかといえば，冠詞の有無は(2)の場合，もし *has such a poor eyesight that* とすると語数が6語になり語数制限違反になる。後述の fifth tendon 君も言っているように，そこを間違えていないのは語数制限で判断したからである。しかしそれは英作力とは関係ないから，もしそれで正解に達するように作ったのなら，それは親切ではなく余計なお世話である。実は such ... that ~ の that は省略可能なので × *has such a poor eyesight* とすると5語に収まるが，そういうことまで考えて作っているはずはないと思う。

　(3)は「理由」を表す接続詞 because に導かれた節の内容を to を用いた前置詞句で表せるかという問題。ちなみに weather は weather（無冠詞）か the weather（定冠詞とともに）というように用いる語で，× *a weather*（不定冠詞とともに）とすることはない。英語には lunch のように本来不可算名詞なのに形容詞がつくと **a** quick lunch などと不定冠詞とともに用いる語があるが，weather はそういう語ではない。

　(4)では(2)に続いて such ... that がもう一度出てくるが，ここは a を使え，という指示があるのだから可算・不可算を間違えようがない。親切なのかどうかわからない，考えてみると不思議な問題。

　(5)は英作文の入門書に出てくると思うが，「―する余裕がある」を英訳するとき「(時間的に)―する余裕がある／(時間的に)―する余裕がない」なら have enough time to do / be too busy to do，それに対し「(経済的・金銭的に)余裕がある」，つまり「…を購入する余裕がある」は (can) afford (to buy) ... とする。英作文の常識。

T.Y. の解答例

(1) almost always attends / almost never misses (3 words)
(2) has such weak eyes that / has such weak [poor] eyesight that (5 words)
(3) due to (the) bad / owing to (the) bad (3〜4 words)
(4) paid me such a (4 words)
(5) too expensive for us to (5 words)

(1) 意地でも前者のように動詞を代えたい気もするが，後者のほうが自然かもしれない。never の後，3 単現の s を忘れる人が多いが，never は副詞なので 3 単現の s の有無には影響しない。She does not miss に 3 単現の s がなく，She never misses と 3 単現の (e)s があるのは，not と never の違いではなく does が助動詞だからである。昔よくできる生徒にそういう趣旨のことを質問されてほほえましく思った記憶がある。

(4) もし such でなくて so を使え，というなら so nice a compliment という語順になる（→ p.349 APPENDIX 6.1）。ただしここでは nice compliment とすでに指定されているので，解答としては不可能であるが。

東大生による解答例① 「軟体動物」君 その1

(1) almost never misses (3 words)
(2) has such ~~a~~ poor eyesight that (6 words)
(3) owing to the bad (4 words)
(4) paid me such a (4 words)
(5) too expensive for us to (5 words)

東大生による解答例② 「軟体動物」君 その2

(1) almost always ~~attend~~ [~~go~~ to] *attends goes* (3〜4 words)
(2) has such poor eyesight that (5 words)
(3) due to the bad (4 words)
(4) paid me such a (4 words)
(5) too expensive for us to (5 words)

「軟体動物」君のコメント：
　解答例②の⑴は，最初のように almost never misses だと問題に答えるのに何も新しいことを使ってないような心配がしたので。調べたところ，無冠詞の class を使う時は attend [go to] class のように言うのですね。eyesight は不可算名詞で，owing to は be 動詞の直後だと使えないのですね。勉強になりました。

しかし owing to に対する彼の解釈は間違っています。それを指摘したあと…

再び「軟体動物」君のコメント：
　owing to に関して；僕が持っている某辞書の旧版の方に「be 動詞の直後には用いられない。Their late arrival was due [× owing] to the rain.」と書いてあり，これを見てそう思いました。そうですね，これは補語として用いることはできない，という意味なのですね。were late owing to N という使い方ならよいのでしょう。ありがとうございました。

「軟体動物」君の感想　>>>
　2009 年の 2 番の問題を一見した時，⒝ は比較的簡単で時間がかからないと思いました（それで，⒜ に時間を使えると思って，20 分くらい費やしたというのもあります）。⒝ は基本的な問題も含む書き換え問題で，間違いなく英作文の力も反映されると思います。
　書き換える能力を見る問題は今まで特になかった（5 番の長文問題で出題されうる程度だった）ので，新設したのでしょうか。2 番に入れてあるのはやはり「ある内容を言葉で表現する」という作文能力を試す問題の 1 つと位置づけているからではないでしょうか。今まであった「文脈からの制限」という要素がなくなって，考えなければならないことが減り，文法問題に近くなってしまっているのは否めませんが。⒝ で「英作文でわかっていなければならないこと」を客観的に見て，⒜ で「実際に書けるか」を見た，というように思います。
　受験する立場としては，⒝ は数分で終わるので，⒜ や別の問題に時間を割くのがよいかと思います。ただ，その分 ⒜ で考えることが増えた気がしますが。
　今後このような形式の ⒝ は定着するのでしょうか。受験生の間に差がつくかどうか疑問ですし，このような書き換え問題だとやがてネタが尽きてしまう気もするのですが（とは言っても，たとえば eyesight の問題のように可算名詞か不可算名詞かと問うパターンなら量産もできますよね），興味深いところですね。

> 東大生による解答例③　「fifth tendon」君

(1) almost never misses　　　　　　　　　　　　　　(3 words)
(2) has such poor eyesight that　　　　　　　　　　(5 words)
(3) owing to bad　　　　　　　　　　　　　　　　　(3 words)
(4) paid me such a　　　　　　　　　　　　　　　　(4 words)
(5) ~~beyond~~ us to　　　too expensive for　　　　(3 words)

「fifth tendon」君のコメント：
2008年は未来を問う作文が出たので（→ p.272），2009年は過去のことを問う作文が出るだろう，等と考えていましたが，とんだ的外れでした（笑）。まさか自由英作文が文法問題になるとは思ってもみませんでしたが，T.Y. 先生の驚きは私以上であろうと思います。(2)が思いつきません。苦し紛れですが…。

しかし苦し紛れでも正解してしまうのが彼らのすごいところ。さらに問題について感想を聞いたあと（特に eyesight が不可算名詞であるかどうか聞いたとき）…

再び「fifth tendon」君のコメント：
eyesight の不可算は知りませんでしたが，形容詞 such があり，原因と結果の節を持つ文を作るなら such that 構文で，それなら動詞は has で，と考えると，語数から可算名詞では複数形にしなければ冠詞抜きにできないが，視力 eyesight が複数で語られるのか？等と考え，不可算と決めました。もし語数制限が6であったら間違いなく不定冠詞 an を入れていたでしょう。

しかし，eyesight という単語の不可算性を知らない受験生でも，上のように理屈で考えることで正解を導くことができる。そのためにこそ制限は5であったのだろう，と思います（構文の書き換えそのものは非常に低レベルですが）。

各予備校でも，来年度（2010年度）の模試の（2番の）形式はこれに倣うのでしょうか。あんな問題に追随してほしくない，と少し感じましたが…。

> 東大生による解答例④ 「Cygnus」君

(1) is almost always present at　　　　　　　　　　(5 words)
(2) has such poor eyesight that　　　　　　　　　　(5 words)
(3) owing to the bad　　　　　　　　　　　　　　　(4 words)
(4) paid me such a　　　　　　　　　　　　　　　　(4 words)
(5) too expensive for us to　　　　　　　　　　　　(5 words)

「Cygnus」君のコメント：
　もう，完全に商売あがったりですね（笑）。人間って不条理なもので，こういう出題になると，少しもおかしくないのに笑いが止まらなくなります。試験会場で笑い出してしまった受験生がいなかったか心配です。先生の授業をしっかり受けていた学生にとっては，失望以外の何物でもありません。この年の受験じゃなくて，本当に，本当によかったなぁと思います。(1)がどの予備校の解答とも被っていないのは，ささやかな抵抗です。

コラム　*There is* 構文について

　「1冊の本がテーブルの上にあります」を英語に訳せ，と言われれば誰だって There is a book on the table. と書くだろうし，それで問題もないと思う。しかし，ではなぜ A book is on the table. としないのだろうか。今「なぜしないのだろうか」と書いたが，A book is on the table. としたら，大間違いというほどのことはない。英文としてはありうる。しかしネイティブとしては抵抗を感じるのもまた事実のようである。それは<u>文末焦点の原則</u>によるものである（原則は原則であり，例外はあまたある。だから受験生はそんな用語も，英文を読んだり書いたりするときにはあまり気にしなくてよい。ただ，その原則が There is 構文のようにパターンとして表れているときは，一応理論的裏付けを持ってからパターンと例外を頭に入れておいたほうがよい）。

　英語を母国語としている人は，文がいきなり"新情報"で始まると違和感を持つものらしい。最初に状況を説明してから，そのあと伝えたい情報を伝えたり（→ p.234 の 1: Susan's father was reading a newspaper when he noticed her happily getting ready to go out では Susan's father was reading a newspaper が状況説明で，he noticed her happily getting ready to go out が提示したい"新情報"である），あるいは"新情報"を提示すると宣言してから（There is a book on the table. の There is が該当）その"新情報"（a book が該当）とその所在場所（on the table が該当）を提示するのである。

　"新情報"を提示するのであるから，既知の情報であることを示すマーカーである 定系の限定詞 (the, this, these, my ... their などの所有格）や， 定系の代名詞 (I, you, he, she, it, we, they, this, these など）や， 固有名詞 （人や物を固有名詞で呼ぶということは，聞き手があらかじめそういう人や物が存在するのを知っていることを前提にしている）とともには用いない（なお，定系の代名詞は定義によって既知の情報である。There are those who ... と There are の後に those が来て，その those に who という修飾語がつく構文があるのは those という語が特殊であるためと考えられる。「肉が苦手な私」を，× I, who don't like meat と言わないことと比較せよ。加えて There is 構文とともに用いられるという意味ではないが，those の単数形である that にも類似の問題がある）。

　結論を言うと，受験生としては英作文の答案で <u>There is the / my ... としない</u>，ということだけを徹底しておけばよい。

　たとえば「私の家は横浜にあります」を，× There is <u>my</u> house in Yokohama. としてはならない。正しくは ○ My house is in Yokohama. である。また，○ I live in Yokohama. としてもよい。

また、「日本にはいじめの問題があります」を、× There is the problem of bullying in Japan. としてはいけないのも同様の理由である。そういうときは、○ There is a problem with bullying in Japan. とすればよいのだが、このような with は、受験生はなじみがなくて使いにくいだろう。そういうときはやはり My house is in Yokohama. の例のように、○ Bullying is a problem in Japan. のように工夫するのがよい。

　最後に補足事項2つ。
1.「羹に懲りてなますを吹く」ということわざがあるが、受験生は There is 構文のことをいろいろ言われて心配になるのか、使っても何の問題もないところでも避けようとする。たとえば「京都には有名なお寺がたくさんあります」だと、○ There are many famous temples in Kyoto. とすればよいのに、Kyoto has many famous temples. としたがる人が結構いる。これ自体は間違っていないので、著者が添削しているとき直したりはしないが、「これも There is 構文を逃げたのかな」と思うことはよくある。There is 構文は有力な使いやすい構文で、実際は大して難しいところはない。上記の注意をはじめとして学校で普通に習っていることが理解できていれば、むしろ積極的に使うべきである。
2．There is the / my ... は絶対ない、と言っているように聞こえると思うが、実際は時折見る（本書の中にもある）。そして著者の知る限り、この用法について明快に説明しているものはあまりないように思う。日本語で説明するのが難しいニュアンスの問題であるということもあるし、グレイエリアが存在しそうな形だからでもある。例を挙げれば以下のようなことである。
　　2人の人が会話をしていて、「最終電車出ちゃった。今晩泊まるところがないよ」に対して「私の家が浦和にありますよ」と言うのに、○ There is my house in Urawa. とすることは普通にありうるし、「金沢って何にも見るところがないなぁ」に対して「兼六園があるじゃないですか」を、○ There is Kenrokuen Park. とすることもありうる。ただし、受験生は生半可な知識で使うと、上記の There is 構文の間違った使い方になる可能性が大であるので、あくまでこういうことは知識としてとどめておき、よほどのことでもなければ試験の答案には書かないほうがよい。それが受験生のとるべき態度である。

書くための英文法　実戦講義

1. 日本語の構造（N中心）と英語の構造（SV中心）

大命題　その1

　日本語は"新情報"（相手が知らないだろうと思うこと）を提示することに意味がある。それに対して英語は語られていること全体の論理的一貫性にそのすべてがかかっている。一言で言えば、日本語は"新情報"の提示が命の言語、英語の命はA＝Bが成立しているかどうかの検証と言えないだろうか。

　よくある文法問題で、The climate of London is milder than Tokyo. の正誤を問われて答えられない受験生はあまりいないだろう。著者の経験では大概の生徒が「この英文は間違いです。だってこれだと「気候」と「東京」を比較していることになりますから。正しくは The climate of London is milder than the climate of Tokyo. あるいは The climate of London is milder than that of Tokyo. です」と答える。その返答は正しい。しかし著者が聞きたいのはもう1つの、「では、ロンドンの気候は東京より穏やかです、という日本語は間違った日本語なのか」ということである。しかし、著者の聞いた限り日本語を母語とする人であれば（著者自身も含めて）、何の抵抗もなくこれは正しい日本語であると認める。では何が違うのか。これは日本語が本来、新情報を屹立（きつりつ）させることを命としているからである。

　「ロンドンの（新情報）気候は（新情報）東京の（新情報）*気候（旧情報）*より穏やかです（新情報）」で、「東京の気候」の「気候」だけが旧情報になる。したがって日本文では新情報を屹立させるためにそこを省略して「ロンドンの気候は東京より穏やかです」とするのに対して、英語はA＝Bが命の言語であるから比較の対象を揃えるためにThe climate of London is milder than the climate [that] of Tokyo. とするのである。

　このことから次の大命題が生まれる。

大命題　その2

　日本語はN※（名詞）中心、英語はSV中心の言語。
　※今後Nは純粋な名詞（動名詞や不定詞の名詞的用法、名詞節ではなく）を表すものとする。

　あなたが不案内な町の駅で降りたとき、駅構内か出口にある街路図はありがたいものであろう。しかしその街路図も通例赤丸で記されている「現在位置」という表示がなけ

れば今どこにいるかわからないからあまり役に立たないと思う。その「現在位置」は日本語として名詞であるが、それに相当する英語の表示は YOU ARE HERE である。SVつまり文である。「**現在位置**」と「**You are here**」、これが日本語と英語の違いである（もっともこれは標識のようなものであり、文章の中に出てくるわけではないから、日本語と英語の違いの象徴的な例としてのみ頭に入れておいてほしい）。さらにいくつか例を挙げると、

- 「弟の電話での声は弾んでいた」　My brother sounded buoyant on the phone.（「声」という名詞は無視して主語を人"My brother"にし、be動詞でない動詞"sound"を使ってSVCの第2文型にする）
- 「本を読んでいる人間とそうでない人間とでは、その面構えがまるっきり違う」（大阪府立大）　Those who read and those who don't look totally different.（「面構え」を名詞ではなく look という動詞で表す）

これがわかると英語を書くのも話すのもずっと楽になる。帰国子女の人たちの英語が達者なのは、発音がよいというのもあるが、文の組み立てがN（名詞）中心ではなく、SV中心という大原則を皮膚感覚で身につけているからである。たとえば次の日本文を英訳してみてほしい。

> イタリアでトマトが食用とされるようになった歴史は大変浅い。　　　（京都大）

おそらく最悪なのは同格の that 節を用いた、×××*The history that Italians eat / have been eating tomatoes is very short.* の類である。<u>The history of tomatoes being used for food in Italy is very short.</u> は文法力のにじみ出た正確な答案である。試験の答案なら満点であろう。しかし、和文英訳の解答例としてならいざ知らず、こういうことを言いたいときにこう書くネイティブはあまりいないだろう。もしネイティブがこういう内容のことを書こうと思ったら、◎ <u>Italians have been eating tomatoes for a very short period.</u> のようにするに違いないと思う。

そして[大命題　その1]と[大命題　その2]から[大命題　その3]が生まれる。

大命題　その3

　日本語はNと(S)Vを等しく置くこと（N＝SV）あるいはNと(S)Vを接続すること（N＋SV）が極めて容易であることに対して、英語においてそれはかなり難しいことであり、語学的知性の熟成を必要とする。

　具体例を挙げよう。「民主主義とは人々がリーダーを選挙で選ぶことである」と

いう文を考える。日本語ではその内容の妥当性はともかくとして，文法上も意味上も特におかしなことはないと思う。しかしこれを英語で言おうとするとどうなるか。Democracy is that まで書いた時点であとは英語にならないことを保証する。× *Democracy is that people choose their leaders by voting.* などというのは英語以前である。これは N＝SV と置くことの日英両語の難易の差を物語っている。これを英語で言おうとすれば，Democracy is a system in which people choose their leaders by voting. などが考えられる。もっと SV 中心に書けば，In democracy, people choose their leaders by voting. と簡単に書ける。受験生諸君は簡単に書くと，レベルが低いと思う向きがあるようだが，レベルの高いことをシンプルに書くのが上質の英語というものである。

　N と (S) V の接続 (N＋(S) V) についても例を挙げよう。「日本人のジャーナリストがシリアで射殺されたという新聞記事を読んだ」という文は，痛ましく残念なことであるが，日本語としては取り立てておかしくはなく，わかりにくいことではないであろう。しかしこれを× *I read a newspaper article that a Japanese journalist was shot dead in Syria.* とすることはできない。「記事」は英語では article であるが，article は同格の that 節をとれないのである。解答としては，I read a newspaper article which said that a Japanese journalist was shot dead in Syria. あるいは，I read in the newspaper that a Japanese journalist was shot dead in Syria. (S read that sv という構文は成立する) などが定番の訳し方である。

　趣旨がおわかりいただけただろうか。整理すると，
① 英語における SV 中心構文とは，SV＋副詞（節）のことであり，英語の構文の自然な姿である。それに対し，
② 英語における N（名詞）中心構文とは，上記の N is that（名詞節を作る接続詞の that）SV，N that（名詞節を作る接続詞の that）SV（同格の that 節），N is to do，N to do（不定詞の形容詞的用法），N is for doing，N for doing，N wh-／that（関係代名詞の that）(S) V（関係詞節＝形容詞節）などである。あと It is＋［形容詞］＋that SV も名詞中心構文である（→ p.336 APPENDIX 3.1）。S（≠仮主語の it）be＋［形容詞］＋that SV も，この that 節は何節か議論があるが，名詞中心構文であるとは言える。

　　例　I'm glad you're well. (＝ I am glad that you are well. この well は「元気」という意味の形容詞)

ただし，× *I'm tired that I'm with you.* とは言えない。形容詞による。that 節は難しい。

　②の名詞中心構文は英語本来の運動律と軋轢のある構文であるため，①の SV 中心構文である SV＋副詞（節）に比べ，わかりにくく，成立要件に制限の多い構文であるこ

とを知らなければならない。さらにそれから派生する問題として「SがVするようなN」，「NとはSがVするようなものである」の類は「ような」が入っているだけアバウトで，日本語の場合は成立要件の敷居が低くなるが，英語では逆にA＝Bが成立しにくい分だけ，成立要件の敷居はさらに高くなる。具体的な英訳を挙げる。下記は「アメリカ素描」（司馬遼太郎著）の一部である。

> 文化とは，日本でいうと，婦人がふすまを開けるとき，両膝をつき，両手で開けるようなものである。　　　　　　　　　　（京都大／大阪外大（現大阪大外国語学部））

これは歴代の入試英作の中で最も難しい問題の1つであり，受験生諸君はとりあえず下記の解答例に関しては，そんなものかと思ってもらえばいい。

解答例（T.Y.）

Culture is, in the case of Japan, like a woman kneeling down and using both hands to open a fusuma, or sliding door.

以上をもって［大命題　その1，その2，その3］の講義を終わる。名詞中心構文だからといって恐れることはない。基本的にはSV中心で文を書き進め，ここが名詞中心構文の出番と思えば自信を持って（自信が持てるほど名詞中心構文を勉強して理解していることが前提であるが）用い，英作能力を採点官にアピールするのがよい。

- -
S be＋[形容詞]＋that sv＝SVC that sv の形について

具体的にはCのところに来る形容詞として，afraid / aware / annoyed / worried / shocked / sure / certain / sorry / glad / happy / surprised / terrified / grateful / pleased / amazed / puzzled / angry（順不同）など，結構ある。しかし油断してありえない構文で書かないこと。

SVC that svは普通に考えればthat節は名詞節であるから，ここはSVC＋Nである。これは×前置詞＋that節のタブーで説明できる。I am afraid that it will rain. は，このthat節を，もしNととればSVC＋Nという説明しがたい構文になる。しかし，たとえばこれをI am afraid of it. という文があるとして，it のところに具体的に先ほどのthat節が来れば× I am afraid of that it will rain. となるが，上記の×前置詞＋that節のタブーにより of が欠落し，結果的にI am afraid that it will rain. が得られる。注意しておきたいことは，ここで言っていることは，英語は実験科学の側面が一番大きいから，文法的な説明は「現実に使われている英語に対して，なぜこの言い方が正しいのか」を説明するものであり，その説明が当てはまるからと言って，自分で勝手に新しい

構文を発明してはいけない。I am glad that you are here. という英文は成立するし，なぜ成立するかというと，上記に述べたことによるが，「お前と一緒にいるのは疲れたよ」を I am tired of being with you. とするのは正しいが（(i)文法的に説明できるし，(ii)また現実にネイティブスピーカーがそういう言い方をする，実験科学としての英語によっても保証される），同じことを ×I am tired that I am with you. とすることはできない。×I am tired <u>of</u> that I am with you. の of を×前置詞＋that 節のタブーで強勢消去した，という説明が成り立つようであるが，実験科学としての英語がそれを拒否する，つまりネイティブスピーカーたちがそう言わないからである。

1. 英語の本質は文，すなわち SV にある（前述では①と標記した）。SV＋副詞（節）と書いている限り，他の部分に問題がなければナチュラルな英語になっているはずである。だから日本人の英学生は，まず2段ロケットの第1ブースターである①の SV＋副詞（節）を点火させ宇宙空間に飛び出すべきである。たとえをやめれば，英語の基本文型である5文型（別に5文型である必要はないが，日本の学習文法は5文型を採用していると思われ，積極的に反対する理由はないし，文型理論としてベストであるかどうかはわからないが，日本人の中・高校生に向いていると経験上感じている），その発展系である準動詞（不定詞，分詞，動名詞とある），さらにその拡大系として節（名詞節，関係詞節＝形容詞節，副詞節）というものがあり，これで英語の構文は完成する。その中で特に①の SV＋副詞（節）で何でも書けるよう研鑽を積むのが第一である。

2. しかし言葉というのはそう単純なものではない。この世の中にあるものは，あるだけの必然性があるから存在しているのである。したがって，①の SV 中心構文（SV＋副詞（節））だけでは実際に英語的世界をすべて表現することはできない。やはり前述の②で示した<u>英語における名詞中心構文</u>をよく理解し自家薬籠中のものにしないと，英語が子供の英語のレベルにとどまってしまう。日本の若者が世界に打って出ていくためには，その思想を運ぶ枠組みを持たなければならないが，それにはやはり名詞中心構文を必要とする。何と言っても最先端の概念，深い洞察を担うのは名詞だからである。だから著者は②の英語における名詞中心構文を否定しているのではないのであり，むしろ重要で必修項目と考えている。それを完全に習得した段階でロケットの2段目ブースターに点火し，第1ブースターとともに（本当のロケットではないから1段ロケットを切り離す必要はない），さらに濃密で複雑であり魅力的な世界に入っていく。少なくとも受験生レベルの構文の知識に関する限り，<u>①と②の習得の順番を間違えなければ</u>天下無敵のはずである。

書くための英文法　実戦講義

2．時（Time）と時制（Tense）と相（Aspect）と法（Mood）について

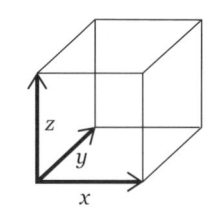

x = 時制
y = 構文
z = 単語（と単語のつながり）

　各文法用語について1つ注意事項を。同じヨーロッパ語でも英語は特異な歴史的変遷を経ている。以下に述べることは英語にだけ当てはまる概念である。フランス語などとは，冠詞，完了相，進行相，受動態の用い方，可算・不可算名詞の区別など決定的に異なっているところがたくさんある。

時（Time）と時制（Tense）と相（Aspect）と法（Mood）

1．時（Time）：　未来，現在，過去の3つ

　『時』は英語話者に限らず人類共通の概念であり，たとえば我々日本人が「昨日」というのも，イギリス人やアメリカ人など英語を母語にする人が"yesterday"というのもフランス人が"hier"というのも基本的には同じことを指していると思われる。すなわち『時』というのは世界中どの言語を話す人も相互に理解できる概念，常識的な日常用語である。

2．時制（Tense）：　現在時制，過去時制の2つ

　しかし実際に『時』をどのように表示するかは言語によって異なる。日本語の場合を例にとると，たとえば多くの日本人は「…した」が過去を表すと言いたがる。なるほど，お母さんが「宿題やった？」と聞いた時，「これからやるよ」と子供が答えるのを見れば，これは「過去時」と「未来時」を表しているようにも見える。ところが，有名な厳流島の決闘で「小次郎は待った。しかし武蔵は来ない」というのが日本語として正しいと思われることからすると，活用語尾で時間を表すというのは怪しいのではないか。「今度日本に来た時は，ぜひ我が家にも寄ってください」の「来た時」は活用語尾にかかわらず少なくとも「過去時」ではない。また「明日は火曜，今日は月曜，昨日は日曜」の

ような例だと，各々その順に，『時』としては未来，現在，過去を表していると思うが，著者の目にはただ単語「明日，今日，昨日」が異なっているだけで，英語におけるように時制の使い分けは行われていないように見える。著者は国文法は専門ではないが，日本語のネイティブではあるので，その立場から言うと，日本語は「単語，活用語尾，助詞，文脈，文化の共有，常識，空気を読む」など多くの要素を瞬時に込めて発話しているように思える。

　英語は違う！　英語は時間（万国，そしておそらく全言語共通の概念）を述語動詞（SVのV）の変化形で表示する。そのシステムを『時制』という。そういう意味での『時制』は日本語にはない，ということを徹底して理解すること。また，分詞，不定詞，動名詞などの準動詞は時制とは無関係とは言わないが，元来時制の議論の対象にはならない。

☆重要：標準的なアカデミックな英文法において『時』と『時制』の区別は1丁目1番地である。ここがわからないと先へ行けない。例を見て考えてほしい。

①I am a teacher. の am は，現在時，直説法，現在時制，単純相。
②I was playing tennis. の was playing は，まとめて言うと（厳密に言うと少し手抜きの説明）過去時，直説法，過去時制，進行相。
③If I were you の were は，現在時，仮定法，過去時制，単純相（したがって現在の非現実の条件を表す）。

　これも大切なことであるが，英語には「未来時制」が欠落している（そう思わない文法家もいる）。議論はいろいろあるのだが，『時制』の定義から言って，ある『時制』が存在すると言えるためには固有の変化形を持たねばならない。たとえば「今日は月曜」（現在）／「昨日は日曜」（過去）は各々 Today is Monday.／Yesterday was Sunday. と be 動詞が固有の変化形をとっているのに対し，「明日は火曜」というのは Tomorrow is Tuesday. と固有の変化形を持たず「現在時制」の is を用いる。これは英語に「未来時制」が欠落していると考えられる1つの根拠である（他にもある）。ある受験生に，英英学習辞典で will go などを the future tense（未来時制）と説明していたがこれはどうなのか，という質問をされたことがあった。もっともな質問であって，別に反論することではない。しかし著者の考える，そしておそらくは標準的なアカデミックな英文法では，『時制』とはあくまで述語動詞の固有の変化であるのに対し，will go では go は単独でなく助動詞 will の助けを借りている。ここはむしろ，will という動詞（現代の英語では助動詞と本動詞の区別は大切だが本来は助動詞は動詞の変種である）の「現在時制」が未来において go という行為を行うということを示している，と考えるほうが整合性がある。

3. 相 (Aspect): 単純相, 進行相, 完了相, 完了進行相の４つ

　『時制』を「現在時制」と「過去時制」の２本に限定すると, さすがにそれだけでは同じ現在あるいは過去と言っても, さまざまな現在あるいは過去の種々相があるので, そのきめ細かなニュアンス（あるいは現実に不便なこともあるので）を表現するには不足するため,『相』という概念を導入する（もちろん, わざわざ概念として導入するまでもなく英語のネイティブはそういうことを普通にやっている）。『相』というのは学校文法では教えないし, また『相』を立てるにも文法家によってさまざまな流派がある。著者は, ①『相』を教えることによるメリットとデメリットを勘案し, ② オーソドックスな, かつ日本人の英語学習者にも抵抗のなさそうな『相』の立て方として,「単純相」(I play tennis.),「進行相」(I am playing tennis.),「完了相」(I have played tennis.),「完了進行相」(I have been playing tennis.) の４つを提唱することにした。もとより恣意的な分類（そうは言っても著者が発明したわけではなくアカデミックな分類のうち最も標準的なものなのだが）なので, 受験生諸君は自分で考えてわかりやすいと思う説明で理解すればよい。

4. 法 (Mood): 直説法, 命令法, 仮定法の３つ

　英文法において『法』の区分が上記の３つであるということについてはいろいろな説がある。また特に「仮定法」が英語の Subjunctive の訳語としてふさわしいかも疑問があるが, とりあえず受験生はこの３つが『法』であると覚えておくのがよいだろう。また「仮定法」については APPENDIX にも詳説がある（➡ p.322）。合わせて読んでほしい。

　『法』とは『時制』に関連した概念であり,『時制』の使い方がまともなものを「直説法」, 異様な使い方をするものが２つあり, 各々を「命令法」,「仮定法」と言う。たとえば, You are quiet.「あなたは静かですね」なら何も変わったことはないので「直説法」(述語動詞 are は, 現在時, 直説法, 現在時制, 単純相) である。それに対して Be quiet! は異常事態である。なぜなら本来英語は主語と述語動詞から成り立っているはずなのに, 主語がなく, 動詞の原形が文頭に来ている。これが珍しくないのは, 諸君がすでに英語に慣れているからである。しかし動詞の原形が文頭に来ることによって, これがただの文ではなく「命令文」であることがわかる。言われた方は「ああ, 命令されているのだな」とわかる。これが「命令法」である。また,「もし私があなただったら」は, 受験生なら誰でも If I were you と訳せるだろう。これの『時』と『時制』と『相』と『法』の意味を考えてみよう。『時』は「現在」, しかし were とあるので「過去時制単純相」である（意味はとりあえず関係ない。あくまで述語動詞の形である）。現在のことなの

に「過去時制」（それも場合によっては人称と一致していない be 動詞の変化形）を使っている。これは異常事態であるが，このことによってここでは非現実を表す「仮定法」が用いられているのだとわかる（ここは実は If I was you（口語）と言ってもよいが，こちらの was のほうは「仮定法」であるのかないのかこれも議論がある。受験生はとりあえずこれも「仮定法」として考えておくほうがよいが，自分で使用するのは避けるべきである）。「仮定法」はその名称から，何かを仮定する際にのみ用いられるもの，と誤解されやすい。たとえば It's time I **went** home. の went は「仮定法」であるが，何か仮定しているわけではない。

以上で，『時』（3つ），『時制』（2つ），『相』（4つ），『法』（3つ）の講義を終わる。これはあくまで見出しのようなもので，説明と言うほどの説明になっていないが，著者の分類に関する理解の一助となれば幸いである。

なお，受験生諸君の質問を聞いていて『時制』や『相』について感じたことが多々あるので，以下列挙する。

▶ 英語の『時制』の中で一番難しいのは「現在時制単純相」（現在時制，単純現在時制，単純現在形，現在形などともいう）である。これがあるためにかえって他の『時制』や『法』がわからなくなるという側面もある。またここでは説明しなかったが，ナレーションの現在，歴史的現在，劇的現在などというものもある。しかしとりあえず習ったこと，現在知っていることを固めておいて，さらに深い考察に進むのがよい。『時制』はまとめて全部やろうとすると混乱する。

▶ 「単純相」と「進行相」の区別はそう難しくない。しかし上記で述べた「現在時制」の複雑さからこの区別は過去時を例にとって考えるのが理解しやすい。

たとえば I lived in London for two years. などは，住み始めてから住み終わるまでの時間軸上の「線分」を表すのに「過去時制単純相（過去形）」を用いている。それに対して I was living in Tokyo. などは住み始めてから住み終わるまでの「線分中の1点」のことである。点であるから，？I was living in Tokyo *for two years*. などとは原理的には言えない（ネイティブスピーカーたちは，この文は可能であると言う。しかし，×I am living in Tokyo *for two years*. は皆等しく間違いだと言う。この2点の整合性を見つけるのは難しいから，受験生はこのように書かないほうがよい）。それに対して，普通は「点」の動詞は進行形はとらない。He hit me.「彼は私をぶった」は普通に考えれば「点」である。「点」の動作の「単純相」は瞬間

に始まって終わるということである。しかし実際には He was hitting me. と言うことはある。記号論理学ではないから，本来 hit は「点」か「線分」かと確定しているわけではない。普通は「点」と言うだけである。たとえば hit は場合によって「殴り続ける」という「線分」の動詞ととらえることもできる。その「線分中の1点」が He was hitting me.（ある1点において彼は私をぶっていた）という説明ではわかりにくいだろうか。

　それに関連してぜひ強調しておきたいことがある。たとえば「点」とは位置だけがあって，面積や体積のないもの，というのが私の算数的点の理解だが，こうした厳密な意味では，「点」も「線分」も自然界には存在しない。しかし，たとえば数学の先生が黒板に2点を書いて，「この2点間の距離を求めよ」と言ったときに，「先生。それは点ではありません。黒丸です！」と突っ込みを入れる生徒はいないであろう。彼らは小学校の低学年の時点で，すでに抽象的な存在と現実界のブツ（物）の間のかなり本質的な区別ができている。だから arrive at と arrive in の区別は生徒は理解する。arrive at の後には駅，空港，港などが来て，arrive in の後には町，国，村などが来る。その区別は at の後に来るものは「点」であり，in の後に来るものは「面積のあるもの」，という説明がされる。arrive at Tokyo Narita Airport と言うが，成田空港やシャルルドゴール空港より小さい村や町はいくらでもあるだろうが，そういう場合でも at 空港，in 村である。路線図や航路を見ると，駅や空港は点で示され，小さな村や町でも地図上にいろいろな道路や建物が描いてあるように，読み手が空港を「点」，村を「面積のある図形」と認識するからである。

　実はこのことは『時制』について語る前置きである。I play tennis. と I am playing tennis. の違いは答えられるだろうか。I play tennis.（直説法現在時制単純相）は，習慣的な行為，あるいは不変の真理で，今現に行われていることではない。つまり時間軸上で表示できない。それに対して I am playing tennis. は，第一義的には現在行われているのが，進行中の「線分」の動詞（テニスをやる）のうちの1点であることを表している。これは普通の現在進行形の教え方で，まあみんな何となくくらいにはわかると思う。しかし次のケースはどうか。銀座のある上品なクラブで2人の老紳士が話している。2人は久しぶりに会った，高校時代のラグビー部のメンバーであったらしい。紳士Aが「ところで，まだラグビーをやっているのかね」という問いかけに対し，紳士Bが「そりゃもう無理だ。君だって無理だろ。今はテニスだね」と言ったとする。これを "I'm playing tennis now." とビールを飲みながらバーのスツールに腰かけて言っても構わないだろう。これは老人たちの長い人生から見ればこの数年は1点ととらえることができるからであろうと思う。ただし「この数年はテニスをやっている」を×I'm playing tennis *for a few years*. とすることはできない。for a few years とすることによって，これは1点ではなく「線分」であると宣言してしまったので，現在進行形が使えないからである。この場合，ニュアンスを無視すれば文法的には I've been playing tennis for a few years. である。

コラム　未来時の表し方

　時と時制ということで言えば，時 (Time) は不変の概念であるから英語にも当然「未来」，「現在」，「過去」の概念はある。しかし未来という「時」はあっても，英語に未来時制はない（定義の問題ではあるが）。したがって未来を表す方法を案出しなければならないのだが，アングロサクソンたちが考えた解決策はいろいろあり，代表的なものは以下のとおりである。

① 助動詞の will を使う。
② be going to を使う。
③ 現在進行形を使う。
④ 単純現在形（厳密に言えば直説法現在時制単純相）を使う。

　大概はおそらく周知のことと思われるので，いくつか注意事項を述べて終える。

(1) will か be going to か，という二択のとき（つまりほかの可能性を排除したとき），以下の2点を心得ておく。

> ① 1．今その場で決めたことは will。
>   例 「（喫茶店で）何になさいますか」
>   「そうですねぇ，コーヒーをお願いします」 "Well, I**'ll have** a cup of coffee."
>   2．前から決めていたことは be going to。
>   例 「大学では何を専攻するのですか」
>   「経済学をやるつもりです」 "I**'m going to major** in economics."（ちなみに major in はアメリカ英語で学部の専攻にのみ使う）
> ② 上記の①とは関係なく，差し迫った感じを出すには be going to を使う。「明日は雨でしょう」は It **will rain** tomorrow. でも It**'s going to rain** tomorrow. でも表せるが，たとえば見上げると黒雲がもくもくと湧き上がってきて「雨が降るぞ！」と叫ぶとき，It **will rain**! では緊迫感がない。It**'s going to rain**! のほうがよい。

(2) 現在進行形が未来を表すときがある。

　　例　「これから何かあるの」

　　　　「友だちと会う約束があるんだよ」"**I'm meeting** a friend."（ちなみに人と会う約束は promise としない）などプライベートな予定を表すときなどに使う。

(3) 単純現在形（厳密に言えば直説法現在時制単純相）が未来を表すことがある。ガチガチに確定しているときに現在形を使う，という教え方には反対である。「昨日は日曜日」は「明日が火曜日」よりガチガチに確定していると思うが，Yesterday **was** Sunday. であり，Tomorrow **is** Tuesday. である。

---

① たとえば「国会が明日閉幕する（The diet session **ends** tomorrow.）」などの公的行事。この場合の公的行事は，文法上の扱いのことで日常の常識で考えるものとは違う。たとえば駿台は世間的には私立の予備校であるが，試験はすべて公的予定として扱われるので，There **is** a test tomorrow at Sundai. である。

② 曜日などのカレンダー上のこと（たとえば，Tomorrow **is** Friday.）。

③ 時刻表，予定表。飛行機が時刻表通り離陸することなどめったにないと思うが，実情とは関係なく時刻表に表示された予定を読み上げるのであるから現在形。

書くための英文法　実戦講義

3．完了相の概念と「現在完了を使ってはいけないケース」

▶「現在時制完了相」（現在完了形）と「過去時制単純相」（過去形）の区別について

　これは意外に多い質問である。しかし基本的には「これがわからないと英語がわからないのか」という重要性から言うと，著者はそう重要なことかと疑問に思っている。たとえば「原因と結果」，「時間の前後関係」，「優劣」のようにどの言語でも大切なことなら日本語にもあるだろうと思うからである。言うまでもなく日本語には現在完了と単純過去の区別は（日本語のネイティブである著者の感覚では）ないし，第一，英語のお隣の双子の片割れであるようなフランス語は，現在完了（フランス語文法では複合過去という）と単純過去の区別は現代フランス語では放棄している（単純過去を使わないのである）。それでフランス人が何か困ったという話を聞かないし，英語でもどちらでもよいケースはたくさんあると思う。フランス語と違って英語は動詞の変化が単純だから「まあ，大したこともないから残しておくか」ぐらいのことだったろうと思う（責任は持たない）。しかし実際使い分けはするのだから，受験生諸君はまじめに取り組まなければいけないが，今言ったようにその違いは数学や理論物理学のような純理論的な違いではないから，現在と過去を結ぶものが現在完了で，現在と断絶があるのが過去時制，などという本質論的な理解をしようとしても，実際に英語を話し書くときにそういう抽象的な説明だと受験生にとって実用的ではないと思う。

　ここで現在完了について整理してみる。

1．完了相の時間軸上の点と線のイメージ

現在完了の3つの用法

① 過去 ●──────────● 今
　　（I lost my key.）　（I'm in trouble now.）

① I've lost my key.　完了と結果
（過去の1点，あるいは線分の結果，現在の1点の状態がある）

② 過去 ●──●──●──● 今
　　went　went　went

② I've been to France three times.　経験
（過去の非連続の点の集合）

③ 過去 ━━━━━━━━━● 今

③ We have known each other for a long time.　継続
（現在の1点に至る線分，あるいは連続の点の集合）

① 完了と結果（**I've lost** my key.）── 過去の1点（I lost my key.），あるいは線分の結果，現在の1点の状態（so I'm in trouble now）がある。この2点間の距離は限りなく0に近くなりうる。cf. I've just **got** home.

　　これが I lost my key. だと，「鍵，失くしちゃった」「でも後で出てきた」ということもありうる。

② 経験 ── 過去の非連続の点の集合。例　I've **been** to France three times.

③ 継続 ── 現在の1点に至る線分，あるいは連続の点の集合。
　　例　We **have known** each other for a long time.
　　　　I've **been living** in Urawa for more than thirty years.

2．現在完了を使ってはいけない3つのケース

> 下記の日本文の英訳として，正しいものを選べ。
>
> 「私はロンドンに15年いたことがあります。それで英語が話せるのです」
> I [have lived / have been living / had lived / had been living / lived] in London for fifteen years. That's [why / because] I can speak English.

解答

　　I **lived** in London for fifteen years. That's **why** I can speak English.

　絶対に「現在完了」を使わないとまずいのは「昔から今に至るまでずっと…している」といういわゆる「現在完了の継続用法」だけである。
　　例　I've **been living** in Urawa for more than thirty years.
　また，現在完了を使ってはいけない場合の地雷よけのサブルールを覚えておくとリスクが下がる。
　　○ I **have been** to Hong Kong twice.
とは言えるのに，それに when I was a child をつけて，
　　× I *have been* to Hong Kong twice *when I was a child*.
としてはいけないのは，現在完了の本質に矛盾するとかいうことを考えるのは，余計な苦労である。when I was … とか … years ago とか，具体的な過去を表す副詞（句・節）とともに現在完了を用いてはいけないというサブルールを適用したほうが早い。また「私はロンドンに2年暮らしたことがあります」と言うには，

× *I have lived in London for two years.*

としてはいけない。これだと「今もロンドンに暮らしていて，これで丸2年暮らしたことになる」という意味になるから，とこれもサブルール的に覚えておくほうがよい。

覚えること！！
現在完了を使ってはいけない3つのケース

① 具体的な過去を表す副詞とともに用いてはならない（単に過去の副詞と言っている訳ではないことに注意。before や once ならよい）。
　　例　when I was ... / ... years ago

② （引退，死亡，環境の激変などによって）もうありえないことを現在完了で表してはいけない。
　　× *Michael Jackson has given many concerts.*　ただし，× *Einstein has visited Princeton.* は間違いだが，○ *Princeton* **has been visited** *by Einstein.* はよいとされる。Einstein はもういないが，Princeton は今も実在するからであると説明できる。このあたりには，少なくとも世界の言語に共通する普遍的合理性はないと思う。

③ 期間を表す副詞とともに過去の経験の意味で用いてはならない。
　　「現在に至る継続」となり「過去の経験」にはならない。
　　例　for ... years / since ...（単に時の副詞と言っているわけではないことに注意）

しかし以上のことを理解してなお，「でも，なぜこの例文は現在完了でなく，過去形なのですか？」という質問がかなりあった。著者の訊かれた例では，現在完了で書いてはいけないケースはほとんどなかった。したがって「現在完了でもいいよ」で済ませればよかったのだが，著者はいろいろ言ってみたくなるたちなので，以下に付記する。

▶︎　現在完了は鮮度が落ちると使われなくなる。たとえば誰かを訪ねて「今日は留守ですよ」と言われ，「いや，ちょっと寄っただけですから」などと言う場合，まだそこにいるにもかかわらず *I dropped in just to say hello.* などと言う。また，アメリカ英語ではイギリス英語よりも過去形を使うケースが多いと思う。英語自体があまり現在完了を使わなくなってきたという感もあるし（ただ，使わなければいけないケースは厳然としてある。誤解しないように），単純過去のほうが現在完了よりシンプルなので（あくまで英語の場合）楽ということもあるかと思う。

3．過去時制完了相（過去完了）について

　過去完了は理屈から言うと，現在完了マイナス1のように思えるが，実際はそれほど単純ではない。それはちょうど現在時制単純相（単純現在形）マイナス1が過去時制単純相（単純過去形，あるいは普通に過去形）にならないようなものである（ただしこちらの理由ははっきりしている。単純現在形が複雑怪奇すぎるのである。今から気休めを言っておくとネイティブも英語教師も，もちろん著者も含めて完全にわかっている人はいないから，わからないからといって入試英語の偏差値で差をつけられることはあまりないと思う。しかし知っていて損することもないと思う）。

　仮に現在完了を **A**，単純過去を **B** とする。過去完了を **C** とすると，

　　　　　　A（現在完了）:**B**（単純過去）= **C**（過去完了）:**D**（　？　）

が成立するためには空欄 **D** に何が来ればよいだろうか。理屈から言うと **D** のところには単純大過去（?）とか単純過去の過去（?）とか単純前過去（?）が来なくてはならないはずである。しかし英語にはそういう時制はない（時制とはあくまで固有の動詞の変化形を持つということである。意味ではない）。実は **D** の位置には **C** と同じ過去完了，あるいは **B** と同じ単純過去が来るのである。この時点で<u>現在完了と過去完了の対称性は破れている</u>。言い方を変えると過去完了は，①過去時制完了相と②（実際は存在しない）大過去単純相および大過去完了相などを兼ねているのである。説明は以上で尽きているので，現実的には過去完了について（あくまで述語動詞の場合についてのみ），前記の「現在完了を使ってはいけない3つのケース」と合わせて，次のことをサブルールとして頭に置いておくとよい。

過去完了は極力使わないこと。

　ここでいう過去完了とはもちろん直説法過去完了である。仮定法過去完了は全く別の概念である。特に A と B がいずれも「時」が過去で，時間がずれているとき，これをどちらかに過去完了を使うための必要十分条件であると思わないこと。これでは過去完了だらけになって収拾がつかなくなる。

　そしてこれも大切なことだが，<u>できるだけ時系列で書くこと</u>。受験生諸君の書く英作では，「和文英訳」であろうと「自由英作」であろうと，この点の意識の欠如は致命的である。

　もし出来事が起こった順番（時系列）と記述の順番が逆転するときは，時制と相の正確で柔軟な運用力が求められる。過去完了を使う代表的な例は，このように出来事が起

こった順番と記述の順番とが逆転しており，なおかつ，どちらかに過去完了を使わないと時間の前後関係が混乱するときである。ただしこの説明は簡略すぎる。実際はもう少し複雑である。

cf. I knew the way because I **had been** there before.

コラム *Have you ever been skiing?*

「私は香港に２回行ったことがある」は現在完了を用いることができ，I **have been** to Hong Kong twice. とするが，「２年前に」だとこのような具体性を持った副詞とともに現在完了を用いることができないから，過去形で I **went** to Hong Kong two years ago. とする。このことは受験生なら誰でも知っているはずだが，問題は have been の過去形は was であって went ではないはずではないか，ということである。これは次の問題を考えてもらうと腑に落ちる。

「あなたはテニスをやったことがありますか」は，もちろん Have you ever played tennis? でよく，× *Have you ever been playing tennis?* としては間違いである。しかし「あなたはスキーをやったことがありますか」に対して Have you ever skied? としていけないわけではなく，実際にそう言うこともあるが，それはきわめてまれで，Have you ever been skiing? とするほうがずっと普通である。しかしなぜ「完了進行相」にするのか。「完了進行相」なら，今に至るまでずっとノンストップでやっている（現在に至る線分）という意味で，「過去の経験」すなわち時間直線上の過去の１点，あるいは非連続の過去のいくつかの点の集合を表すことはできないはずなのに，と不思議に思っていた。しかしある日，T.G. 氏に他のことで教えを請うていた時，突然理解した。これは come および go の過去分詞として been がある，と考えれば整合的なのである。語法書（たとえば Michael Swan: *Practical English Usage*, OXFORD）にもこの点について解説した項がある。言葉を換えれば，come の変化形は [come / came / come] と [come / came / been] の２バージョン，go の場合は [go / went / gone] と [go / went / been] の２バージョンあると考えることができるのである（原形あるいは現在形，過去形は各々１バージョンしかないことに注意すること）。もちろんこれは come および go の過去分詞として，come あるいは gone が常に been と交換可能という意味ではない。come および go の過去分詞として been が使われるのは「来て去った」，「行って戻って来た」という意味のときである。My uncle has been here. と言えば「おじさんは来て帰って行った」ということだし，My uncle has come here. と言えば「おじさんが来て，今ここにいる」ということである。先ほどのテニスとスキーの話に戻ると，「私は（習慣的に）テニスをする／しに行く」は I play tennis. と言うが，「私は（習慣的に）スキーをする／しに行く」は *I ski.* とは通常言

わず，I go skiing. と言う。したがって経験の有無を問うときには，Have you ever played tennis? であるのに対し，Have you ever been skiing? となるのである。つまりこれは ski という動詞の完了進行相ではなく，go skiing の（単純）完了相であるため，過去の経験の意味に使えるのである。これは ski に限らず go doing で表すすべての表現に当てはまる。久方ぶりに目からうろこが落ちた気がした。

念のため，「香港に買い物に行く」を現在，過去，現在完了で書いてみよう。

Every summer I go shopping in Hong Kong. 「私は毎夏香港に買い物に行きます」
（× I go shopping to Hong Kong. は頻出の誤り）
Last summer I went shopping in Hong Kong. 「私は昨夏香港に買い物に行きました」
I have been shopping in Hong Kong twice. 「私は香港に２回買い物に行ったことがあります」

なお，come, go の過去分詞は上記で述べたように各々 come「来てここにいる」と been「来て去って行った」，gone「行ってそこにいる」と been「行ってここに戻って来た」の２バージョンあるため，? I have gone shopping in Hong Kong twice. とするのは，文脈によっては可能だが，受験生はやめたほうがよい。ちなみに，過去形の came, went にはこの区別はないので混乱しないように！

コラム　過去完了余話

問題　下の英文を書き換えるとして，
　　　She had not been in Tokyo a month before she got homesick.
　　＝ She got homesick within a month （　1　） coming to Tokyo.
　　＝ She got homesick （　2　） than a month after coming to Tokyo.

設問　(1)　空欄(1)に前置詞1語を入れよ。
　　　(2)　空欄(2)に適語を1語入れよ。

　ちなみに She had not been in Tokyo a month before she got homesick. は過去完了を用いたある種の慣用表現で，あまり原理的に考えないほうがよい。この場合の had not been は，彼女がホームシックになるより前に，「上京して1ヵ月が経つ」ということが「完了」していなかったことを表していると考えられるが，こういう文を過去完了の標準的な例文と思い，何も考えず過去形で表す出来事より前の出来事はすべて過去完了で書こうとする受験生が出るのではないかと心配である。一般的に直説法過去完了は出来事が起こった順番と記述の順番が逆の時に時折用いられるから，1文中の時制が「過去完了→過去」の順番で現れるほうが例外的なのである（仮定法過去完了は原理が全く別である）。この文は日本語が「彼女は上京して1ヵ月も経たないうちにホームシックになった」と動詞要素らしきものが3つあるのに，英語で3節で書こうとすると苦労する（試しにやってみよ）。

　なお1つ付け加えると，ここで She had not been in Tokyo for a month. と for を入れると二義性が出てきてしまう。すなわち，①「住んだのは1ヵ月を30日として25日とか27日とか，30日には満たない」という意味と，②「丸々1ヵ月東京を留守にした」という意味にもなりうる。She had not been in Tokyo a month ... と for がないほうは①の意味にしかならず，著者が英語を習ったときは，ここでの意味は①だからないほうがよい，と教わった。今でも語釈的にはそれは正しいと思うから，受験生はそう覚えておくほうがよい。ただし，She had not been in Tokyo for a month before she got homesick. と before she got homesick をつけ加えると二義性はなく，正しいと感じるネイティブもいるようである。

　さて「設問」に対する答えであるが，(1)の答えは **of**。前置詞の within とともに使われる前置詞は of, というのは前置詞問題のスーパースターである。たとえば「私の家は駅から1キロのところにあります」は My house is one kilometer from the station. であるが，「私の家は駅から1キロ以内のところにあります」は My house is **within** one kilometer **of** the station. という。これは距離の問題であるが，時間の場合にもあてはまり，of の後に

動名詞が来ることも可能。ただし，筋がよいとは言えないが，現実にはここでafterも来ることはある。

(2)の解答のコツは，品詞と品詞の修飾関係を正確に理解することである。たとえばShe is eighteen years old. を構文分析しろ，と言われたら大概の受験生はどう答えるだろうか。当然「ＳＶＣ，ＳがShe，Ｖがis，Ｃがeighteen years oldである」と答えるであろう。それは正しい。しかし，eighteen, years, old, 3つのうちどの1語がＣであるか，と問われたら答えられるであろうか。そういう質問が意味があるかどうかはさておいて，そう訊かれたらその1語はoldである。それではeighteenとyearsとoldはどういう関係になっているか答えられるだろうか。実は，eighteenが形容詞として名詞yearsを修飾し，eighteen years は，名詞であるが副詞として形容詞oldを修飾しているというのが正しい（ちなみに「格」を厳密に定義しない以上，今の英語は「格」がほとんど絶滅しているから，これを「副詞的目的格」と生徒に教えるのには，著者は反対である）。

さて解答は，She got homesick **less** than a month after coming to Tokyo. である。ここは中心となる構文がShe got homesick ... after coming to Tokyo. であり，a month が副詞としてafter ... にかかり，そのaをless than（比較構文に由来する副詞）が修飾する。わかりにくければaをoneで置き換えてless than one month after ... とすれば，「…の1ヵ月以内に」と読むのは容易であろう。Japan will change in less than a month. (1ヵ月以内に日本は変わるだろう）などと混同しないように，本問ではあえてそれぞれの中心部分を並べておく。

She got homesick <u>after</u> coming to Tokyo.
Japan will change <u>in</u> a month.

4. 過去完了の使い方がわかりにくい原因

著者に言わせれば，過去完了の使い方がわからない原因は英語の側にあると思う。過去完了に本来二義性があるからである。すなわち現在完了（厳密に言えば現在時制完了相）マイナス１時制である過去完了と，単純過去（厳密に言えば過去時制単純相）マイナス１時制である過去完了（これは理論的には大過去時制単純相であるべきである。しかし英語にそういう時制はない。したがってこの意味での過去完了は大過去時制単純相の代用品である。しかし完了相の意味を持たない形ばかりの完了相であるから，場合によっては大過去時制単純相の代用品として単純過去を用いることがある）の二義がある。過去完了の混乱の原因はすべてここにある。しかし受験生にしてみればそれでは済まないだろう。そこで例題を使って問題点と受験生が心得ておくべき要領を説明する。

> 次の日本文を英訳せよ。
>
> 私はあの島で，存在することさえ知らなかった見知らぬ多くの動物を見た。

初めてならかなりの難問のはずなので，少し考えてから（あるいは自分で解いてみてから）解説を読んでほしい。

解答例（T.Y.）

> On that island, I saw many strange animals I had never even known existed.

多分受験生にとって一番難しく感じられるところは時制ではなく，構文のはずである。なぜなら解答例を見てもらえばわかるとおり，known existed と述語動詞が連続している（一部ではこういう形を「関係詞連鎖」と呼ぶ向きもあるようである。個人的には文法用語として適切でないと思うので使いたくないが，生徒の側が知っていることが多いので，「あの例の関係詞連鎖ね」と言うとそれ以上の説明をしなくてもわかってしまうので便利にしている側面もある。しかし，この形はよほど英語の構文に習熟していないと書けないだろうと思う）。原理的には次の２文に１つの共通要素を見つけ，１つの文のその共通要素を関係詞にしてもう１つの文の共通要素に後置し，他の要素をそのまま後に続ける形でもう１つの文に繰り込むことで得られる。

① On that island, I saw **many strange animals**. : ② I had never even known (that) **they** existed.

（なお，even の位置が気になる人がいるかもしれないが，even や only は述語動詞に

できるだけ近い位置に持ってくるのが原則である。

cf. ○ Animals are only wild when they are hungry.
「動物たちが猛々しくなるのは空腹のときだけだ」
×「動物は空腹のときは猛々しくなるだけだ」という意味ではない)

手続きとしては簡単で，①の many strange animals と②の they が共通項だからそれを関係詞にし，②の文頭に持ってくる。すると ×which I had never even known *that* existed が得られるが，イタリックで書かれた *that* は実は接続詞の that である。しかしこのままだと existed の主語の指示代名詞みたいに見えてしまう。指示代名詞の that は省略できないが，接続詞の that は省略できるので，省略できるということが指示代名詞ではなく接続詞の証であるから省略する（と言うよりは，省略してもいい that を入れておくと構文がわかりにくいので，省略というより強制的に消去する）。それで which I had never even known existed が得られる。これを①の many strange animals の後にそっくりはめ込む。すると On that island, I saw many strange animals which I had never even known existed. が得られる。had ... known existed と述語動詞が連続するのはいわゆる「関係詞連鎖」くらいのものである。この which は existed の主語であり，本来主語の位置に来る関係詞は省略不可であるが，連鎖関係詞が主語になっているときは実際は省略することがほとんどである。以上の手順を経て，

On that island, I saw many strange animals I had never even known existed. が得られた。

実は問題はこれからで，生徒の質問で多かったのは，「出来事が起こった順番と記述の順番が違うとき，過去完了は必然ではないのですか？」というものであった。予備校講師を 30 年やっていて同じことを何回訊かれたかわからない。本問の場合で言うとこういうことであろう。I saw が最初に出てくるが，見た時点でそういう動物が存在するのはもうわかったから，そのあとに来る「その存在さえ知らなかった」はもう終わったことであり，時系列と記述が逆転しているので過去完了を使うのはわかる (I had never even known)。しかし知らない間もそういう動物は存在していたのであり，「知らなかった」のと「存在していた」のは同時期なのだから they had existed とするのが正しいのではないか。したがって正解は On that island, I saw many strange animals I had never even known *had* existed. ではないかという主張である。なるほど，頭のいい生徒の主張である。しかし実際はそうは言わない。

「見た」と「知らなかった」は時系列の逆転があるから過去完了の使用 (I had never even known) は妥当性がある（しかし，実際この問題を見せたネイティブの何人かは

I never even knew existed を主張した。前後関係は十分それでわかるから，というのが理由である。T.G. 氏は解答例を支持してくれたが）。They had existed のほうは過去完了の繰り返しがくどいし，前後関係は過去完了1つで十分にわかるから existed のほうまで過去完了にすることはない，ということである。もう1つ付け加えておく。そういう動物は発話の時点でも存在しているのであるから On that island, I saw many strange animals I had never even known *exist*. ではないか，という質問である。これもよくできる生徒の質問だが，英語でよく言う「普遍／不変の真理は現在時制」というのは，主として自然科学の法則や数学の定理，あるいは人生の教訓について用いるもので，たとえそう簡単には変わらないことでも，個人的なことや絶対とは言い切れないことには時制の一致はしておいたほうが安全である（と言っても，この場合は過去完了にする必要はなく過去形でよいのだが）。

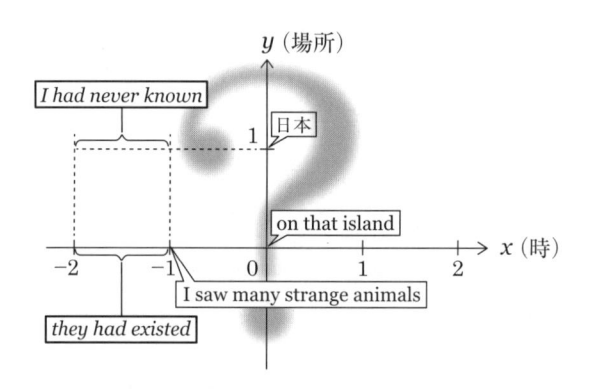

```
                    y (場所)
    ┌──────────────┐
    │ I had never known │   ┌──┐
    └──────────────┘ 1 │日本│
         ┊          ┊    └──┘
         ┊          ┊     ?
         ┊          ┊  ┌─────────┐
         ┊          ┊  │on that island│
         ┊          ┊  └─────────┘
    ─────┼──────┼────┼──────┼──── x (時)
        -2     -1   0      1      2
              ┌──────────────────┐
              │I saw many strange animals│
              └──────────────────┘
    ┌──────────────┐
    │they had existed│
    └──────────────┘
```

　思い出したので書き添えておく。ある生徒が「She said, "My father promised that he would buy me a pony." を間接話法にしたら，She said that her father <u>had promised</u> that he *would have bought* her a pony. となるのですか？」と尋ねてきた（こういう疑問を持つ生徒は経験的に言うと必ず英語ができるようになる）。もちろん正解はそうでなく，She said that her father had promised that he **would buy** her a pony. である。同様に「He said, "I often used to play around here." を間接話法にすると He said he *had often used to* play around here. になるのですか？」というのもあった。もちろん had used to という形は現代英語にはなく（コンサルタントによると昔はあったらしいが），He said he **often used to** play around here. でよい。英語の時制の一致は，座標幾何とか算数の加減算とは違うのである。

話が横にそれたが，過去完了について具体的なアドバイスとしてまとめておく。

> **過去完了を使うときの注意**
>
> ① 過去の出来事はできるだけ起こった順番に書く。その場合，通常過去完了の出番はない。
>
> ② 2つの出来事の起こった順番と記述の順番とが逆転しているとき，過去完了の可能性を考える。考えるのであって機械的に過去完了を使ってはいけない。たとえ時系列と記述の順番が違っていても，時間の前後がわかりにくくなければ特に使わなくてもよい。でも出題者側から言うと，過去完了の知識を問うているかもしれないから，出来事の起こった順番と記述の順番の逆転があるときは1つだけ使うのは受験生の態度としては安全かもしれない。
>
> ③ 仮に一度過去完了を使えば，それで1文中の出来事の時間の前後関係はわかるはずだから二度も三度も過去完了は使わない（単純化とわかりやすさの原則は時制の一致の原則に優先する）。
>
> ④ 仮に1文中に過去完了が何回も出てきたり，たとえ2文，3文中であっても過去完了の総数がいくつかになる場合は，できるだけ出来事の起こった順番に書くという原則を無視している可能性があるので，できるだけ起こった順番に書くように全体の構成を見直す。

コラム　助動詞に関する注意

英語には助動詞が大きく分けて2つある。1つは be（受動態，進行相を作る），have（完了相を作る），do（疑問文を作る，動詞を強調する）など，「本態的助動詞」（著者の造語である。普通は「一次的助動詞 (primary auxiliary verbs)」と言う），もう1つは「法助動詞 (modal auxiliary verbs)」である。「本態的助動詞」は特に説明を要さないと思うので，ここでは「法助動詞」を扱う。

「法助動詞」はおそらく英語の歴史の中では新しく，元は普通の本動詞であったと思われる（ought to, used to と to を持つ助動詞，need のように本動詞も助動詞もあることなど，傍証は多く存在する）。

⇒　しかし，現代の英語では助動詞は本動詞から完全に独立した品詞であるので，その点は誤解なきよう。

⇒　ただし，苦労して作った「法助動詞」も十分ではなく，たとえば must では足りずに have to を作った。このような「準助動詞」はまた別の問題を生み出しており，どこまでを「準助動詞」として認めるか，must は動名詞形などがないのに having to は存在する，You must do it. ≒ You have to do it. なのに You must not do it. ≠ You don't have to do it. であるなど，多くの困難が存在する。

⇒　したがって受験生に対する具体的なアドバイスとしては，助動詞は個々に研究することである（大体助動詞の数など，助動詞もどきを入れても大したことはない）。

shall / should … shall はほとんど絶滅していて，頻繁に用いられるのは Shall I ...? / Shall we ...? (*Shall we dance?* という映画があった) といった表現に限られており，「話者の意思」を表す You shall die. (殺すぞ！) などはもはや現代英語とは言えない。では shall の過去形の **should** も絶滅寸前かというとそんなことはない。大流行である。

may / might … 文法的には **may** の過去形が **might** であるが，この2つには実際的な差はほとんどない。だから may － を「－するかもしれない」，might － を「－したかもしれない」と思うのは間違いである。どちらも「－するかもしれない」である。「－したかもしれない」は may / might have p.p. である。ただし，might は文法的には may の過去形なので，仮定法中や時制の一致では may ではなく might を用いる。

cannot / could not have p.p. …「－しなかったはずだ」は **cannot have p.p.** のはずで，**could not have p.p.** というと仮定法がらみに聞こえそうなものだが，実際にはこれも普通に「－しなかったはずだ」の意味で使う。これはセンター試験にも出る。

needn't have p.p. / didn't need to do … **needn't have p.p.** は「必要ないのに－してしまった」。**didn't need to do** は「－する必要はなかった」で，実際にやったかやらなかったかはこれではわからない。

can / be able to do … can と be able to の違いについては，最初から別物として各々学ぶほうが手っ取り早い。なぜなら can は「① 能力／② 許可／③ 可能性」とあるが，be able to は「能力」だけだからである。したがって「それは起こりうる」を It can happen. とはできても ×It *is able to* happen. とすることはできない。また，「私のコンピュータを使っていいよ」と「許可」のつもりで You can use my computer. はよいが，You are able to use my computer. だと「私のコンピュータを使う能力，実力，知識がある」という意味になる。

それゆえ could と was / were able to との違いがあるのは当然なのだが，ここで問題としているのは少し違うことで，could の意味のうち「能力・できた」と was / were able to 「能力・できた」はどう違うかということである。結論から言うと，could は「能力があった」ということでやったかどうかはわからない。それに対して was / were able to は「能力があり，それをある日，あるところで実行した，やった」ということも表しうる。なお，could not と was / were not able to は能力がなかったのだから，実際にもできなかったはずなので，あまり違いは感じられない。

また進行形をとれない動詞の単純相は「習慣的な行為」か「現にそのときやっていること」なのか区別がつきにくい。それゆえ「進行相」の代用品としての **can / could** の使用があり（いくつかの動詞に限られるが），さらに問題を混乱させる。

例 「富士山が見える（今見ている）」
　　　I can see [×*am seeing*] Mt. Fuji.
　「妹がピアノを弾いているのが聞こえた（過去に聞こえていた）」
　　　I could hear [△*was hearing*] my sister playing the piano.

最後に英作の教師の立場から言うと，日本語の「ーするだろう」に **will** を使わないほうがよいと思う。大概の英語の単語と同じく will は多義語である。書いているほうはともかく，読むほうはまず第一義的には未来の話だと思う。何も法助動詞を使わなくても I think ... で済むし，同様に「ーするに違いない」も **must** を使わなくても I am sure that ... で大概の場合は書ける。また「可能性」を表す助動詞の **may** はあまり使わないほうがよい。日本人は控えめな言い方を好むから，断定を避けて may を使いたがるが，これは自信なさげに聞こえる。You may be right, but ... とか I may be too fussy, but ... と譲歩的に使ったり，婉曲に不賛意を表したり（高等テクニックだから受験生はしないほうがいいが）するときに使うのであり，自分の意見を自信を持って言う場合には使うべきではない。主観であって事実かどうかわからなければ I think ... と言えば済むことだから。

第2章 英文空所補充

第1講

次の Kiyoshi と Helen の会話を読み，空所(1)と(2)をそれぞれ 15〜20 語の英語で埋めよ。(1)と(2)のそれぞれが複数の文になってもかまわない。

Kiyoshi： Have you read today's newspaper? Apparently, in England, it's illegal to sell pets — even goldfish! — to children under the age of sixteen because they may not be able to take proper care of them. Offenders can be put in prison for one year.
Helen： Wow! (1) _____
Kiyoshi： Yes, that's true. But (2) _____
Helen： I guess you're right.

(東京大　2011年　2(A))

自由度 ★★★★☆　　　**難易度** ★★★☆☆

■ 考え方

　2番のBは英作部門であるはずが，2009年度，2010年度は実質文法・語法問題であった。非常にやさしい問題であったにもかかわらず，合格した人の中にも結構いくつも間違えた受験生はいたようである。なぜああいう問題が出たかというと，著者が思うに英作以前にあまりにも基本的な間違いをする受験生が多いので，ある意味呆れて（悪い言葉で言うとぶち切れて），高校入試か，というような基礎問題を出題したのだろう。さらに深い意味があるのかもしれないが，それは忖度しようがない。2011年度はそういう問題は出なかったが，年度が変わったからよいというわけでなく，動詞の文型，冠詞，前置詞，派生形，品詞の区別など，細部にも十分に注意して。

　本問で重要な要素は，言うまでもないが「対比」である（➡ p.65）。2人の意見は対立していなくてはならない。順番としては，ヘレンが「ひどい法律だ」という趣旨のことを言い，キヨシがいったん賛成したあとで，「しかし…」と続け，ヘレンが納得しているから，そういう法律にも一理ある，という趣旨のアイディアが来なくてはいけない。

出題の意図として under the age of sixteen で示される 16 歳という年齢が問題となる法律について出題されていることに，特に意味はあるのだろうか。著者はあると思う。東大の過去問にもあったが（→ p.302），投票権を 18 歳からにするかどうかとか，死刑を求刑されるのは何歳からであるとか，つまりいつからが子供でいつからが大人であるか，普通は 20 歳と 18 歳が問題になるが，16 歳にも意味がある。たとえば父母の同意があれば女性は 16 歳で結婚できるとか。別に受験生はそういうことを考えながら解答を作れという問題だとは思わないが，秋入学の是非のように年齢にかかわってくることは，常に大学側の人々の念頭にあるはずである。たとえば秋入学に変えれば卒業の年齢にもかかわるが，保育園や幼稚園の入園時期にもかかわってくる。老齢年金の支給開始が何歳からになるのかは深刻な社会問題であるが，それと同じく保育園の入園時期が半年前倒しになるのか半年後に延びるのかも大問題であると思う。50.5 歳と 51.5 歳の違いはおそらく大したことではないが，2.5 歳と 3.5 歳の違いは大きいであろう。乳児，幼児，少年，未成年としての青年と成人としての青年，社会の重要な担い手としての老人と社会の庇護を必要としている老人（おそらくほとんどの老人は両方を兼ねているだろう）を年齢で定義することはできるのだろうか。著者は予備校の英語教師なので，そういうことを受験生諸君に教えたいということではない。しかし社会で問題になっていることに関心を持っていようといまいと，考えろと言われれば考えられる頭と習慣のある受験生は自由英作で高得点をとる，というのが経験的事実である。それは答案に直接反映させなくてもよい。答案そのものはやさしい英語で正確に書き，内容は常識の範囲で誰でも「それはそうだ」と思えるようなことでよい。大学入試の採点の先生なら，たとえ同じようなことを書いてあっても，ポテンシャルや積み重ねた努力の差は読み取れるはずだと信じて，著者は受験指導をしている。

　キヨシのセリフ第 2 文に Apparently とあるが，この apparently という語は二義性のある語で，① It appears that S V 「…らしい」という意味と，② obviously 「明らかに」という意味があり，大概の場合は本問と同様①である。英文和訳で①とすべきところを②と間違えると結構崇る。

■ **必要な知識・能力**

　ほぼ完全な自由英作であるから，アイディア勝負である。やさしい英語で正確に，また会話文であるから難しい構文は使わずに，説得力のある内容を工夫して。

解答・解説

T.Y. & T.G. の解答例（共作）

(1) That seems an incredibly harsh punishment for just selling a pet animal to a teenager! (15 words)

(2) you might feel differently if you knew just how cruelly children treat their pets sometimes. (15 words)

(1) for doing の用い方。
(2) 仮定法を試みた。

東大生による解答例① 「fifth tendon」君

(1) ~~Indeed,~~ keeping a pet properly is much more difficult than having a toy. (13 words)
   （K／really）

(2) that way children never learn it is important to take good care of animals. (14 words)
   （will／that）

「fifth tendon」君のコメント：
逆にして入れても通用するのでは？とも思いますが（T.Y.注：著者もT.G.氏も迷わなかった。普通に読めばヘレンが規制に驚き，キヨシがなだめているのだと思う），どっちを規制賛成者にすればよいのか，よくわかりませんでした。見方によっては，何かと規制ばかりする現在の風潮に対する皮肉ともとれる出題だと感じました（T.Y.注：そういうことはあるかもしれない）。

「S.Y.」氏のコメント：
T.Y.注（1つ目）について，私も第一印象はそうでしたが，考えてみるとヘレンのWow!が「呆れて」のものか「快哉」の声なのかで，前者と判断するほうが自然とは言い切れない気もしてきました。ヘレンがこの法律に賛成の立場，ととっている学生さんが多いのはおもしろいですね。

> 東大生による解答例② 「grdn」君

(1) The number of pets to which ignorant and innocent kids accidentally do harm will decrease dramatically. (16 words)

(2) ~~they~~ children cannot foster the sense of responsibility by taking proper and sincere care of pets any longer. (17 words)

「T.G.」氏のコメント：
Probably not what the problem-setter wanted. He wanted Helen to be shocked about the severe rules, and then Kiyoshi to defend the strict regime. But this interpretation is also OK, I think. The only slight problem is that in real conversation no-one would use quite such stiff expressions ("to which," "proper and sincere care" etc.) as here.

「grdn」君のコメント：
「子供に傷つけられるペットが減るので，動物愛護の観点からはよい」
「けれど，子供がペットの世話を通じて成長できなくなる」
みたいな会話にするのがよいと思いました。順序を逆にしてもよいかもしれませんね。この方針で，僕のボキャブラリーでどうにかなるものを考えてみました。
「Kiyoshi の実家のペットショップが潰れちゃうじゃない」
「でも近所に大型ペットショップができたから，どの道潰れる運命だっただろう」
みたいな方針もアリと言えばアリですが，「潰れた」「大型ペットショップ（チェーン店）」というのが上手く書けないのでやめておきました。

「S.Y.」氏のコメント：
grdn さんのコメントについて，こういう「適度な創作」がレパートリーに入っている学生は，手詰まりになることを避けて何とかしてしまうことができることが多く有利なのだろうな，と思いました。

東大生による解答例③ 「軟体動物」君

(1) ~~Isn't it a nice~~ It's a good idea to prohibit children from buying pets? Many pets will be saved from children's bad care. (20 words)

(2) I think complete prohibition is wrong. Some children can take proper care of their pets with their parents' assistance. (19 words)

「軟体動物」君のコメント：
「相手の言うことの一部は認めるが一部は否定」というパターンを考えて書きました。

東大生による解答例④ 「スピカ」さん

(1) It's cruel to deprive children of ~~the~~ their happy time**s** with pets. With pets, they can have fun. (17 words)

(2) you ~~can not~~ cannot neglect the fact that many pets ~~spend unhappy time~~ live in misery because of children's bad care. of them (17 words)

「T.G.」氏のコメント：
(1) "With pets, they can have fun" seems to be padding, added to reach 15 words.

「S.Y.」氏のコメント：
語数の下限がある場合に，(1)でのような情報量の増えない類似する表現の繰り返しは減点対象にされる恐れがありそうに思うのですが…。

> 東大生による解答例⑤ 「Cygnus」君

(1) What a nuisance ~~to~~ for pet shop clerks! I can easily imagine them working with their nerves on edge.　　　　　　　　　　　(18 words)

(2) is such a law necessary? Kids in their early teens would know better than to treat their pets so badly.　　　　　　　　　　(20 words)

「T.G.」氏のコメント：
(1) なんとなくわかるけど，ちょっと変わった発想。

「S.Y.」氏のコメント：
(2)は直前の Yes, that's true. But ... からつながらない，「論理的に破綻した解答」として大きく減点されることになりはしませんか？

たしかにつながりは不自然な感じはするが，T.G. 氏のコメントのように英語は正確なので，大きく減点されることはないのではないか。

第 2 講

　現在，全世界で約 3,000 から 8,000 の言語が話されていると言われている。もしそうではなく，全世界の人々がみな同じ一つの言語を使用しているとしたら，我々の社会や生活はどのようになっていたと思うか。空所を 50 〜 60 語の英語で埋める形で答えよ。答えが複数の文になってもかまわない。

If there were only one language in the world, ＿＿＿＿＿＿＿＿＿＿
＿＿＿＿＿＿＿＿＿＿＿＿＿＿＿＿＿＿＿＿＿＿＿＿＿＿＿＿＿＿＿＿
＿＿＿＿＿＿＿＿＿＿＿＿＿＿＿＿＿＿＿＿＿＿＿＿＿＿＿＿＿＿＿＿
＿＿＿＿＿＿＿＿＿＿＿＿＿＿＿＿＿＿＿＿＿＿＿＿＿＿＿＿＿＿＿＿

（東京大　2010 年　2(A)）

自由度 ★★★★☆　　**難易度** ★★☆☆☆

■ 考え方

　トピックとしては昔から熱く語られる頻出テーマの1つ。著者自身も何回か類似の問題を出したことがある。後述の軟体動物君のコメントはそれに触れたもの。
　文法的には条件節が仮定法過去で書き出してあるのだから，帰結節（主節）に来る動詞はやはり仮定法で，普通に考えるなら would ＋原形不定詞になる。
　こういう風に仮定法を用いることが条件の文を書くとき，要求されている語数すべてを仮定法で書くのは内容的にきつい。もちろん書かれている内容が非現実の仮定を元にしているなら仮定法に徹しなければならないし不可能でもないが，書きやすさとしては導入とか結論の部分を仮定法にし，現実の描写や体験等を入れて直説法の部分を入れ，全文を仮定法で書かなければいけないようなことはできたら避けたほうがよい。
　内容的にはやはり対比（➡次のページ）を念頭に書くのがよい。「世界に一つしか言語がなかったら」とあるが，現実には多くの言語があるわけだし，一つしかなかった場合の功罪を現実と対比させながら考えればよい。「文明」（普遍的なもの）と「文化」（民族・地域に固有なもの，文明と文化の区分そのものが議論の対象になることではあるが）という視点での対比でもよいし，実用的にはどちらが便利・不便かということでもよい。
　ただしこの語数と時間では，そう高邁で本質的なことを試験場で書くのは大変だから，あくまでそういうことを念頭に置きつつ，何か気のきいたことを思いつけばそのアイディアを大切にして印象が強い作文を心掛ける。

> 対比について

対比には「広い意味の対比」と「狭い意味の対比」があってどちらも大切である。

広い意味の対比

　自分の意見を展開するあらゆる場合に最も大切なことの1つが「対比」である。もし疑いがあるなら，本書に採録した問題のいくつかを瞥見（べっけん）されただけでも容易にわかってもらえると思う。また採録しなかった問題もかなり多くが「対比」がらみである。「対比」が露骨に表れているものだけでも，2002年の2(B)「能力別クラス編成」と2006年の2(A)「競争と協調（competitionとcooperation）」はいずれも異なった立場のA先生とB先生による議論であり，2007年度の2(A)「リスニングの勉強法」は，やはり異なる立場の先生と生徒の対話である（➡ p.203）。また「20世紀最高の発明は何か」と言われて，1人が「これこれだと思う，なぜなら…」と答えると相手が「私はそれは最低だと思う，なぜなら…」と答えさせるものもある。

　考えてみれば東大入試で頻出する仮定法は，その存在自体が現実と非現実の対比になっている。問題を解くときそういう視点で自由英作の問題を見てみること。なにがなんでもまず自分の結論を書き（これには入試の自由英作であるという前提で賛成するが），そのあと I have three reasons. First, … . Second, … . Third, … . と理由を3つ書いて事足れりとしているらしい答案が多いのはどういうことか。これでは「対比」が書けないではないか。自分の意見を一方的に声高に述べるのは議論とは言わない。ついでに言っておくと東大英作は語数が少ないので，繰り返しを極限まで避けること。与えられている英文や空欄補充で前後に書かれている英文から何度も引いてきたり（悪い言葉で言えばパクったり），最初に自分の結論を書き，最後に確認のつもりか，また全く同じ英文を書いて結論にしている答案は，見ただけで印象が悪いと心得るべきである。また要点メモの箇条書きは英作文とすら言わない。「自分の意見とその根拠：相手の意見とその根拠」，「現在の実情：理想：理想が破綻（はたん）したときの最悪の結末：逆にリスクを恐れて問題を先送りした場合に起こるであろう更なる災禍」，「過去：現在：未来」，「自己と他者」，「日本と外国」，「東洋と西洋」など，「対比」を元にアイディアを組み立てれば，書くことなどいくらでも思いつくではないか。

狭い意味の対比

1．接続詞を用いた対比の表現

　対比を表すための小道具が英語にはある。
　while / whereas は対比に用いられる代表的な接続詞である。ちなみに while には2つ意味があり，① 期間を表す接続詞としての while は，形として大体 while S be … と

いうように be 動詞と共に，あるいは while S be doing と進行形（これとても be と無関係ではないが）で用いる。ここで取り上げるのは，もちろん② 対比の意味としての while で，whereas ともども，SV while / whereas S′V′ という形で用いられる。

２．副詞句を用いた対比の表現

　while / whereas は従位接続詞であるから，２文で書くときには用いられない。そういうときには，

　　SV. On the other hand, SV.
　　　≠ In / By contrast, SV.
　　　≠ On the contrary, SV.

のように on the other hand や in / by contrast や on the contrary を使う。ただしこの３つの表現は意味・用法が異なり，実際には時代によって，また地域によって錯綜しているのだが，受験生は次のように覚えておくのが安全である。

(1) SV. On the other hand, SV. は同じことの２つの側面を語る時に用いる。スペインの光と影とか日本の長所と短所とかを対比させる時など。

　　例　Japan is … . On the other hand, it is … .

(2) SV. In / By contrast, SV. は違う２つのものを対比させる時に用いる。

　　例　America is … . In / By contrast, Japan is … .

(3) SV. On the contrary, SV. は今相手が言ったこと，あるいは世間で言われていることは事実でないとし，それどころか正反対であるという時に用いる。

　　例　People say we are not on good terms. On the contrary, we are very good friends.

　なお，「…と違って」の意味の unlike は前置詞。例　Unlike America, Japan is a small country. はよいが，よくできる生徒が却ってやる間違いの１つが different from を unlike のように前置詞として使うこと。Japan is different from America. のようにはもちろん言えるが，×*Different from America, Japan is a small country.* のようにすることはできない（心配なのは，英語の敷居はどんどん低くなってきて以前は間違いとされていた言い方が今では普通，というものがたくさんある，ということである。線引きの問題であるが，現時点ではこういう言い方はしないと心得ていてほしい）。

■必要な知識・能力

　上記のごとく仮定法の正確な知識は必須。逆に言えばそれ以外は自由に書けばよい。しかし仮定法で書けたことだけで安心していると，内容がありきたりのことを繰り返す羽目になりかねないから，頑張って何か１つ目玉となるアイディアを考える。そういう点に注意して次の解答例を見てほしい。

解答・解説

T.Y. の解答例

(If there were only one language in the world,) a third world war would break out at once, as George Orwell once remarked. Even if they spoke the same language, different people would still think in different ways. If they all spoke the same language, they would realize how deeply they disagreed with each other. Sometimes things are more peaceful if you don't understand what other people are saying.　　　　(60 words)

第一次・第二次世界大戦くらい正確に書けないようでは常識を疑われる。the First / Second World War あるいは World War I / II である。定冠詞の有無, 大文字・小文字に気をつけること。なお英語の発想の問題であるが第３次世界大戦は a third world war と言う。不思議な感じもするが, まだ起きていないし (幸いなことに) 起きるかどうかもわからない (起きないでほしい) から, ということだそうである。

ネイティブの解答例 (T.G.)

(If there were only one language in the world,) life would become much simpler and more efficient, with enormous political and economic benefits. But the loss of thousands of languages would be a cultural tragedy. We would have to take measures to protect each local language, perhaps by teaching it as a second language in schools, as Welsh and Gaelic are taught in some British schools today.　　　　(58 words)

東大生による解答例① 「grdn」君

(If there were only one language in the world,) we would lose some *of our* sense of humor. Today there are many jokes which can hardly be translated into any other language. If you try to translate them at all, the original fun will hardly remain. A diversity of jokes is born from linguistic diversity. I think *having* only language in the world would make the world boring.　　　　(56 words)

「T.G.」氏のコメント：
To be honest, there is almost nothing wrong with this answer. It's a nice, clever answer that addresses the question properly but finds a twist that will make it stand out from other answers. The English is sophisticated and grammatically close to perfect. A strong "A" for sure.

「grdn」君のコメント：
教養（T.Y. 注：東大の教養課程）の授業で「翻訳すると失われるものや正しく表現できないものがある」みたいなこと（たとえば俳句の英訳など）について考える機会があったので，「それぞれの言語に基づいたニュアンスや情緒が失われてしまう」とでも書こうと思ったのですが，「それぞれの言語に基づいた」「ニュアンス」「情緒」がうまく英訳できるか自信が無かったので，ジョークに限定しておきました。でき上がったものを見ると，これも論理や表現力が弱い上に，構文や語法もそんなに冒険してないので大したことないなぁという気がしますが，時間内に書くとしたら僕にはこれくらいが精一杯のようです。

世界に言語が一つしか生まれなかったのなら，歴史とか地理とか現在とえらく違ってくるような気がしましたが，冒頭がIf there 'were' で始まるあたり（If there 'had been' ではなく），そこを論点にしてはいけないと判断しました。

余談ですが，問題文に「我々の社会や生活は…」と書いてあったのを見落として，最初「ワタシは外国人観光客相手に，絶妙に言葉が通じないフリをしながら商品を高く売りつけて生計を立ててイマス。だから商売上がったりデス」みたいな個人的な事情を書こうとして何分か無駄にしました。

経験的に言うと，こういう余裕のあるボケをかませる人は大体受かる。センター9割を楽勝で取れることを前提に，という意味であるが。

東大生による解答例②　「fifth tendon」君　その1

(If there were only one language in the world,) we could travel around the world more freely, without feeling afraid of getting lost in an unfamiliar city and being unable to ask passers-by the right way. We would no longer have to hesitate to talk with "foreign people", which would help us make friends with more people. We would enjoy wider varieties of literature, music, and play, too.　(59 words)

「T.G.」氏のコメント：
Excellent English. Possibly "ask the way" would be slightly more natural than "ask the right way". Also "play" is a bit ambiguous [遊び・ドラマ] ... maybe "amusement" would be slightly better. But still good enough for full marks.

東大生による解答例③ 「fifth tendon」君 その2

(If there were only one language in the world,) our society would be more peaceful, because we would be able to make friends with more people in the world more easily, which would help to prevent wars. However, in such a world we couldn't enjoy learning a new language, which helps us to see things in a different way.　　　　　　　　　　　(50 words)

「T.G.」氏のコメント：
Also excellent. One slight weakness is "which helps" — obviously author is referring to "learning ..." but structurally it could refer to "couldn't". Very close to full marks.

東大生による解答例④ 「fifth tendon」君 その3

(If there were only one language in the world,) there would be only one nation, too. With only one language everyone in the world would enjoy the same culture, which would make this world more homogenized. There we would find only one culture, and consequently, only one nation on the earth.　　　　　　　　　　　　　　　　　(42 words)

「T.G.」氏のコメント：
The English is fine, though the content is debatable [is British culture identical to American?] and slightly repetitive: "only one nation" ... "only one nation."

東大生による解答例⑤ 「fifth tendon」君 その4

(If there were only one language in the world,) there would be only one nation in the world, too. I think what most sharply distinguishes a people from another is ~~their different~~ *the difference between their* languages. Languages ~~part~~ *divide* people into hundreds of "peoples". With only one language in the world, we would build a great tower of our civilization, but there would be no God that would destroy it. (57 words)

「fifth tendon」君のコメント：

　その1は何度か吟味した後，問題文に沿って考えてみました。4つの中では一番最後に書いた答案ですが，「社会」と「生活」の両方を区別して盛り込む必要はあったのでしょうか？

　その2はただ一つの言語であることのメリット・デメリットを書いてみました。

　その3はその4の派生のようなもので，語数も足りず没ですが，一応。

　その4は最初に思いついた答案で,受験生でないのをいいことに好き勝手書いてみました(笑)。

* * *

「軟体動物」君のコメント：

　ざっと見て，2番の正直な印象としては簡単になったなぁ…って感じです。T.Y.先生の自由英作文に似たようなテーマがあった気がします。ここで気をつけないといけないのは，時制だけでしょう。仮定法過去なので，would, should, could を用いて現在どのような世界になっているかを適当に表現すれば，ほとんど差もつかないのではないでしょうか。どのくらい短時間で別の問題に移れるかが勝負だと思います。

　まずは，自分個人の意見に基づいて否定派として書きます。

東大生による解答例⑥ 「軟体動物」君 その1

(If there were only one language in the world,) the world would be very monotonous. Lots of peoples would ~~think of~~ *relate* the same thing or feeling ~~from~~ *to* each word. Therefore there would be no significant difference in the way of thinking, since different thinking is largely based on different words. We could never get the excitement of understanding a completely new conception by ~~following~~ learning unknown* foreign words. (58 words)

＊本来は「(世に)知られていない」「無名の」の意。

「軟体動物」君のコメント：
こんな感じで，「言葉が一つ → 言葉によって表されるモノや感情・概念が単一である → 考え方の違いがない・異文化理解の面白みがない」というようにまとめるのが一番手っ取り早く間違いないと思います。そういう趣旨の問題だと思いますし。

東大生による解答例⑦　「軟体動物」君　その2

(If there were only one language in the world,) there would not be a Japanese language today, ~~much of which~~ since Japanese is largely composed of originally foreign words and ideas. Historically Japan has imported many new things and ~~conceptions~~ concepts from China with its language, and new ideas such as "freedom" were imported into Japan from Europe about 150 years ago. There would be no cultural mixing like ~~them~~ this in the supposed world.

(60 words)

「T.G.」氏のコメント：
Good English, but the content doesn't quite make sense. (1) Japanese could theoretically be the one language; (2) since the author implies that Japanese thinking has gained from influence of foreign languages, it could gain even more from learning a unified language.

「軟体動物」君のコメント：
その1が淡々と「そんな世界ではきっと…であろう。そして〜であろう」と叙述していったのに対して，その2では，今日使っている日本語が元々は外国語だった多くの言葉や概念（漢字なんてその最たるものですが）によって成り立っている，という説明を加えてみました。時制も叙述部分と説明部分で使い分けなければならないし，字数（T.Y. 注：正しくは語数）的にもあまり余裕がないので，ちょっと時間がかかりました。凝る時間があったら次に進んだほうが得策でしょうね。

東大生による解答例⑧ 「軟体動物」君 その3

(If there were only one language in the world,) there might be only one country in the world, since many countries have their own languages. The world might be more peaceful without international frictions, but might be much more boring because we wouldn't have anything to learn from foreign countries. I ~~like~~ *prefer* this present world ~~better~~, which has many problems but also teaches us many lessons *about how* to solve them. (60 words)

「T.G.」氏のコメント：
"there might be only one country in the world, since many countries have their own languages" does not really make sense logically.

「軟体動物」君のコメント：
問題がなくて平和かもしれないが，外国から学ぶこともないだろう…と比較して，やはり現在の世界のほうがよいだろうといった内容です。が，やっぱりこみいった内容にすると字数（T.Y.注：正しくは語数）がキツいです。

東大生による解答例⑨ 「軟体動物」君 その4

(If there were only one language in the world,) ~~there would not be the activity of learning~~ *we would cease to learn* foreign languages. It ~~should~~ *would* be very boring as well as somewhat dangerous, since learning foreign languages gives us important opportunities to reflect *on* ourselves. There would be no new ideas and ~~conceptions we learn~~ *concepts learned* through studying foreign languages, and therefore we could never understand that there is much diversity *in all things* ~~for everything~~. (58 words)

「軟体動物」君のコメント：
そんな世界だと外国語が存在しないだろう，というところから裏返して外国語学習の重要性につなげてみました。外国語学習によって得られる新しい概念やアイディアのない

世界だと，いろんなものが自分たちの今考えているようにしか捉えられない。そういうつもりで書きました。わかりにくい（解答例としては微妙）かもしれません…。

> **東大生による解答例⑩「軟体動物」君　その5**
>
> 　(If there were only one language in the world,) there would not be the excitement of travelling abroad, which I love. Learning and trying out foreign languages fascinates me greatly when I go abroad. This activity gives me the refreshing feeling of being a beginner and a sense of achievement as I gradually begin to speak well. This excitement of speaking a new language would not exist in the supposed world.　　　　　　　　　　(60 words)

「軟体動物」君のコメント：
外国好きの人なら，こんなのもアリでしょうか。「言語が一つしかなかったら…」という仮定である以上，言語的側面にフォーカスするのが必要だと思います。論理的に無理のあるところは，「私の主観」（I like …, I love …, I prefer …）でつなげればよいかと。私が何かを好きであることに，万人が納得できる説明なんてありはしない。そう開き直りつつも，なぜ自分がそれを好きなのかをできるだけ洞察して，最後にそれを一般化する。そういうスタンスで文章を書けば少なくとも書くネタには困ることはありません。もちろん，そういう時には自分に忠実であるよりも必要に合わせて exaggerate しますが。

> **東大生による解答例⑪「軟体動物」君　その6**
>
> 　(If there were only one language in the world,) the world would be more peaceful. There would be much less international frictions in the world because there would be far fewer misunderstandings between nations and peoples. The world would also be more efficient because we would no longer need time and effort to translate languages in order to make ourselves understood to everyone.　　　　　(55 words)

「軟体動物」君のコメント：
　その6からは方針を変えて，肯定派として書きます。言語の違いに基づく誤解がないため紛争が減るだろう，そして通訳の手間がないのでもっと楽に意思疎通ができるだろう。誰でも思いつきそうな内容ですが，書きやすいですね。解答にするにはかなりよいと思います。

東大生による解答例⑫「軟体動物」君　その7

　(If there were only one language in the world,) the world would be much fairer than it is today. For example, we Japanese have to overcome the barrier of language first in order to join ~~any~~ worldwide competitions in fields such as research and business. If we didn't have to spend time and effort in learning English or other major languages, we ~~absolutely~~ definitely would be able to achieve much greater ~~work~~ things.　　　　　(60 words)

「軟体動物」君のコメント：
　私たち日本人の苦労している言語の壁がないので，もっと公平に競争のできる世界になるだろう。そうしたら日本人ももっと活躍できるだろう。これを実感しない日本人は少ないのではないでしょうか。実際これも本音で，書きやすい内容です。

東大生による解答例⑬「軟体動物」君　その8

　(If there were only one language in the world,) we would not need to learn foreign languages at all. Therefore, we would not have to learn English in junior and senior high school and we would not need to study English in order to pass entrance examinations for universities. That would be great because we ~~can~~ could spend more time in studying other subjects such as mathematics and Japanese language.　　　　　(59 words)

「T.G.」氏のコメント：
English almost perfect — content slightly odd, since I suppose Japanese would only be studied in Japanese schools if Japanese had been chosen as the world language … .

「軟体動物」君のコメント：
そして，ついにこれを。大学受験にそもそも英語の科目なんて存在しないだろうという話です。"I hate English"とか書かない限りはOKで，ユーモアがあって面白いと思ってもらえるのではないでしょうか。

「軟体動物」君の感想 》》》
解答にはまず大きく2通りあると思います。「世界に一言語」に賛成か反対か。自分の考えた長所と短所を列挙してみると，以下のようになります。
「世界に一言語」の長所としては，
・国家間／民族間の誤解がない。
・(それゆえ)紛争もない。もっと世界は平和。
・外国語学習や通訳など社会的な手間が省ける。
・言語の壁がないためにフェアな競争ができる。
・大学受験に英語が必要ない (それゆえもっと他の科目に力を入れられる)。

逆に，「世界に一言語」の短所としては，
・外国(語)から新しく学ぶ概念がない。
・(今まで日本語が中国語やヨーロッパ言語の影響を受けながら発達してきたような) 言葉の発達もない。つまり，今の日本語も存在しない。
・外国語を学ぶ楽しみが存在しない。
・異文化を知る楽しみが減る。

問題文の条件として，「我々の社会や生活はどのようになっていたと思うか」という括りがついていますが，国家的イデオロギー的なことから個人的な生活まで全てその括りに入るわけなので，実質的には「何でもよいので常識的な範囲で書いてください」程度の指示と捉えていいと思います。

第 3 講

> 次の文中の空所を埋め，意味のとおった英文にせよ。空所 (1)～(3) を合わせて 40～50 語とすること。
>
> Communication styles differ from person to person. For example, some people (1) ＿＿＿＿＿＿＿＿＿＿＿＿＿＿＿＿＿＿＿＿ , while others (2) ＿＿＿＿＿＿＿＿＿＿＿＿＿＿＿＿＿＿＿＿ . Therefore, the most important thing in human communication is (3) ＿＿＿＿＿＿＿＿＿＿＿＿＿＿＿＿＿＿＿＿ .
>
> （東京大　2005 年　2(B)）

自由度　★★★☆☆　　**難易度**　★★★★☆

■ 考え方

繰り返すが，英文空所補充問題という形式自体に大した意味はない。しかしこの形式の場合，注意するべきことが 2 点あり，① 空所の前後だけでなく，与えられた英文全体をよく読み，自分の書いた英語を加えてできた完成文の文脈が全体にわたってよく通るようにすること，② 与えられた英文の語句を極力流用しないこと（やむをえない場合もあるが），である。

■ 必要な知識・能力

客観的には本問は非常な難問である。しかしその難しいところがすべて出題者が意図したことかどうか。文頭の Communication styles というのは「コミュニケーションのとり方（たとえばストレートにものを言うか，あるいはわざわざ回りくどく言うか，など）」であって「コミュニケーションの手段（パソコンからメールを送るかとか，携帯に電話するとか）」ではない。それがわかっていないと全体が見当違いの英文になり，理屈から言うと 0 点になるはずである。しかし今は点数開示が行われているのでそれを見ると，救済措置的な採点基準を用いていると思われる。そういうことには考慮を払う大学だと思う。そこで大幅減点するということは，ある意味単語を知らないと大きく減点するということになるからだろう。

本問の最大の眼目は (3) の空所に何が来るかということである。補語の位置に来るから形容詞，あるいは名詞要素であるが，文脈からいって名詞要素であろう。しかし名詞要素といっても，本物の名詞，that 節，間接疑問文，to 不定詞の名詞的用法，動名詞といろいろある。また that 節中に should を入れるか入れないかで事情が異なってくる（➡ p.337 APPENDIX 3.1 (d)）。ネイティブ，すべての東大生が間違えていないことに注目してほしい。

なお，問題文第 1 文 Communication styles differ from person to person. という表現に注意すること。

京大の和文英訳の過去問に「ものの見方や好みは人さまざまである」という表現を問う個所がある。これは和文英訳の基本パターンとして覚えておくべきで，「N は…さまざまである」の典型的なパターンは，
① Different ... ＋ V ＋ different N
② N vary from ... to ～
の 2 つである。その京大の問題に当てはめると，
① Different people have different views and tastes.
② Views and tastes vary from person to person.
となる。この場合，②では (1) Views and tastes vary from person to person. がよく，(2) Views and tastes differ from person to person. はやや首を傾げる表現で，(3) Views and tastes are different from person to person. は間違っているように聞こえる，というネイティブのコメントを聞いたことがある。

ネイティブと言っても個人差があるから，それを鵜呑みにする必要はないが，これをふまえると，問題文第 1 文 Communication styles differ from person to person. は上記②の (2) に当たるから，はじめ見たときはどうかなとも思ったが，東大はそういうことに関しては手抜かりはない大学なので，多分問題ないのであろう。しかし Communication styles are different from person to person. は決して薦めない。from person to person はここでは副詞句と思うが，何を修飾しているのだろうか。意味を持たない copula（繋辞 ➡ p.98）である be か，形容詞の different にかかっているのか。割と受験生諸君は意味だけ考えて differ from ... と be different from ... を同一視したがるし，また大概の場合それで不都合はないのだが，本来 be ＋［形容詞］と V が全く同じということのほうが稀であると思う。不定詞の副詞的用法「感情の原因」という文法項目があるが，あれは S ＋ be ＋［感情を表す形容詞］＋ to do に限っておくのが安全で（他の形は絶対ない，ということはない。しかし避けたほうがよい），たとえば I'm sorry to hear that などに問題があるはずはないが，？ I cried to hear that などは自然な英文と言えるのかどうかが大いに心配である。Google などを検索するとそれなりの数の用例が出てくるが。

解答・解説

　Communication styles differ from person to person. For example, some people ...「コミュニケーションのスタイルは人によって違う。たとえばある人は…」, while others ...「それに対して一方では…する人もいる」とあるから，ここでは人のコミュニケーションの取り方の具体例を2つ，対立的なものを書く。「対比（➡ p.65）」というのは東大英作（というかすべての自由英作）において，これを念頭に置いて書くべき機会が最も多い，という意味で「根本的」とも言えるスタンスである。ただし，仮に communication styles の意味がわかっても，まったく異なるコミュニケーションのアプローチの具体例を2つ思いつくのは簡単ではないだろう。

　さらに(3)はアイディアも難しい。(1), (2)で書いた具体例から説得力のあるまとめの文を思いつくのには，存外苦労するはずである。また，形としては Therefore, the most important thing in human communication is ...「それゆえ人と人のコミュニケーションに際して最も大切なことは…」に続く部分は「規範（➡ p.81 コラム）」，すなわち「すべきこと」であるから **to 不定詞** を用いて表すのがよい。しかし受験生は that 節で書こうとする者が多いだろう。that 節中の動詞が直説法の本動詞であれば，それは「事実」である。ここでの「大切なこと」とは，現実に人々が「やっていること」ではなく「やるべきこと」なのだから，that 節で書くなら that you **should** ... と助動詞 should を入れるべきである。doing と動名詞を用いて表すのは，いけないとまでは言わないし，実際の入試で減点されることはないだろうが，しかしこういうところは to 不定詞で表すものだ，という感覚は身につけてほしい。

T.Y. の解答例

(1) are outspoken and express straightforwardly what they want to say
(2) speak in a roundabout way and sometimes don't want to be understood easily
(3) to listen to others very carefully first and judge what kind of communication style they have, so that you can understand what they really mean

(total = 48 words)

　著者のアイディアとしては，「対比」の一方は「なんでもストレートにものを言う人がいる（outspoken という形容詞を動詞を中心とする表現で説明すれば express straightforwardly what they want to say となる。つまりここでは，1つのことを言

葉を換えて繰り返すテクニックを用いている）」とし，それに対してもう一方は「わ<u>ざわざ回りくどい言い方をする人がいる</u>」とした。以前，批評家の小林秀雄氏がなぜそんなにわかりにくい言い方をするのかと聞かれて，「わかりやすい言い方をすると実際はわかっていないのに文章のやさしさだけでよく考えずにわかった気になってしまわれる。そんなに簡単にわかってほしくない。よく考えてもらうためにわざわざわかりにくく書いている」と言っていたのを思い出して書いてみた。まとめは無難に<u>「人の話をよく聞いてからその人がどういうコミュニケーションスタイルを持っているのかを判断することが大切である」</u>とした。そして，「目的」を表す接続詞 so that を用いて「その人たちの本当に言いたいことがわかるように」と締めくくった。「理由」を表す接続詞の because を使わない受験生はいないと思うが，「目的」を表す so that も，同様にもっと自在に使ってもらいたい接続詞である。

ネイティブの解答例（J.B.）

(1) express their opinions in an open and straightforward manner
(2) convey their thoughts and feelings in a less direct way, and you have to pay more attention to non-verbal aspects of their communication
(3) to take other people's communication styles into account when we try to understand their message　　　　　　　　(total = 47 words)

　ネイティブの解答であるが，内容，英語とも十分に受験生に手が届くレベルである（そういう解答を書いてほしいと頼んだのだが）。手本にしてほしい。

東大生による解答例① 「軟体動物」君

(1) are very careful and don't say anything that they can't be sure of
　　　　　　　　　　　　(and everything)　　　　　　　　　　[are not]
(2) like to talk about anything and often exaggerate things to make their stories more interesting
　　　　　　　　　　　the speaker's style is
(3) to know what ~~type the speaker is~~ and listen to him or her in an appropriate way
　　　　　　　　　[communication style the speaker has]
　　　　　　　　　　　　　　　　　　　　　　　　　(total = 45 words)

「J.B.」氏のコメント：

I think "what type the speaker is" in (3) is not clear, so I suggested "what the speaker's style is", since the topic is communication styles.

東大生による解答例② 「Cygnus」君

(1) try to communicate directly what they have in mind, using well-chosen words
　　　　　　　　　　　　　　　　　　　　　　　　　　[is on their]
(2) are not skillful at speaking, and make themselves understood in an indirect way
(3) your eagerness to convey your inner thoughts and true feelings, whether verbally or non-verbally
　　　　　　　　　　　　　　　　　　　　　　　　　(total = 39 words)

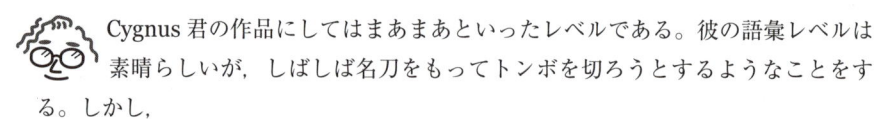

　Cygnus 君の作品にしてはまあまあといったレベルである。彼の語彙レベルは素晴らしいが，しばしば名刀をもってトンボを切ろうとするようなことをする。しかし，

(1) 分詞構文による付帯状況 (using well-chosen words)
(2) 形容詞のあとの準動詞の選択 (skillful のあとは at speaking であって skillful to speak ではない)
(3) 不定詞の形容詞的用法の正確な理解 (➡p.329 APPENDIX 2.1 ／ your eagerness to convey ← are eager to convey からの変形)，whether (接続詞) のあとの A or B の A，B が節ではなく副詞のみ (verbally or non-verbally)

など，文法力が滲み出ている。

コラム　事実と規範

「事実」と「規範」を分けて論ぜよ。これは合理的に物事を述べるときに必要な態度である。具体的な例文を２つ挙げる（→ p.337 APPENDIX 3.1 (d)）。

「事実」　It is important that every child **has** the chance to go to college.

　　　　ここでの has は直説法現在時制単純相。たとえばある国では教育制度が現実に優れていて，具体的に言うと，すべての子供が大学に行きたければ少なくともそのチャンスだけは与えられているのが現状，それが重要なポイントであると言っている。

「規範」　It is important that every child **have** the chance to go to college.

　　　　ここでの have は仮定法現在時制単純相。たとえばある国では教育制度に問題があり，具体的に言うと，子供たちの中には大学に行きたくともそのチャンスすら与えられていないものがいるのが現状である。それではいけない。すべての子供が大学に行きたければ少なくともそのチャンスだけは与えられているようにすべきである，それが重要なポイントであると言っている。

　もちろん日本語にも「事実」と「規範」の区別はある。現に著者がこうやって日本語で説明している。英語が日本語と異なるのはその違いが述語動詞の形の違いとなって現れるということである。ただし，すべての事象が「事実」と「規範」の２つに分類できるわけではない。Seeing is believing.「百聞は一見にしかず」という proverb（ことわざ）があるが，seeing, believing, 各々「事実」とも「規範」とも断じがたかろう（著者はこういうのはとりあえず「概念のみ」と呼んでいる）。また if I were you などの were は仮定法過去であるゆえ，定義によって「事実」でも「規範」でもない（著者はとりあえず「非現実」と呼んでいる）。こういう分類は本来は無意味である。問題は今自分で書いていることが何であるか，事実を伝えたいのか，理想なのか，はかない夢なのか，いわゆる人からは杞憂と呼ばれて然るべきものなのか。著者が「事実」と「規範」という用語を使っているのは，そこのところを意識上に顕在化して考えてもらいたいからである。

　本章の第３講の空所(3)には，構文上は that（名詞節を作る接続詞の that）節，wh- / how などによる間接感嘆文，to 不定詞，動名詞，本来の名詞(N)，あるいは他のものもあり得なくはない。しかし各々役割分担がある。受験生諸君はここで自分の解答例を見ていただきたい。どういう構文で書いているのか，そして諸君が言いたいことは「事実」なのか「規範」なのか，あるいは別のことなのかと。

第 4 講

日本の高校に1年間滞在したアメリカ人交換留学生の立場に立って，日本の生活を述懐する文章を作成せよ。ただし，I'm going back to America with very mixed feelings. で終わり 60〜70 語程度の英語とする。

_____
_____
_____

I'm going back to America with very mixed feelings.

自由度 ★★★★☆　　**難易度** ★★★☆☆

■ 考え方

状況はわかりやすいと思うので，自由度は高いがさほど難しい問題ではなかろう。

■ 必要な知識・能力

時制は書いている時点の定め方によって異なってくるから，状況がわかるならうるさいことは言わない。自由度が高いため，特に必要な知識というものはない。その分，自分の素の力が出る。アイディア的にも，語彙も，志も。

解答・解説

著者の解答は，高校の課程で習う英作文の頻出例文をもとに，どれぐらい内容のあるものを書けるか，という視点で作例した。自由英作は「内容・書きたいこと」と「表現力・書けること」のせめぎあいであるが，ここではあえて「書けること」から「書きたいこと」を抽出した。

しかし本問では，何より軟体動物君の解答を見てほしい。彼の解答を見てこの参考書は成功すると信じて，本書を書き始めたようなものだから。

T.Y. の解答例

　　I hadn't been in Japan a week before I got homesick. I have spent the past year just thinking of my family, my friends and my hometown — Denver, Colorado. Not that my classmates have been unkind to me. On the contrary, they have tried their hardest to make me feel comfortable [help me enjoy my stay] here. I feel (rather) guilty because of this. I'm going back to America with very mixed feelings.　　(67 ～ 69 words)

- I hadn't been in Japan a week before I got homesick. 「過去完了の否定＋[期間あるいは距離の副詞]＋before / when S 過去形」で「…し始めて～たたないうちに―した」という過去完了を用いた英作の基本パターンの1つ（→ p.50 コラム）。ここでは「日本に来てから1週間もたたないうちにホームシックになった」
- my hometown — Denver, Colorado　自由英作はあくまで英語での作文力を試す試験で，社会でも理科でもまた履歴書でもない。体験でも創作でもかまわないが，リアリティを出すために固有名詞（尊敬する人，行きたい所など）や学科名などは正確に言えるようにしておくと役に立つこともある。
- Not that SV 「別段 SV というわけではない」　普段から個性的な表現，得意な構文を身につけて自在に使えるようにしておくこと。これは感性の問題。言い換えれば英作文が面白いと思えるようになること。
- 「努力する，もっと努力する，精一杯努力する」 make an effort / make more effort / make the utmost effort だけでなく try hard / try harder / try one's hardest も覚えておくべき。

ネイティブの解答例（J.B.）

　　I really had fun in Japan. It was great to learn more about Japanese culture and meet a lot of young people here. However, I'm frustrated because I did not learn how to speak Japanese very well. I found the language difficult, especially since it is so different from English in terms of grammar and the writing system. I'm going back to America with very mixed feelings.　　(67 words)

　　これは J.B. 氏の体験。

東大生による解答例① 「軟体動物」君

I went to a high school in Hiroshima city. Hiroshima is the first city which was destroyed by an atomic bomb. Students there have very different view ~~about~~ atomic bombs ~~from our view~~. They say that the atomic bomb used above Hiroshima killed hundreds of thousands of ~~public people~~. Many people suffered from ~~burnings~~ and radiation sickness and some of them are still alive. We were taught that atomic bombs put ~~a period~~ to World War 2. To tell the truth, I felt kind of proud of atomic bombs. I'm going back to America with very mixed feelings. (98 words)

Corrections:
- [that] from ours (a)
- civilians [ordinary people/members of the public]
- burns
- an end
- our [America's]
- [II]

英語として万全とは言えないところもある。第一，語数が多すぎる。しかし何よりも感情を抑えた静かな，そして強いメッセージに粛然とする。同僚の現代文や歴史の先生が感心していた。求められていることではないが求められている以上のことを発信した，軟体動物君の真骨頂。

東大生による解答例② 「スピカ」さん

Japanese people were kind to me. However, there's something I ~~am~~ not satisfied with. I wanted to brush up my Japanese, but most Japanese talk to Americans in English, so I ~~couldn't~~ have opportunity to ~~brush up~~ though I was in Japan at last after trying so hard to come here. I'm going back to America with very mixed feelings. (60 words)

Corrections:
- was [have not been]
- people
- didn't
- the
- work on [improve] my Japanese language skills

すらすらと無難に書いた素直で読みやすい英語。単独で見ると英語も内容も物足りないが，題意にかなった内容で，もしこれが本番であれば時間もさほどかからず書きあげられるだろう。受かる人の答案の1つの典型。ただこういうあり方だけがすべてではない。

第 5 講

次のような質問を受けたと仮定し，空所 (1), (2) をそれぞれ 20 〜 30 語の英語で埋める形で答えを完成させよ。(1), (2) のそれぞれが複数の文になってもかまわない。

Question: Do you think reading books will help you acquire the knowledge you need to live in today's world?

Answer: My answer is both yes and no.

Yes, because (1) _____
_____

No, because (2) _____
_____

(東京大 2009 年 2(A))

自由度 ★★★★☆   **難易度** ★★★★☆

■ 考え方

　形式としては東大英作ではよくある英文空所補充問題。その中でも読書の効用について賛否両論を併記することを求める見た目はシンプルな形式。ただし，質問に対し yes AND no を論理的に厳密に同時に成立させようと思うととてつもなく難しい。そんなに難しい問題のはずはないので，読書の意義について賛否両論になっていればそれでよいはずの問題。キーワードは東大英作の特徴の 1 つの「対比」。

■ 必要な知識・能力

　本問を解くのにとりわけ必要な文法・語彙，表現というものはない。すでに述べたように，自由英作は基本的に「書きたいこと」と「書けること」のせめぎあいであるが，本問に関しては，内容に関する制限はかなりゆるいし，トピックもそう目新しいものではないので，自分のストックをフルに活用し作成されたい。受験生はよくある自由英作のトピックについては自分なりの基本解答を整備して持っているべきである。本書もその一助となる役割を担っている。

　余談になるが（と言っても重要でないわけではない。Last but not least)，問題文の Do you think reading books will help you acquire the knowledge you need to live in today's world? は「読書は今日の世界を生き抜いていくために必要な知識を得る一助となるか」とでもなろうが，「今日の世界を生き抜いていくために必要な知識」を逆英作

すればかなりの人が the knowledge *which is necessary to live* in today's world となり，本文にあるような the knowledge you need to live in today's world とする人は少数であろう。しかし（少し形を簡単にして）the knowledge *which is necessary to live* [S（≠仮主語の It）＋ be ＋ necessary to live] という形はあるのだろうか。議論のあるところであるが，有力大学の出題ではこの点に対する配慮に関して手抜かりはない。[S ＋ be ＋ [形容詞] ＋ to do] についてはコラムで詳論する（➡ p.95）。

解 答 ・ 解 説

　　本問は厳密に言うと解答不能問題。後述の T.G. 氏のコメント必読。議論のさわりを言うと，たとえば「小泉純一郎氏はよい首相だったか？」なら yes AND no で答えようと思えば答えられる。小泉政治の良かったところと悪かったところを言えばよいのだから。しかし「読書は役に立つか？」は yes AND no で答えるのは難しい。Yes, because A. No, because B. だとして A のほうは何とでも書けるが，B の No, because は無理な問題。問題は help you acquire で（ちなみに東大の問題では英作に限らず help の語法を問題にするのが好きである），たとえほんの少しでも役に立てば成立しなくなる。だから「読書だけでは不十分」とか「読書より経験のほうが大切」は答えにならない。小指の先ほども，一厘一毛も役に立たないことを言わないと。そして仮にそれを言えば今度は A が成立しなくなる。

　　だから著者や T.G. 氏の解答例は B のほうは論点をあえて迂回し，A と B が矛盾しない工夫をしたのである。あるいは the knowledge をあえて場合分けし「こういう知識は本で得られる」，しかし「こういう知識は本では得られない」とするか。

　　しかし出題の先生はそういうことを考えて作問されたわけではないだろう。たぶん「学びて思わざればすなわちくらく，思いて学ばざればすなわちあやうし」みたいなのが想定されていたのではないか。だから実際にはあまり深く考えず読書の長所とその限界を書いたら合格答案になるはずである。予備校の解答例も大体そうだから。しかし，そういう解答例を想定しているなら出題形式にもっと気をつけるべきと思う。賛成者と反対者を別人にするとか。でもそれでは例年と同じになるから工夫したのであろうが，成功していないと思う。

「S.Y.」氏のコメント：

「解答不能」との評に全く同感です。ambivalent な「yes の側面も no の側面もある」という言い方は論理的にできないテーマでしょう。「軟体動物」さんの感想を読んで，本人はそれなりに楽しみながらこうした課題に取り組んでいる様子が窺えますが，それでもなお，受験生・参考書の執筆者・その協力者いずれにとっても，もっとましな設問への対処法について考える時間を費やすほうがよいに決まっていますね。

「T.G.」氏のコメント：

I think this question is much harder than it looks at first glance. The speaker says his answer is "both yes and no." That means the two sentences must oppose each other, yet it must be possible for one person to hold both opinions at the same time. You cannot say "Yes because books are good; no because books are bad." Also, it does not say that books are ESSENTIAL, only that they will "help" to acquire necessary knowledge. It is almost impossible to argue against that idea — just because experience is more important than books, or some books are not useful, that does NOT contradict the idea that [some] will HELP you to acquire knowledge. Only T.Y.'s answer really deals with this very tricky problem, by first stressing how useful books are, then warning against over-dependence on them. This avoids the logical problem of saying "books are good but books are bad." Instead it says "books are good, but <as the proverb says> you can have too much of a good thing." That is the basic idea of my own answer too.

T.Y. の解答例

(1) books are the most reliable, and I dare say practically the only, source of information for accumulating the wisdom you need to survive in this rapidly changing world. (28 words)

(2) over-dependence on books will definitely deter you from making the effort to think for yourself seriously, based on your own experience, about what is actually happening on this planet. (29 words)

(1) こちらはひたすら読書の効用を説けばよい。基本のアイディアと構文としては books are the most reliable source of information for accumulating the wisdom。修飾語に力量が出る。形容詞として reliable と only を考えたが，いくらなんでも情報源が読書だけというのは強弁だと気がひけたので and I dare say practically the only と「あえて言うが事実上」を挿入した。困ったときのほうがアイディアが出る。別にこういう凝った表現で書けというわけではないが，いろいろ工夫することが大切。なお for accumulating や to survive のところにも注意してほしい。受験生の中には，日本語にして「―するために」あるいは「―するための」に相当するものを for doing でも to do でもどちらでもよいかのようにごっちゃにして使う人が多いが，それは動名詞や不定詞の性質や意味の違いに対する理解を欠いた乱暴な態度である。

(2) こちらのほうは上記の理由で本当は難しい。しかしそこを厳密に考えるのが出題の意図とは思えないから，受験生の解答としては，読書の効用の限界のようなことが書いてあればよいと思う。著者の解答例は，読書自体が全く知識の獲得に役立たないという議論は難しいから，<u>読書に頼りすぎて自分の頭で考えることをしないと</u>結局現代に生きていくための知識を得る妨げになるという論法にした。ただ気をつけないと問題文の英文や(1)で自分が書いた英文とかぶるから，適度に内容を揺らして論旨にかないかつ繰り返し感がない文を工夫する。あと構文のレベルを複雑すぎずかつ幼稚に見えないように，分詞や不定詞，前置詞句を織り交ぜる。

本問は軟体動物君の解答例を何バージョンか，どういうことを考えたか，さらにそれにとどまらず，入試答案の書き方一般についてコメントしてくれたものを，あえて削除することなくほとんど掲載した。受験生の参考になることが多いと思われたためである。もちろんあくまで彼のアプローチであって絶対のものでもなく，東大に受かった人は皆こうしているというわけではない。また彼には申し訳ないが，本問に関しては大成功というわけではない（➡ 下記の T.G. 氏のコメント）。にもかかわらず著者にとっては本書の中で一番注意して読んでもらいたいところである。

【時間を制限して解答】

―― 東大生による解答例① 「軟体動物」君 その1 ――

(1) books contain so many ~~shapeless~~ abstract [indefinable] but important things we should learn to ~~build~~ improve [enrich] our lives here on earth, such as people's perspective, wisdom, and philosophy, eloquently told in autobiographies.

(29 words)

(2) some books are just for entertainment. These books just make us laugh or feel excited, but provide us with nothing because they don't contain any substance.

(26 words)

「軟体動物」君のコメント：
(1) 後述するように，「自伝」というアイディアに固まりすぎて，不必要に凝ってしまった感があります。「自伝で語られる perspective, wisdom, and philosophy のような」で何とか「この世界で生きることに役立つ知識」につなげられたか，という感じです。
(2) 文法的には問題ないかと。内容的にも，
　　前半（無形の価値がある書物）　⇔　後半（本質がなく役に立たない書物）
という対比は作れたと思います。

「T.G.」氏のコメント：
　I agree the sentence is fine grammatically. But ... maybe I am too fussy, but the 2 sentences don't really make sense logically.
　"Do you think reading books will help you acquire the knowledge you need to live in today's world?"

— Yes, because autobiographies are valuable.

— No, because humorous books are valueless.

Apart from the obvious point that many humorous books are very valuable (Shakespeare's comedies for instance), these two sentences just take two parts of the set of books: Some books are valuable, so (all) books are valuable; but some books are valueless, so (all) books are valueless. That makes no sense. The question is about books versus other ways of getting knowledge, not about some books versus other books. That is why T.Y.'s answer is better: it compares book learning with personal experience. That is what the examiners want.

【辞書も用いてゆっくり時間をかけて解答】

東大生による解答例② 「軟体動物」君 その2

(1) ~~some~~ books teach us unchanging lessons in this world, such as ~~success~~ *how* ~~derives~~ from honesty, modesty, and diligence, and ~~faults~~ *failure* from falsehood, arrogance, and idleness. (24 words)

(2) ~~other~~ *most* books are too old and off the point in this modern world. They only tell us about old notions and regulations which are no longer useful and meaningful. (29 words)

「T.G.」氏のコメント：

Different content from Nantai Dōbutsu ver.1, but still the same basic logical problem.

＊　＊　＊

　以下は，東大生として誠実に学問の最先端の研究を積んでいる軟体動物君が自分の将来の後輩のために誠実に答えてくれた受験のコツ．賛成，反発いずれでもよいがよく読んで考えるよすがとしてほしい．

「軟体動物」君の感想 〉〉〉
① 時間配分とポリシーの反省

　アイディアを練るのと2(A)の前半(1)を書くのに時間の大半（15分強）を使い，後半(2)に5分弱，2(B)に約3分という時間配分でした。(A)の前半に変に凝り過ぎて時間を大量消費してしまった感があります。もっと早く書く内容をまとめ，安全な書き方をすべきでした。ちょうどオバマ大統領の自伝を読んでいたため，autobiography を強くイメージしてしまったかもしれません。本一般のお題（とは言っても，ここで歴史書や悲喜劇など昔から読み継がれてきた書物をイメージしても問題無いと思いますが）であるのに，自伝をメインに引き合いに出すのもどうでしょうか…15分かけたのに…。凝ると視野が狭くなって良くないです。

　全体を見渡して書く内容をメモしたら，安全に英語に直すこと。書いている途中でやっぱり別のほうがよいとか考えないこと。受験時代の鉄則でした。

② 問題解釈と内容作り

　問題を見たときに，読書から得られる知識に関して表と裏（長所と短所）を描き出せればベストの解答だと思いましたが，そんな高級なことが思いつかなかった（無理に考えようとすると時間が足らないと思った）ので，ベタな感じに「ある本は…のように有用だが，一方〜のように無用なものもある」という構図にしました。

　また，考えるべきことが「現代に生きるのに役立つ知識が読書から得られるか」から「知識を得る手段として読書はどうなのか（効率，知識の質，正確性など）」にも広がってしまいそうだったので，全部をカバーしようと考えないように気をつけました。これも凝るのと同じくらい忌むべきことだと思います。テーマが広いときはむしろ，その中でとっつきやすいものにフォーカスするとよいと思います。

　別解では，知識の質（書物一般を「古い」ものと仮定した上で，古いということの両面価値：不変のもの ⇔ 時代遅れであり，もはや無用）に着目してみました。最初のアイディアよりこちらのほうが対比がクリアな気がします。この現代社会ではもはや…，というニュアンスを出せたのも良かった気がします。

　結局のところは，「読書 → 知識 → 世界」のどこにフォーカスを当てるかという問題かとも思います。端っこにある「読書」や「世界」に着目すると作りにくいので，真ん中の「知識」にフォーカスします。読書からどのような知識が得られて，それが世界で生きていくのにどのように役立つ or 役立たないのか。

「知識の量・複雑さ」にフォーカスするなら，

　この複雑な世界で生きていくために必要な莫大な情報は到底書物には書ききれない（インターネットのような検索型システムでないと無理）⇔ 生活に不可欠なベーシックな知識は限られており，それは書物にまとめられている。

「知識の質・新旧」にフォーカスするなら，

　（私の別解のように）古くて無用な知識，現代ではもはや時代遅れな書物 ⇔ 長い間引き継がれてきた人類不変の知識の総体である書物

のような対比になるのではないでしょうか。

③ 追記

　解くときに，最初に「伝記などにある人生観や哲学や知恵は現代で生きるのにも役に立つ」とメモしたのですが，これだけでは具体例の列挙に過ぎないと思いました。そこで，自分としては「それらが人生の道標となる」から現代で生きるのに役に立つというまとめを挟んだつもりです（いまいち上手く表現できませんでしたが…）。

　(1) books give us many clues that help us choose or decide our way in this complicated modern world, such as ideas, wisdom, and keys to success learned by past people.　　　　　　　　　　　　　　　(30 words)

のように書ければ意図することがもう少し伝えられるのではと思います。添付した作文よりもこちらのほうがよい気がします。

　頭の中で「本は私達に…な沢山のことを教えてくれる。たとえば～だ」という骨組みはほぼ固定しており，…と～に何を入れるかで主に悩みました。でもアイディアのために時間を消費してしまうのはもったいないし危険です。受験時代は，最初に自由英作に目を通して内容を把握して（5分くらいで）その場でわかることをメモした後で，他の問題を全部解き，最後に残した15分～20分くらいの時間で再チャレンジしていました。そうすると，他の問題を解いている間に自然と頭の中にある程度の考えが浮かんでくるからです。

　数学でも，まず全部の問題に目を通して各々5分以内くらいでわかることをメモしてから，解き始めていました。そうすると全体が客観的に見えるし，別の問題を解いている間にさっき見た問題の解き方を思いついたりするからです。どこかで駿台の先生からお聞きしたことの受け売りかもしれませんが，アイディアが必要な時，この方法には助けられたと思います。

　「本を読むばかりで頭でっかちになるのも避けるべきだ」という警鐘の点から，次のような答えもあると思います。

　(1) books can give us whatever knowledge we need to live, from wisdom of great people in the past, to how to cook our everyday meals. (25 words)

　(2) knowledge from books can be meaningless if we only store it and never put it into practice. Without practice, it is dead.　　　(22 words)

　過去問にも似たようなテーマの問題があった気がします。いかにも東大の好きそうなテーマではないかと。この場合は知識の質（実践と結びついた知識 ⇔ 頭の中に存在するだけの知識）にフォーカスした，と言えるでしょうか。

東大生による解答例③ 「fifth tendon」君

(1) we can ~~know~~ [learn] whatever we like by reading books. In the world there are so many ~~and various~~ [different] kinds of books published every day. (24 words)

(2) I think the knowledge available from books is only ~~a theory~~ [theoretical], and it cannot be of use without our [own] experiences of life. (22 words)

「T.G.」氏のコメント：
Books provide lots of knowledge, but it is not as valuable as knowledge acquired by direct experience. It's a simple answer but it makes sense.

東大生による解答例④ 「Cygnus」君 その1

(1) living in today's world requires more knowledge than ~~what~~ [that which] you have learned from experience. Books are such a golden mine of knowledge that reading them will broaden your horizons. (29 words)

(2) the knowledge you learn from books does not ~~essentially~~ [really] take root in your self. In the end, only what you experience firsthand will save you when faced with difficulties. (29 words)

「T.G.」氏のコメント：
The vocabulary is more sophisticated, but it's the same basic answer as Fifth Tendon's.

(2) your self は，この2語で正しい。

東大生による解答例⑤ 「Cygnus」君 その2

(1) greater efficiency in acquisition of ~~both~~ accurate and up-to-date knowledge from such reliable sources as books is the key to adjustment in ever-changing situations. (24 words)

(2) the knowledge derived from books is definitely fake. Such secondhand knowledge will only disguise you as a respectable armchair theorist *giving you* without the strength to meet life-and-death challenges. (27 words)

「T.G.」氏のコメント：
This answer does not work because it calls books first "reliable" and then "definitely fake." So it amounts to saying "books are good but books are bad." See my earlier comment.

おそらく本番で Cygnus 君はこういう答案は書くまい。どういう答案を書けば合格点になるかは知りつくしている（➡ 解答例④）。しかし彼の余裕と遊び心で書いた答案が参考になる時もあるので大体本書では掲載している。しかし本問では大ハズシ。彼の英語の悪いところ（よいところと表裏一体であるが）が爆発している。

「Cygnus」君のコメント：
年々，出題内容がつまらなくなっているのは気のせいでしょうか？ でも，賛否の理由を両方とも書かせるのは，それなりによいアイディアであるとも思います。幅広い視点を持った学生を採りたいという出題者の意図が込められているのかもしれませんね。先生の授業をしっかり受けていた学生にとっては，しっかりと得点できる良問でしょう！ でも，やっぱり面白くない…。

ネイティブの解答例（T.G.）

(1) even in the age of the internet, books still form the widest and deepest pool of knowledge available to mankind. (20 words)

(2) if you dive too deeply into that pool of knowledge you can actually drown in it, and end up forgetting which kind of knowledge you really need. (27 words)

コラム　S + be + ［形容詞］+ to do の研究

とりあえず，次の慶應大医学部の問題を解いてほしい。

「①紅葉が目に鮮やかだ。②山歩きを楽しむのに一番いい季節だ。③山を歩きながらの会話は楽しい。④楽しむためには，安全が一番，そして水を忘れないことだ。」

（慶應大・医）

① The autumn leaves are beautiful to look at.

- 上記の構文は，× *It is beautiful to look at the autumn leaves*. と書き換えられない，説明に困る不思議な形。しかし出題者の意図はここにあると信じる。
- 目に見えている紅葉だから The autumn leaves とすべき。

② This is the best season to enjoy hiking in the mountains.

　the best season to enjoy hiking の部分は N to do という不定詞の形容詞的用法になっている。それが成立する根拠は？　最上級と不定詞の組み合わせがこの構文を可能にしている場合もあるが，This is a good season / month / week / day to enjoy hiking in the mountains. のすべてをコンサルタントが OK するところを見ると，the best season to enjoy hiking は不定詞の形容詞的用法のうち，無条件に不定詞をとれるグループに入るという理屈かもしれない（time to do の類推 ➡ p.329 APPENDIX 2.1 ④）。

③ It's fun to chat (with people) while walking / Hiking and chatting is [Chatting while hiking is] delightful / It is delightful to chat while hiking [to hike while chatting].

　念のため言うと，「−しながら」を with doing とするのは×××，during doing は××くらいの評価である。

④ But if you want to enjoy hiking, you have to keep in mind that safety is the top priority, and also, you shouldn't forget to take / bring enough water with you.

- 蛇足ながら，この keep in mind that ... という形では O が that 節であると教えられているはずである。するとこの構文は SVMO ということになる（普通は SVOM (M = in mind)）。仮目的語を入れて you have to keep *it* in mind that safety is the top priority とするのは間違いとされていた。しかし，今は時折見かける。受験生に推奨する気はないが，英語の敷居が低くなっていることの傍証の 1 つと思う。

　さて，眼目は「楽しむためには，安全が一番」を× safety is the best to enjoy hiking とすることはできるのか，という問題なのだが，答えは NO である。safety is important to enjoy hiking は△（ちなみに enjoy は appreciate と並んで，自明であっても目的語が必要とされる動詞の1つである。受験生はこの2つだけを覚えておけばよい）。この問題は厄介である。しかし受験生は必ず一度はこの構文について考えておかねばならない。

T.Y. の考察：問題提起の基本

前提条件：S は仮主語の it ではないとする。たとえば It is very easy for me to speak English. の文頭の It は仮主語の it であるのでここでは扱わない。それに対して It is likely to rain. の it は仮主語ではなく，天候の it なのでここで扱う。

S＋be＋[形容詞]＋to do という構文はわかりやすい構文ではない。成立するときは，成立するだけの根拠があると説明がつく。説明がつかないものは原理的には間違った英文である（実際はそんな簡単なことではないが，文法を頼りにできるのは受験生の特権である。その特権を行使しない手はない。ただしそのためにはその文法を正しく理解する必要がある）。

※（説明がつくもの）

1 I am glad to meet you. （不定詞の副詞的用法「感情の原因」）

2 He is ready / willing / sure / likely / able to swim. （イディオム的な S＋be＋[形容詞]＋to do）

　careful もここに入れると説明がしやすい。× *I got up early not to miss the train.* とは言えず I got up early *in order* / *so as* not to miss the train. としなければならないが，これは文法ルールとしては，「否定の目的」は単なる not to do ではなく，in order / so as not to do としなければならないからである。しかし Be careful not to miss the train. とは言える。その差は前者の不定詞が副詞的用法「目的」であるのに対して，後者の不定詞は，この項目に属するイディオム的な S＋be＋[形容詞]＋to do の一部（下記のタフ構文とは別物である）であるからである。

3 This river is dangerous to swim in. （節の主語が不定詞またはそれに続く前置詞の意味上の目的語となっている，いわゆる「タフ構文」）

　It is dangerous to swim in this river. と言い換えられ，この構文で用いられる形容詞としては，easy, hard, difficult, dangerous, safe, painful, impossible, comfortable, pleasant, tough などがある。

4 How foolish I was to believe such nonsense. （不定詞の副詞的用法「判断の根拠」）

5 You are old enough / too old to go abroad alone. などは正しいが，これは enough あるいは too が to go という不定詞に反応しているのであって，old という形容詞には関係なく，したがって**1**～**4**とはまた別のパターンということになる。

それでは以上のような根拠を欠いた，たとえば「ロシア語は数学を学ぶのに必要です」に対して，? Russian is necessary to study mathematics. などと言うのはよいのか。また，自由英作の問題に対する解答で「健康で長生きをするために大切なことが3つあります」と言うつもりで生徒たちが，? There are three important things to live a long and healthy life. とか書きたがるのには強い抵抗を感じるのだが，ではどう書けばよいのか。これらの点について T.G. 氏にメールし，以下のような返信を受け取った。

T.G. 氏の返信メールの骨子 ✉

Here are some quick thoughts on the matter.

「健康で長生きをするために大切なことが3つあります」

× There are three important things to live a long and healthy life.

There are three important things (that are) needed [required] to live a long and healthy life.　OK

[Adding the past participle makes the sentence complete]

There are three important things (that) you need [one needs] to live a long and healthy life.　OK

[The same thing but using an active rather than passive construction]

× There are three important things for living a long and healthy life.

[Like the first sentence, it sounds incomplete. But one might award a sankaku, by comparing it with this sentence:]

There are three important tools for shaping wood [— a saw, an axe, and a drill].　OK

[But:

There are three important things for shaping wood.　??

It sounds strange because we do not know if the speaker is talking about tools, techniques or principles. Replacing "things" with the more specific "tools" greatly improves the sentence. And the same principle of specificity applies to the original sentence:]

There are three important requirements for living a long and healthy life.　OK

[Substituting "requirements" for "things" adds the sense that these things are needed, just as in earlier correct versions.]

[The rules apply even if we tinker with the word order]

× In order to live a long and healthy life, there are three important things.

In order to live a long and healthy life, there are three important things you need.　OK

　＊ The general rule seems to be that you have to include some form of words that convey NEED.

T.Y.注：ただしここで T.G. 氏が言っているのは，be necessary などの表現ではなく，need, require, be needed, be required など一般動詞，あるいはそれらの動詞の受動態を含まないと正しい英文にならない，ということである。be 動詞は＊特別な動詞で，他の動詞と違って固有の何らかの「行為」や「動作」を表しているわけではない。また necessary も needed などの動詞性を持った過去分詞ではなく，純然たる形容詞である。不定詞の副詞的用法「目的」は，「動作」・「行為」を表さない be 動詞にかかりにくいということではないだろうか。

＊文法用語で copula，日本語で「繫辞（けいじ）」という。SとCを繋ぐことがその最大の存在意義であって，本来は固有の意味を持たない。God *is*.「神は存在する」というのはいわゆる Biblical English で，現代では普通の言い方とは言えない。しかし東大の 2010 年の文法問題（➡ p.124），4 (A) の (2) something is の is はこれと同じ「存在」の is であると思われる。少し驚いたし，こうした用法について文法的な正誤を問うのは教育的にはどうだろうか。

? *Russian is necessary to study mathematics.*
これについては，著者（T.Y.）がこのあと説明を試みるので，ここでは受験生は「そうは言わないのか」と思っていればよい。

cf. Tom is keen to study mathematics.　OK
　　Tom is needed to play for the team.　OK

Russian is necessary [needed / required] for the study of mathematics.　OK
T.Y. 注：ここには不定詞はない。
Russian is necessary [essential] to the study of mathematics.　OK（BUT．× *needed / required*）　T.Y. 注：ここにも不定詞はない。

? *This tool is useful to measure the altitude of mountains.*
This tool is useful for measuring the altitude of mountains.　OK
[Note that "useful" performs an equivalent role to "needed / required / necessary" in the first sentence.]
（T.Y. 注：あくまでここでの議論は不定詞の話である。もともと N for doing や N is for doing に見られるように，N と for doing は親和性がある。しかしこの議論のかみ合ってないところにおそらく問題の本質がある）

再度 T.Y. の考察：受験生諸君に

N is for doing, N for doing は重要な構文であるが，改めて説明する（➡ p.333 APPENDIX 2.7）。以下においては受験生があまり意識をしたことのないと思われるものについて確認，あるいは問題提起をしておく。

① 上記の T.G. 氏の各英文の正誤判定はおおむね妥当と思われる。教養あるネイティブの判断結果のみが大切と思う人は，その結論だけを覚えておけばよい（それも語学学習においては大切なことである）。

② S + be +［形容詞］+ to do のうち，説明がつくもの（➡ p.96 の **1**〜**5**）以外について，2点考察する。

(1) まず，? Dictionaries are necessary to study foreign languages. の是非を考える。**1**〜**5**では説明できないから，もしこういう形が許されるなら，to study foreign languages は不定詞の副詞的用法「目的」としか考えられない。そしてこの用法の不定詞は述語動詞を修飾する。しかし，この場合の述語動詞は「動作」・「行為」を表さない be 動詞であるから，おそらく標準的な英語ではこの形は許されないのである。それは上記の T.G. 氏の判定でもわかる。実際にはこういう英語を見かけることがあるが，受験生諸君は読解の場合はあまり気にしなくてよい。文法問題では東大の問題で一度見たことがある（間違いとされていた）。英作文では避けるべきである。

冒頭に挙げた慶應大医学部の英作文の，紅葉の頃のハイキングの楽しみを語る日本文を材料にした和文英訳問題で，「楽しむためには，安全が一番」という英訳を，*Safety is the most important thing to [in order to] enjoy hiking.* としないほうがよいのもこの理由からである。*To [In order to] enjoy hiking, safety is the most important thing.* と不定詞の部分を文頭に持ってくると許容度は増すようであるが，原理的には同じことである。他に言い方が思いつかなければ仕方がないが，避けられるものなら避けたほうがよい（著者の示した解答例は，If you want to enjoy hiking, you have to keep in mind that safety is the top priority. である）。

(2) これに対して，この英作文の問題の前半にある「紅葉が目に鮮やかだ」を，〇 The autumn leaves are beautiful to look at. としてよいのは，ある意味不思議である。たとえば，〇 This river is dangerous to swim in in July.（センター試験）などはタフ構文であるが，〇 It is dangerous to swim in this river in July. と言い換えることができるのに対して，× *It is beautiful to look at the autumn leaves.* とは言えないからである。しいて言えば beautiful をタフ構文をとれる形容詞（ただし不定詞のあとに前置詞が来て，その前置詞の意味上の目的語がその文の主語になっているという条件で）に強引に入れるという理屈であろうか。文法上のグレイエリアと言うべきもので，受験生の解答例としてはどうか，という意見もあるかと思うが，英文としては頻出するのであえて示した（ただしあまり勝手に応用範囲を広げないように。ここで言っているのはあくまで，*S be beautiful to look at.* という個別の表現が成立するということだけである）。

③　あと N is for doing と N is to do（通常，The airplane is to arrive at eight. のように is to が助動詞であるか，My dream is to go to France. のように不定詞は名詞的用法で N ＝ to do が成立するかのどちらかであるが，どちらとも言えないケースが存在するのである）の区別，N for doing と N to do（不定詞は形容詞的用法）の区別も，難しくはないが，受験生が普段あまり考えないことである。

　　例　This tool is for measuring [× *to measure*] altitude.

　しかし This letter is to announce our engagement. は成立する。これは N is for doing，N for doing が物の「本来的な用途・存在理由」を表すのに対して，N is to do，N to do が「一回性・偶発性の使用目的」を表すからである。だが，I bought a book for reading on the train. と I bought a book to read on the train. に，明瞭な差異が存在するのか個人差によるのかは，文法上のグレイエリアと思う。

第 6 講

> 日本語で「世間は狭いね」と言うが，英語でそれに当たる言葉は It's a small world. である。外国で偶然前を歩いている人が自分の町の出身の人だったり，入学してまもなくできた友人と話して，自分たちの兄同士が昔からの親友であったことに驚いたりする時に用いる。あなたの体験に基づいてそのような例を述べよ。適宜創作を施して差し支えない。対話体でも，モノローグでも，どのようなスタイルでもかまわない。最後の文は It's a small world. か Oh, it's a small world. で終わるようにせよ。

自由度　★★★★☆　　**難易度**　★★★★☆

■ 考え方

　これも目いっぱい創作能力。典型的な東大英作型からはほど遠いが，本番とよく似た出題形式の創作問題ばかりやっていると柔軟な対応ができなくなる。問題に語数制限を付けなかったのは，練習としては時間や語数を気にせず思いついた話を目いっぱい書いてもらおうと思ったからである。ただし東大英作はある意味，時間と語数の勝負でもある。それはそれで練習しないとできるようにならない。同じ問題をやるにしてもいろいろ考えてやってみること。どっちみち自由英作に唯一無二の正解などないのだから，同じ問題をいろいろなアプローチでやってみるのは自由英作の実力を伸ばす最もよい方法である。

■ 必要な知識・能力

・ストーリーを語る時の時制について（⇒ 第 7 章）。著者の解答も T.G. 氏の解答も［過去進行形 (was doing)］＋［単純過去形（進行形や完了形でなく）］で始めているが，それは過去の出来事の描写のとき，映画のワンシーンの撮影にたとえると，「よーい，スタート」と clapboard が鳴って俳優が動き始めた瞬間のバックグラウンドは「過去進行形」で表し，出来事の節目の展開は「過去形」で表すからである。
・本問のように自由度の高い問題では，特定の「必要な知識・能力」があるわけではないが，アイディアは別にして，できることはできるとアピールし，できないことは話がそちらにいかないようにすることを心がけるべき。

解答・解説

- 著者の解答例の話のオチは最初に思いついた。それにたどりつくための「出来事の描写」である。著者の解答例では「過去進行形」と「過去形」の組み合わせで始めた。ワシントンのポトマック河畔の桜がきれいという話を聞いたことがあるので一度使ってみようと思っていた（こういうものは自分で調べて自分のストックにしておく。現実にこういうことに手が回っている受験生はあまりいないと思うが）。
- 「ワシントンの満開の桜」Washington, D.C. with the cherry trees in full blossom と「京都の夜桜の下を歩く」walking under the illuminated cherry blossoms in Kyoto など，「対比」に使える内容を語彙も含め覚えておく（桜の話は日本論をトピックにした自由英作を書く際に必携のアイテム。東大でも「冬に日本に来たいがどうか」という手紙に「春のほうがよい。なぜなら…」を自由英作させる問題が出ている。桜の花がきれい，と言うほかに書きようがなさそうな問題）。

T.Y. の解答例

> I was strolling on the bank of the Potomac River in Washington, D.C. with the cherry trees in full blossom when an elderly gentleman spoke to me. "Young man, are you from Japan?" "Yes, sir. I'm from Kyoto." "Kyoto, really! My daughter used to say the cherry blossoms in Kyoto were a million times better than the ones here. Do you think so?" "The blossoms here are also beautiful, but when I'm walking under the illuminated cherry blossoms in Kyoto, I feel as if I were drifting in an elusive dream." The gentleman nodded. "I guess so," he said. I asked him how his daughter was doing. A faraway look came into his eyes and he said, "She and her husband were killed in the Sarin gas attack on the Tokyo subway. I had never approved of their marriage. I regret it now. Well, young man. Nice talking to you. Have a nice day in Washington, D.C." "Thank you, sir. You too." After he smiled and left, I whispered, "Grandpa, it's a small world."
>
> (174 words)

- 「倍数表現」the cherry blossoms in Kyoto were a million times better than the ones here，「仮定法」I feel as if I were drifting，「朦朧とした夢の中を」in an elusive dream という表現，A faraway look「遠いものを見るような目（をした）」など，できることは何でもやって見せる精神。

- ワシントンの人に「京都の桜はワシントンの桜より百万倍きれいと聞いたが本当か」と聞かれて「その通りです」と答えるのは無神経。「ここの桜もきれいです。でも…」と。
- 日本では「地下鉄サリン事件」というが，英語では the Sarin gas attack on the Tokyo subway と言う。
- I had never approved of their marriage. I regret it now.　過去完了と現在時制の対比。珍しい組み合わせであるが，ありえなくはない。この組み合わせが起こる理由はいろいろあるが，この場合は過去と現在の「対比」，「相違」をストレートに強調するために用いられたもの。現在完了では現在に至る継続性を問題にするので「相違」を表せない。「（単純）過去形」は過去にそういう事実があったという意味で，「現在への継続性」も，あるいは「現在との断絶」も保証しないので，こういう文脈では対比に冴えがなくなる。
- "…. Well, young man. Nice talking to you. Have a nice day in Washington, D.C." "Thank you, sir. You too."　会話表現もできるということを見せる。できることだけ書けばよいのだから難しくない。ただ，そのためにはストーリーのほうを工夫する必要がある。

ネイティブの解答例（T.G.）

> 　I was traveling in Los Angeles recently when a very old homeless man asked me for money. I gave him a dollar and he started telling me his life history. He said he had fought against the Japanese in World War II, at Iwo Jima. That's where my grandfather was killed in action. He reached into his pocket and showed me a rusty brass badge that he'd picked up from the uniform of a dead Japanese soldier. With a shock, I recognized my grandfather's name on it. Truly, it's a small world.　　(92 words)

　これはたぶんクリント・イーストウッド（Clint Eastwood）監督の硫黄島の戦いを双方からの立場でとらえた2作（*Flags of Our Fathers* and *Letters from Iwojima*）に想を得たもの。ちなみにT.G.氏はBritish。

> 東大生による解答例① 「軟体動物」君

When I entered ~~the~~ university three years ago, I met a student who had the same family name as mine. I didn't think much about it at ~~that~~ the time. However, when I asked him about his family a long time after we met, he said that his grandfather had moved from the same area that I came from. The coincidence was ~~just~~ interesting to me, so I asked my parents about my family and ~~ascendants~~ our ancestors. They said that there~~'s~~ was a relative who had left the area and ~~went~~ gone to ~~the other~~ another prefecture, but they knew nothing about him except his name. I remembered his name and asked my friend if it was the same as his grandfather's name. His answer was yes, and ~~later~~ it turned out that we are distant relatives! Oh, it's a small world. (135 words)

「軟体動物」君のコメント：
作り話は難しいですね。

彼のような誠実な人が言うと実感がある。

> 東大生による解答例② 「Cygnus」君

Hi! My name is Maki. I'm the idol of ~~tomcats~~ (all the) tomcats. Today while taking a walk at the seaside, I came across a stray named Yama-P. So good-looking was he that I fell in love with him at first sight. He looked as young as ~~I~~ (me), but he said ~~he'd been~~ (he was) going with a middle-aged Persian she-cat by the name of Isabel. Ah, how disappointing!

But wait. What did he say? A MIDDLE-AGED PERSIAN SHE-CAT? ISABEL? Mom! Yes, she must be my mother! Well, I'll be damned. That youthfully made-up she-cat is far more than I can handle. ~~I think she ought to have a sense of shame.~~ (Has she no shame?) Anyway, it's a small world!

(112 words)

「Cygnus」君のコメント：
　くだらねぇ！ 実にくだらねぇ！ 読者から失笑を買いますね，これ。ちなみに，Maki は堀北真希に，Yama-P は山下智久の愛称「山 P」に由来しますが，名前を借りただけで他は全てデタラメです。本問とは関係ないですが，2人とも『クロサギ』の主要キャストでした。もっとさかのぼれば，『野ブタ。をプロデュース』の主要キャストでもありました。DVD 欲しいですねぇ。大したことないようで，実は切実な願いなのです（笑）。

　才能は認める。出来もよく面白い。でもやりすぎと思う。真似しないほうがよいが，普段の勉強とか模試では少し羽目を外した答案を書いてみることは実は必要。地平線が広くなるから。

「S.Y.」氏のコメント：
　こういう答案を見ると特に，読者は採点基準の一端でも知りたい，という気持ちになるのではないか，と思います。

第7講

次の英文は，授業でグループ発表をすることになった生徒同士の電子メールでのやり取りである。空所(1), (2)をそれぞれ15〜20語の英語で埋めて，全体として意味の通った文章にせよ。

From: Ken O'Hare
To: Yoshiko Abe, John Carter
Date: Thursday, January 31, 2008, 8:23 PM
Subject: Our group presentation

Dear Yoshiko and John,

I'm writing this e-mail in order to ask you two if you have any idea about how we should cooperate in our group presentation for Ms. Talbot's class next week. Can I suggest that one of us should do some basic research into a contemporary issue such as global warming, the aging society, environmental pollution, etc., another write a short paper on it, and the third give a presentation based on the paper, representing the team? What do you think about my plan?

All the best,

Ken

From: Yoshiko Abe
To: Ken O'Hare
Cc: John Carter
Date: Thursday, January 31, 2008, 9:12 PM
Subject: Re: Our group presentation

Dear Ken,

Thank you for your message. Your suggestion sounds very interesting, but (1)_____
_____.
So, I would rather suggest that (2)_____
_____.

Best wishes,

Yoshiko

From: John Carter
To: Ken O'Hare
Cc: Yoshiko Abe
Date: Thursday, January 31, 2008, 10:31 PM
Subject: Re: Our group presentation

Dear Ken,

I am happy with Yoshiko's suggestion about the presentation. Let's talk about it more tomorrow.

Best wishes,

John

(東京大 2008年 2(A))

| 自 由 度 | ★★☆☆☆ | 難 易 度 | ★★☆☆☆ |

■ 考え方

　余談であるが，本文中に a contemporary issue such as global warming, the aging society, environmental pollution と，昨今の自由英作の頻出トピックが出てくる。また受験生は「…を調査／研究する」と言うとき research を動詞として使いたがるが，本文中にあるように do some basic research into / on ... と research を名詞として使い，do research＋[前置詞]＋... とするのが正しい。東大の英作文の問題を見ていると，問題文そのものに学習すべきことに対する東大としてのメッセージのようなものをよく感じる。

　登場人物が３人というのは東大英作では珍しい。このように，本番の試験の場面から離れたところで冷静に分析してみれば難しくないだろうが，本番の試験場でどういう状況設定なのかすぐにわかるのが，ある意味東大英作に強い人。Ken O'Hare, Yoshiko Abe と John Carter の３人がグループで共同研究をしてクラスで発表することになっているらしい。Ken O'Hare が「調査」，「原稿書き」，「発表」の３ステージを１人が１つのステージを担当する分業にしてはどうかと提案したのに対して，Yoshiko Abe は空所(1)で賛成しかねる旨と，その理由を言っている（ようである）。そして空所(2)は Yoshiko Abe からの提案である。次の John Carter のメールを読むと Yoshiko Abe のプレゼンテーションに関する提案に賛成と言っているから，答案には① プレゼンテーションのやり方について触れていること，② Ken O'Hare の意見と違っていること，が必要である。アイディアはあまりひねりようがない。英文の正確さの勝負。

■ 必要な知識・能力

　内容で差異化を図るのは難しい。Ken O'Hare が１ステージ１人３ステージ分業案を出したのだから，対案としては各ステージ３人全ステージ一緒に，ぐらいしかないと思う。ただ，下記の諸君ではないが，その年東大を受けて合格した生徒（あとで気づいたが，grdn 君だった）のアイディアは，調査と原稿書きの２ステージを２人で，発表を１人で，というのがあった。他の人がやらないであろう組み合わせをあえて選んだ手で，なるほどと思った。

　(1)では３ステージを１人１ステージの分業にすることの反対理由をどうするか。第一感では，

① 却って効率的ではない
② 各ステージをみんなで協力してやったほうがよいものができる
③ 各ステージの負担は異なるので不公平である

などが思いつく。語でいうと effective, together, (un) fair など。語のレベルとしては基本語とすら言えないが，それを用いて東大受験生のレベルの答案にするのが作文力。

　(2)はポイントの１つは，suggest that のあとであるから「規範（⇒ p.81 コラム）」であるということ。should を入れるか仮定法現在（⇒ p.328 APPENDIX 1.3）を用いること。東大生たちの解答のその点の手抜かりのなさを見てほしい。

解答・解説

(1) Ken O'Hare への反論とその理由を書いてもよいが，それはみんなそう書くだろうから，反論ではなくて対案を示した。そのほうが感じがよいときもあるし，あるいは書きやすいというときもある。後半を目的を表す so that にするのは著者の定番というか癖。存外うまくいくことが多いが，過信は禁物。

(2) 仮定法現在を使え，という鴨がネギをしょってきたみたいな問題（仮定法がわかっている人にとっては）。ただし should を入れた形でもよい。Ken O'Hare の文にすでにその形があるから (Can I <u>suggest that</u> one of us <u>should do</u> ... , <u>another write</u> ... , and <u>the third give</u> a presentation ...?)，これでも気づかなければしょうがない，ということなのだろうか。

T.Y. の解答例

(1) I think we should all be involved in the whole process so that no-one has an unfair burden　　　　　　　　　　　　　　　　(18 words)
(2) each of us do research on one topic separately, discuss it later and give a presentation together in class　　　　　　　　(19 words)

(1) be involved in ... という表現は結構使い道が広い。
(2) 仮定法現在を正確に使うことによって文法力をアピールしようとしても，たとえば all of us do などだと直説法現在でも仮定法現在でも do だからわかって書いているのか，まぐれでそうなっているのか採点するほうはわからない。だから大体著者はこの解答例のように直説法なら必ず 3 単現の s がいるような主語か，動詞そのものに be 動詞を使うような文を考える（たとえば別の問題であるが You should demand that it **be** refunded. のように）。

ネイティブの解答例 (T.G.)

(1) I feel that all three of us should make the presentation to show that it really is a cooperative project (20 words)
(2) we divide the presentation into three sections — background, present situation and future prospects — and write one third each (18 words)

T.G. 氏の解答を見て思ったのだが，知的エリートの英国人にとって仮定法現在を知っていることをアピールするとか，should を入れるのはブリティッシュ・イングリッシュだとかいうのは眼中にないことなのですね。

東大生による解答例① 「Cygnus」君

(1) I'm afraid dividing the work won't work well because we need to share knowledge of the theme among us (19 words)
(2) we work together from the beginning, and that one of us give a presentation on behalf of our group (19 words)

Cygnus 君の確信犯的な行動と思うのだが，we work together と仮定法現在がわかっているのかわかっていないのか，という形で最初に書いて，そのあと one of us give とわざわざわかっていなくては書けない形で書く。小憎らしいくらいだが，これが彼の持ち味。

「Cygnus」君のコメント：
　面白くない問題ですねぇ。しかも，意外と語数制限が厳しく，充実した内容になりません。上の解答例はお世辞にも出来がよいとは言えないと思うのですが（どちらかと言うと悪い？），他によいアイディアが浮かんできませんでした。こういう問題は，あまり差がつかないのではないでしょうか？

【東大生による解答例②　「軟体動物」君　その1】

(1) it may not be the best way ∧ because we have to be consistent through
    　　　 of the assignment/project
    all (the) stages　　　　　　　　　　　　　　　　(17 words)

(2) we (should) cooperate with each other at every stage ∧ from doing
    　　　　　　　　　　　　　　　　　　　　　　　　　(,)
    some research to giving our presentation　　　(17 words)

軟体動物君が仮定法現在をわかっていないわけはないのだが，本文にある通り we should cooperate のほうが律儀。軟体動物君と Cygnus 君の各々の性格の違いが出ている。入試の英作といえども英語は結局は個性の問題である。

「軟体動物」君のコメント：
抽象的なまま書いてしまいました。'stage' で意味がちゃんと通じるかどうか。

【東大生による解答例③　「軟体動物」君　その2】

　　　　　　　　　　　 disconnected sections
(1) it may result in ~~just~~ three ~~different works~~. I mean, we should discuss
    beforehand how　 put together
    ~~with each other~~ to ~~complete~~ ⌐our⌐ presentation　　(20 words)

(2) all of us (should) do some research, write a short paper, and give

    our presentation together　　　　　　　　　　(16 words)

「軟体動物」君のコメント：
イメージで押し通しました。他にも，(1)なら working separately is not good. For example, it is boring to give a presentation based only on other people's work (20 words) など思いつきました。逆に(2)はバリエーションが少ないなぁというのが本音です。

書くための英文法　実戦講義

4．仮定法について

1. 雑居集団（英語の歴史的結果）としての仮定法についてはAPPENDIX（→p.322）を参照してほしい。
2. 相によって見える仮定法・仮定法によって見える相。

　I live in Tokyo. と I am living in Tokyo. は大体同じことなのに，If I hadn't had that accident, I would still **be living** in Tokyo. であって，? I would still *live* in Tokyo. でないのはなぜかと聞かれたら難しい。コラム（→p.117）にこの点についての説明があるからそちらを参照してほしい。

　ここでは仮定法の典型的かつ根源的な問題を扱う。東大の入試で仮定法を扱う問題は他大学に比して多いが，全文を仮定法で書くことを要求している問題は少ないように思う。一般には，とりあえず条件文から仮定法で書くところは仮定法で書き，あとは現実の状況とか自分自身の体験とかを本体として，そして最後に仮定法で締めくくるのがクレバーな解答である。そのためにも仮定法と直説法の厳然たる違いはしっかり理解しておかなくてはいけない。その意味で，次の文はほとんどを仮定法で書く必然性がある，東大などではあまり出題されないタイプの問題。

次の日本文を英訳せよ。

天使の翼を手に入れることができたら，どこに飛び立とうか。何をしようか。力の限り翼をはためかせて，何気なくやり過ごしてきた時間をさかのぼり，私が生まれた日の朝日をこの体いっぱいに浴びてみたい。

（大阪府立大）

解答例（T.Y.）

　If I had the wings of an angel, where would I fly (to) [go]?　What would I do?　I would flap [beat] my wings with all my strength [with all the strength I had; as hard as I could], go backwards through the time I have spent so aimlessly on earth, and bask in the morning sunshine of the day when I was born.

- 「天使の翼」は the wings of an angel, (an) angel's wings, angel wings どれでもよい。T.G. 氏を含めたネイティブに聞くと大体このようなことを言う。日本語の「N₁ の N₂」に当たる表現で名詞 N₁ と名詞 N₂ をつなぐのは，他でも話題にしているが（➡ p.148），以下の場合がある。

① そのまま並べる（N₁ N₂）。

　例 A Tokyo University student / the Tokyo University Entrance Examination
　　　　N₁　　　　　　N₂　　　　　　N₁　　　　　　　N₂

② N₂ of N₁ と of でつなぐ。

　例 the capital of Japan

③ N₁'s N₂ と所有格にする。

　例 cow's milk（牛乳）

　　「子供用のおもちゃ」は× child's toys でなく children's toys と言うから，理屈から言うと cows' milk であるべきと思うのだが，言語習慣として cow's milk と言う。

④ その他。

　例 「砂浜」は a sandy beach（形容詞＋名詞）だし，「科学の進歩」は普通 scientific progress である。上記と同じく（形容詞＋名詞）である。ちなみに逆にこれを日本語に訳すとき「科学的進歩」としてはいけない。「非科学的進歩」というものはないから，「科学的進歩」も意味をなさないのである。中国語の「的」とは違うようである。

　さてしかしそうは言うものの，大概のネイティブは実際には自分では the wings of an angel を選ぶ。それは古来そういう言い方が，旧約聖書の英訳をはじめとして，人口に膾炙している表現だからである。Old Testament Psalms「旧訳聖書 詩編」に Psalm 55:6 Oh, that I had the wings of a dove, I would fly away ... というのがある。Google や YouTube を見ても類似の表現がいくらでも出てくる。英語国民はこういうことを子供の頃から耳にし，目にしている。すなわちここで英語国民が the wings of an angel を選ぶのは，「文明」としての英語ではなく，「文化」としての英語の選択である（ここで言う「文明」と「文化」の違いについては ➡ p.64）。受験生としては悩むことではないが，こういう問題も英語にはある，というのはわかってもらいたい。

- この問題では，× I wish I could go back ... などとしてはいけない。仮定法の例としてよく使われる I wish I were a bird.「ああ，鳥になれたらなぁ」は，それ自体は正

しい英語で（だからと言って「この『文』は仮定法で書かれている」などというのは意味がない。時，時制，相，法は個々の述語動詞について当てはまる概念であって，この文は仮定法であるとか，ましてやこの段落は仮定法とかいうのは定義の問題として間違っている），平たく訳すと「（鳥には現実にはなれないけど）鳥になれたらいいなぁ，とマジで思っている」ということである。本問は違う。「（現実には手に入れられないけど）天使の翼を手に入れることができたら，…私が生まれた日の朝日をこの体いっぱいに浴びてみたい（と願うだろうに）」と言っているのであって，<u>願うことさえ非現実</u>なのである。したがって×*I wish* ... とすることはここではできない。読者の反論が聞こえそうな気がする。「そういう場合でも，本当に願っているならば，直説法でいいのではないか」と。私も日本人であるから，その理屈はよくわかる。実際かなり多くのネイティブが仮定法なんかなくても英語は成立すると考えているだろう（将来的には，という意味であるが）。しかし英語は論理的な構築物であると同時に，英語国民の文化でもある。形容矛盾かもしれないが，英語の論理も英語という文化のうちである。したがって仮定法を用いるかどうかは，普遍的な（日本人やフランス人やアラビア人を問わず，どの言語を母語とする人にとっても経験常識的な）論理と，濃厚に歴史上のアングロサクソン的固有の言語文化の論理の両面から考えないといけない。英語の論理としては，ここはあくまで「天使の翼があったら」という<u>仮定法モードにロックされている世界で願う</u>のであるから仮定法を用いる。なお，I would wish [I'd wish] I could ... とか I'd want to ... とか I'd like to ... (I'd like to ... は丁寧表現として普通に使われるが，ルーツは仮定法であるからこういう時に用いても文法的に間違いではない）と言うことも考えられるが，wish, will / would, want などwで始まる語は音や意味に類似性が感じられるので（歴史的に同根ということではないらしい），If I had the wings of an angel, ... I'd wish I could (×*would*) などは重複感が強い。老婆心ながら付け加えておくと，述語動詞のところを仮定法にすれば，何でもかんでも非現実とか規範を表すことができるわけではない。したがってどういう状況でも××I hope that I *were* a bird. とすることはない。S hope that SV の V のところに仮定法が来るというルールがないからである。同様に×I believe that you *be* ambitious. と S believe SV の V のところに仮定法現在を用いることはできない。仮定法過去や仮定法過去完了であるならば<u>常識的な現実・非現実</u>，あるいは仮定法現在であるならば，<u>常識的な規範と事実の区別</u>を理解し，<u>それを可能にする構文上の制約を満たした上で</u>用いるのである。難しそうだがそんなことはない。

- **with all the strength I had** の **had** に注意。仮定法の世界に入ったら，if 節中や主節でなくても，ずっと仮定法を続ける。この場合，実際の自分が持っている力と考えれば直説法でもよいのかもしれないが，教養あるネイティブには知的に聞こえないようである。仮定法に徹したほうがよい（ちなみに，× *as possible as I could* のような恥ずかしい間違いをしないように，そういう形はない。cf. as ... as I can / as ... as possible）。

- 「何気なくやり過ごしてきた時間」 これは実際にこれまでやり過ごしてきた時間であるから「直説法現在完了」the time I have spent so aimlessly on earth が正しいと思うし，T.G. 氏もこれを薦めるが，意外に過去完了を主張するネイティブもいる。おそらくずっと仮定法モードに徹して書いてきたのに，ここだけ現在完了が出てくるのが違和感を与えるのであろう。どのネイティブも直説法単純過去は抵抗を感じるらしい。

- ? go *back to* the time と書きたがる受験生が多いが，この場合の the time は目的地ではなくプロセスである。いわばタイムトンネルをくぐり抜けるみたいなものである。

- 「私が生まれた日」 いくら仮定法のロックがかかっていても，私が生まれた日は事実であり，過去のことだから過去時制で書くしかない。the day when I was born とためらわずに書くこと。

- 「朝日をこの体いっぱいに浴びてみたい」 受験生はいろいろ工夫するであろうが，こういうものは，工夫してどうにかなるものではない。特に「体いっぱいに浴びる」のところを苦労するであろうが，「日をいっぱいに浴びる」という意味の bask（他にも適語があるであろうが）1語で表すのが適切。著者は受験生のレベルを超えた語彙を教えることにはあまり積極的なほうではないし，実際には他の受験生もできないから，それで合否に大きく影響することはないとは思うが，自分の知っている少ない語彙を操ればどんなことでも言える，と信じることには大きな問題がある。ただし，語彙力強化は入試の英作文に限って言えば最大の問題ではないというだけであり，そのための努力は無意味と主張しているわけではない。

最後に，いわゆる仮定法における時制の一致について図で説明する。

①　I wish it would not rain.
②　I wish it were not raining.
③　I wish it had not rained.
④　I wish it didn't rain.
⑤　I wished it would not rain.
⑥　I wished it were not raining.
⑦　I wished it had not rained.
⑧　I wished it didn't rain.

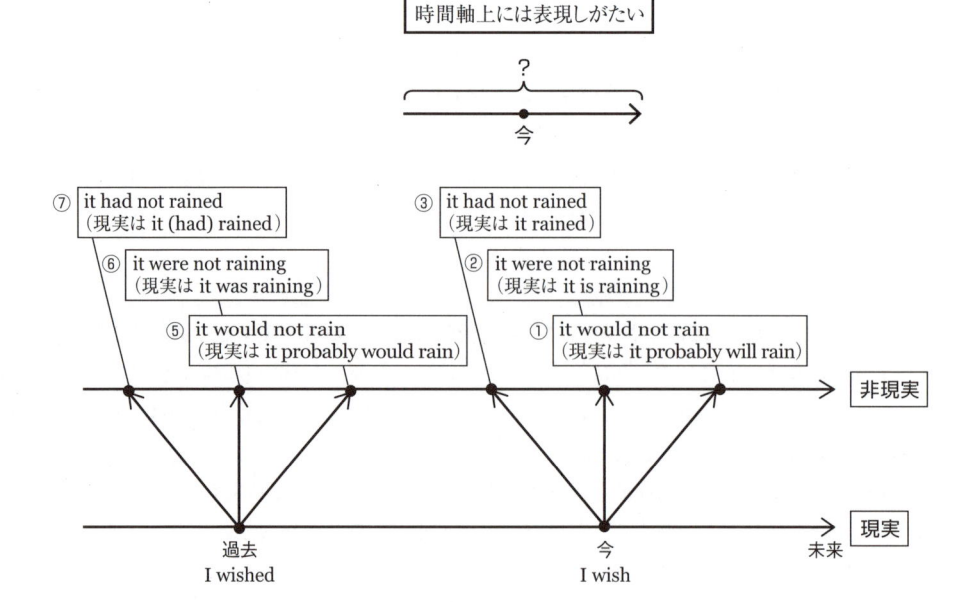

④⑧　it didn't rain
　　（現実は it rains）
　　時間軸上には表現しがたい

⑦　it had not rained
　　（現実は it (had) rained）
⑥　it were not raining
　　（現実は it was raining）
⑤　it would not rain
　　（現実は it probably would rain）

③　it had not rained
　　（現実は it rained）
②　it were not raining
　　（現実は it is raining）
①　it would not rain
　　（現実は it probably will rain）

非現実

現実

過去　　　　　今　　　　未来
I wished　　　I wish

・上図は仮定法の原理について，I wish と it rains のみを用いてわかりやすく説明するためのものである。ただし，実際の仮定法の使用・不使用はもっと複雑であり，ネイティブスピーカーたちの恣意にもよる。次ページおよび APPENDIX の仮定法の項（➡ p.322）参照。

コラム　? *If I hadn't had that accident, I would still <u>live</u> in Tokyo.*

　「もしあの事故に遭わなければ，今でも東京に住んでいるだろう」は，英語で言えば仮定法を用いて，過去の非現実を表す条件節と現在の非現実を表す帰結節の組み合わせになるが，

　　○ If I hadn't had that accident, I would still **be living** in Tokyo.

であって，

　　? *If I hadn't had that accident, I would still <u>live</u> in Tokyo.*

ではないのだが，その理由は？というのが問題であった（注意！　仮定法中に現れる "would" は必ずしも非現実の「未来」ではない。仮定法を理解する難所の１つであるが，この場合，would still be living は非現実中の世界で「今」の１点でまさに起こっていることを表している）。余計なことだが，みんな「事故に遭う」というといろいろ工夫する。たとえば meet with an accident とか encounter an accident とか be involved in an accident とか。いろいろ知っていること自体はよいことだが，自分が大けがをするぐらい直接ひどい目に遭ったのか，乗っている車が追突されたのか，ある電車の事故の影響で他の電車も遅れたのか，事故の状況はさまざまで，どれが適切なのか突き詰めると難しい問題である。「事故に遭う」は特段の理由がなければ **have an accident** に決めておけばよい。もちろん「私の祖母が車にはねられた」My grandmother was hit by a car. とか，「車が別の車にぶつかるのを見た」I saw a car crash into another. とか，もっと事故の詳細を述べるときには別であるが，基本は "have an accident" である。

　さて，解説であるがこれは実は難しい。しかしできるだけわかりやすく説明する。この問題を難しくしているのは live という動詞の特殊性である。逆に言えば，live の場合だけ注意すれば他はあまり問題はない。たとえば「あの飛行機に乗っていたら今頃パリの街を歩いているだろう」なら，If I had taken that plane, I would **be walking** in Paris now. とし，× *If I had taken that plane, I would <u>walk</u> in Paris now.* と書く人は少なかろう。それは I am walking と I walk のイメージがはっきり違うのでわかりやすいからである。しかし live の場合，I am living in Tokyo. と I live in Tokyo. の違いは，少なくとも日本人から見るとわかりにくい。繰り返すが，それは live という動詞の特性のせいである。

　I play tennis. と I am playing tennis. は明瞭に違う。前者は「テニスが好き」とか「テニスのプロである」とか「時々やる」とか，習慣あるいは職業の問題であるが，後者の進行形は「今現にテニスをやっている最中である」という意味である（ここで重要な注意！　現在の１点というのは文字通り数学的な意味での１点を指す場合もあるし，長い人生の中ではこの数週間，場合によっては数ヵ月，数年を指すこともありうるということである。要は点ととらえる，ということである。ただし期間の長さを明示して，たとえば for three years と言ってしまえば点にはならない，あるいは点ととらえるのは無理である。

このあたりの考えは，英語を点と線分でとらえようとするなら重要である）。

　つまりテニスなら1週間に1回でも1年に1回でも，あるいは結果的にそれ以降死ぬまでやらなくても，I play tennis. と言ってよい。しかし live に関して言えば，1週間に1回 live するとか1年に1回くらい live するというのは意味を持たない。動詞の性質・意味から言って live は現在の1点を含み，過去から未来にわたってかなりの連続した期間を表す線分の動詞である。つまり現実に使われるときにはそれ自体，形は単純相であろうと進行相の意味をある程度含んでいる。だから，I live in Tokyo. と I am living in Tokyo. は，前者は単純相，後者は進行相と形は異なっているにもかかわらず，現実に用いられるとその意味の違いが目立たなくなるのである。そしてここからが最初の問題に対する解答であるが，直説法において結果的に似たような意味になるために目立たなかった原理的な違いが，仮定法だと，原理的に現在の1点のみを表す進行相しか許されなくなる（訳すべき日本語を見てほしい。「今でも」と現在の1点を表している）。文法装置が先験的に頭の中に入っているネイティブは（文法を口に出して言えるというのは，英文法の専門家でない限りネイティブではない。我々も「私は」と「私が」の違いを文法的に明瞭に理解しているはずだが，専門の国文法学者でない限り，口に出して言えないであろう），感覚的に？ *If I hadn't had that accident, I would still* <u>live</u> *in Tokyo.* をヘンと感じ，If I hadn't had that accident, I would still **be living** in Tokyo. を正しいと感じるのである。

書くための英文法　実戦講義

5.「…になる・なった」,「…にならない・ならなかった」,「…するようになる・なった」

　表題の日本語表現が英語習得の時の妨げになるというのは，著者の予備校教師のキャリアのかなり早い時期から気がついてはいた。ただどういうことなのかよくわかってはいなかった。下記の東大の問題を解いていた時に話題にした記憶がある。とりあえず英作してみてほしい。

次の日本文の下線部(a)と(b)を英語に訳せ。

　庭には東洋の竹が見事に育っていた。その一角に立ってなつかしく眺めていると，一人のアメリカの老婦人が，「(a)日本では竹を食べると聞きますが，こんな固いものをどうやって食べるのですか」という。「(b)竹を食べるというと変にきこえますが，芽生えをやわらかく煮て食べるのです」と説明すると，ようよう納得のいった顔をした。

(1988年　東京大　3(B-2))

　解いてみただろうか？
　では解答例を1つ挙げる。別解は当然いろいろありうるが，本問を選んだ趣旨は「芽生えをやわらかく煮て食べるのです」のところにある。そこを注目して読んでほしい。

解答例 (T.Y.)

(a)　I hear (that) people eat bamboo in Japan, but I wonder how on earth you can eat something so hard.

・当然のことながら，I hear (that) people eat bamboo. (S hear that s v) と I hear people eating bamboo. (S hear O C：ここでの eating は現在分詞) と I hear people eat bamboo. (S hear O C：ここでの eat は原形不定詞) は，各々違うことを表している。本問で妥当な内容を表しているのは，最初の解答例にあるのと同じ I hear that people eat bamboo だけで，あとは順に「竹をバリバリと食べている最中の音が聞こえている」，その次は「竹をバリバリと食べ始め食べ終わる音を一部始終聞く」というナンセンスな内容になる。

- on earth は文字通り「地球上に」という意味にもなるが，ここでは「一体全体」という強意の副詞。

解答例（T.Y.）

(b) It may sound strange to say we eat bamboo, but actually we eat bamboo shoots which have been boiled until they are tender.

- It may sound strange to say we eat bamboo を Eating bamboo may sound strange としても差し支えないと思う。著者は心配性であるから，自分で書くなら "Eating bamboo" may sound strange と引用符をつけると思うが。

さて，本論，「芽生えをやわらかく煮て食べるのです」である。当時から言われていたというか受験生に教えられていたことは，「やわらかく煮る」を × boil them softly としてはいけない，ということである。ついでに，× boil them soft と第5文型で書くのもよくないとされた。S boil eggs soft / hard という言い方はあるが，これはほぼ eggs に限られる慣用表現というのが多くのコンサルタントの意見であった。

話を「やわらかく煮る」に戻すと，「タケノコ」を柔らかくするのであって，煮方を softly にするというのは少なくとも英語的には意味がない，ということであった。ではどうすればいいかというと「タケノコをやわらかくなるまで煮る」と考えよ，というのである。ついでに食べ物が「固い」，「柔らかい」は hard（硬すぎ，歯が欠ける），soft ではなく（肉ならたたきにしたのでもない限り腐った肉である。豆腐やはんぺんなら soft でいいが），tough, tender である。すると boil bamboo shoots until they are tender となる。それでできあがりである。

しかし，問題はそれからであった。「タケノコをやわらかくなるまで煮る」と考えよ，とヒントをつけると，ほぼ全員が boil bamboo shoots until they *become* tender と書いてくる。予備校講師になったころから，英作文の方法論として「和文和訳（難しい日本文をかみ砕いて英語に訳せそうな日本文を考える）」を唱える英作文の教師にロクなのはいないと教えられ，自分でもそう言っていたが，この問題に出会ったころ理論的に裏付けを持って「和文和訳」など意味がないと信じるようになった。今はだいぶ著者も馬齢を重ねたから，教師は自分の信念に基づいて教えればよいので，人のやり方にあれこれ言うことはないと思うから，他の先生がどう教えても関心を持たないが，今でも「和文和訳」とかいう表現を模試や参考書の解答解説に見ると暗い気持ちになる。たとえばここで boil bamboo shoots until they **are** tender が正しく，boil bamboo shoots until they ***become*** tender が間違っていることがわかるように，和文和訳するにはどうした

らよいと思うだろうか。「タケノコがやわらかい状態に…」のそのあとは，やはり「なるまで」と言ってしまうだろう。日本語はもともとそういう言葉なのである。

　誤解のないように言っておくと，もちろん英語に become という動詞は存在するし，その意味も日本人が考えている意味とそれほどかけ離れているわけではない。だから受験生が boil bamboo shoots until they **become** tender と書いても実際の採点では満点になる可能性のほうが高いだろう。下記に T.G. 氏のレーティングがある。

(T.G. 氏)

> ... to make them tender.　[OK]
> ... until they are tender.　[OK]
> ... until they have become tender.　[A little stiff and wordy]

　元来 become や come to do（× become to do は存在しない）は比較的長い時間をかけてそうなる，そうするようになる時に使うものである。下記の T.G. 氏作成の例文参照。

(T.G. 氏)

> It takes many years for children to **become** adults.
> As it got darker, I gradually **became** afraid.

　ただ「オバマ氏が宣誓式の前には大統領ではなかったのに直後では大統領になっていた」などは Mr. Obama **became** the President of the U.S. であるが，T.G. 氏の説では名詞が補語の位置に来ると get が使えないから（× Mr. Obama *got* the President of the U.S.），事情が違うのではないか，という意見である。賛成したい。

　著者の主張は難しいことではなく，「…になる・なった」，「…にならない・ならなかった」，「…するようになる・なった」は多分に日本語の言語習慣によって多用されるのであって，考えてみれば日本語につられてそれらに対してすべて become / come to do を使う必要はなく，かえって不自然になる場合が多い，ということである。たとえば「どうしていいかわからなくなった」は I didn't know what to do. でよく，come to do の出番はないのではないだろうか。

　もう 1 問。

> 次の日本文の(a)と(b)を英訳せよ。
>
> (a) 都会では砂遊びをする子供もいなくなり，泥のついた服を着た子供を見かけなくなりましたね。みんなきれいななりをしています。
> (b) 衛生上は結構なことなんでしょうが，きれい好きがゆき過ぎると，やはり危険な気もしますね。
>
> （奈良女子大）

解答例（T.Y.）

(a) In big cities children don't play in sandboxes any more, and we don't see children wearing clothes with mud on them. They are all neatly dressed.

・「泥のついた服」 clothes with mud だけだと英語的にはまだあいまい（T.G. 氏いわく「ほぼ×」）。日本人的感覚で言えばこれだけで泥がついたという意味になりそうだが。clothes covered with mud はいいはずだが dirty は少し違うと思う。

・「着ている」 ×children who *wear* ... と現在形（厳密に言えば直説法現在時制単純相）で書くのは間違いなのだが，説明するとき苦労する。put on が動作動詞であるのに対し，wear は状態動詞であるというような説明を普段しがちなので（そのこと自体は間違いではない）。「着る習慣のある子供」ではなく「着ている子供」だからなのだが（着る習慣があるかどうかは見てもわからない。一見してわかるのはその時点で着ていることだけである），しかしこのことを理解しようとすると現在形（直説法現在時制単純相）と現在進行形（直説法現在時制進行相）の厳密な理論的理解がないと難しい。本書の他の部分でも独立した文法項目として折に触れて説明しているので，よく読んでほしい。著者としては衒学的な文法用語を乱用するつもりはなく，そういうことを理解するのが英語（少なくとも東大英作）ができるようになる正攻法でかつ最短距離と信じるからである。

　次の4つの文が相互に全く違うことがわかれば，少なくとも点の動詞と線分の動詞（注意！　大体点の動詞＝動作動詞，線分の動詞＝状態動詞であるが，その等式が必ずしも成立しないこともある。その点を考えるにもこの問いかけは有効であると思う）の違い，単純相と進行相の違いがわかると思う。訳をつけるほうが親切に見えるが，そうすると受験生は日本語の訳でわかった気になるので，いじわるのようであるがつけない。自分の頭で考えれば，大して難しいことではない（と言ってからやはり心配になり，訳をつけた。かなりの意訳である。そのつもりで参照してほしい）。

> I **wear** pajamas. 「私は（寝るときには）パジャマを着て寝る（のが習慣である）」
> ≠ I **am wearing** pajamas. 「今（ご覧のように）私はパジャマを着ている（状態にある）」
> ≠ I **put on** pajamas. 「私は（寝る前に）パジャマに着替える（のが習慣である）」
> ≠ I **am putting on** pajamas. 「私はパジャマに着替えている最中である」

解答例（T.Y.）

(b) It may be a good thing in terms of hygiene, but I am afraid excessive concern for cleanliness is dangerous.

・こちらの方は語彙的なこと以外にコメントすることはない。ここで本問の解答解説は終了。

では本論、「泥のついた服を着た子供を見かけなくなりましたね」の説明に移ろう。

・「いなくなり」、「見かけなくなり」

まず come や become を単純現在形で書く受験生が多い。× we *don't come to see* （×××*become to do* と書く受験生さえいる）で、「しなくなる」に come や become を使うこと自体間違い。「…子供を見かけなくなりました」は難しいことを考えずに we don't see children wearing ... でよいではないか。現在の習慣的光景であるのだから（昔と比べて今はこうなった、というところに力点を置きたくなるのは私も日本人だからわかるが）、英語では情報としては「今どうであるか」が最も大切、と考える。

「…になる・なった」、「…にならない・ならなかった」、「…するようになる・なった」を英語に訳すとき、become や come to do を使わない例はまだまだたくさんある、というか無数にある。しかし、今まで書いたことを読んでくれた人には屋上屋を架すことになろう。くれぐれも誤解のないように言っておくが、become も come to do も英語に立派に存在する表現である。したがって使うべき時は使わなければいけない。著者が強調するのは、英語で become、そして特に come to do を使わなければいけないケースは、日本語で「…になる・なった」、「…にならない・ならなかった」、「…するようになる・なった」を使わなければ日本語らしい感じにならないケースより桁外れに少ないということである。英文を書くとき、先生や参考書の答えと自分の書いた答えを比べ、考えてみてほしい。

第3章 文法問題

第1講

次の英文(1)〜(5)には，文法上，取り除かなければならない語が一語ずつある。解答用紙の所定欄に該当する語を記せ。

(1) Discovery is not the sort of process about finding which the question "Who discovered it?" is appropriately asked.

(2) Discovering a new phenomenon is necessarily a complex event, one of which involves recognizing both that something is and what it is.

(3) Science does and must continually try to bring theory and in fact into closer agreement, and that activity can be seen as testing or as a search for confirmation or disconfirmation.

(4) Discovery makes it possible for scientists to account for a wider range of natural phenomena or to account with greater precision for some of those were previously unknown.

(5) Newton's second law of motion, though it took centuries of difficult factual and theoretical research to achieve, behaves for those committed to Newton's theory seem very much like a purely logical statement that no amount of observation could prove wrong.

(東京大 2010年 4(A))

自由度 ☆☆☆☆☆   **難易度** ★★★★☆

■考え方

文法問題であるから自由度は0である。なぜこの問題を入れる気になったのかは，著者の自慢の元受験生で現東大生，あるいは卒業生にやらせたらどうなのかという興味もあった。公表するつもりはないが，一般の東大合格生と比べても英語も（帰国子女など

1人もいないのに）他の科目もランクが3段階くらい違っている。著者の解説は読めばすぐわかるから，彼らの思考のプロセスをよく読んでほしい。

■ 必要な知識・能力

　文法問題なのでもちろんさまざまな文法知識。ただ個々の文法知識ではなく，いくつかの文法知識の総合的理解。

解答・解説

解答

(1) finding
(2) of
(3) in
(4) were
(5) seem

⑴　本設問の正答率は低かったろうと思う。ルールは出題者が作るもので，解答者はルールが書いてあればそれに厳密に従い，書いていないときはもっとも常識的な解釈を行う。この手の誤文訂正問題で1語を除くと正しい文になるというのは，通常言外に元の文の言わんとすること（英文として間違っているにせよ）を忖度し，それを損ねないようにすることを求めている。しかしfindingは一般動詞の動名詞あるいは現在分詞形であり，これを除けば残った部分の意味は元の文から何か意味的に欠落するものが必ずある。そういうことを意識的あるいは無意識的に考えて，findingを除くことは考えないのだと思う。もっとも1語ずつ引っこ抜いて考えれば答えはわかるから，不適切な問題とは思わないが，良問とも言えないのではないか。

　以下，東大生のコメントを載せる。私の知る限り東大受験の英語に関しては最強の部類に属していたはずの生徒だが，別に帰国子女とかではなく，また特に英語学習のみ有利な環境におかれていたわけではない様子で，それは解答例を見る限り明らかであるが，なお鋭く，特にコメントは（見当違いなことも含めて）さすがと思う。

* * *

「grdn」君のコメント：全問正解
　パッと見た感じ，絶望感を抱かせるような構文の煩雑さですが，良く見ると文法的に違和感を抱くような部分があることに気がつきました。それに気がつけばよしで，少し深く考えてみて気がつかなければ飛ばすといった具合でいいんじゃないでしょうか。どの道，1問1分以上かけるのはナンセンスな気がします。
　ところで，「2回以上出てくる単語は答えじゃない」ってのは暗黙の了解でいいんでしょうか（汗）。(**T.Y. 注**：こういうことに気がつく生徒がいるため，2011年度は出題形式に工夫が加えられた。grdn君，恐るべし)

(1)　which 節のあたりがおかしいことに気がつきました。後ろが完全文だったので。the question "Who discovered it?" は崩しようが無いと思ったので is, asked を消してみても意味が通じそうにならなかった＆まだ文法的にしっくり来なかったので途方に暮れかけましたが，finding を消せば前置詞＋関係代名詞にできてしっくり来たなと。

(2)　one of which の which が Discovering ... を指すにしろ a complex event を指すにしろ，単数の可算名詞を指すということに違和感を抱きました。one of 単数なんて言い回しがあったっけ…？（**T.Y. 注**：本問に関しては正しい着眼点。しかし one of 単数形はある。→ p.150）それと，後ろの方（recognizing ...）で，that something is と C が無いのに違和感を抱きましたが，both, that, something などを抜いてもどうしようもないし，良く見ると recognizing that something is で「何かが存在していると認識すること」と意味が通っていて，is が「存在する」という第1文型の動詞になっていることに気づいてからは，recognizing ... をいじらないでもいいと納得しました。結局，one of which を上手く直せないかということで，答えは of かなぁと。

(3)　「and で並列させるものは品詞が同じ」みたいな知識（たぶんこの言い方だと不正確か不十分だと思います）があったので，2個目の and に違和感を抱きました。in を抜けば bring 名詞A and 名詞B into ... のようにできていいかなぁと。カンマ以下（and that activity ...）は特に問題が無さそうだったので答えは in かなぁと思いました。これはそんなに時間がかかりませんでしたね。

(4)　account の語法に自信が無かったので答えが account の語法がらみだったら嫌だな，と思いながら読み進めていましたが，最後の方の for some of those were previously unknown で，なんで完全文が出てくるんですかと違和感が。were を抜いて previously unknown を those にかければ解決なんじゃないかとすぐ気づきました。これもそんなに

時間がかかりませんでしたね。

(5) 2つ目のカンマまでは (Newton's ~ achieve) 特に問題が無さそうだと思いました。behave, commit の語法にも自信が無かったので不安でしたが，もう少し読み進めてみたら明らかに seem が浮いているなぁと気づきました。これを抜いても特に問題が無さそうだったので (very much like ... は theory か何かを修飾。statement はたぶん同格の that が使えるよね，等といったことを考えました)。これもあまり時間がかかりませんでしたね。

補足：今年度は個別指導で受験生にセンター英語を教えていたので，昨年度以前より文法問題に対するスキルは上がっていると思います。なんだかんだで難しかったので，以前の僕ならもっと出来が悪かったかもしれません。

* * *

「fifth tendon」君のコメント：

(1) finding のおかしさには全く気づかず，諦めました。

(2) 最初に that something is がおかしいと思いましたが，意味が見えてしまったので別の所とわかり，最後には関係詞まわりが変だと思いましたが，of を外すという考えは浮かびませんでした。

(3) 僕の中では，この手の問題は前置詞が怪しいという気持ちは持ってきたので，in fact を見た時点でわかりました。それなら(2)にも気づけていれば良かったのですが (T.Y. 注：この反省能力が彼ら突き抜けた秀才の強さ)。

(4) 一読しただけではよくわかりませんでしたが，読み返すと were が不要だとわかりました。

(5) seem のおかしさはすぐわかり (直前には for と to の前置詞句しかないので)，外すと意味が見えてきたので決定しました。

補足：今回の問題に限って言えば，後半が簡単だったのだからそれぞれ 30 秒くらい考えればコストもかからず，点もそれなりに期待できるのではないでしょうか。それでも 2, 3 点しかもらえないことを考えると，捨てて後回しにしてもたいした損害にはならない気もします。

* * *

「軟体動物」君のコメント：（T.Y. 注：彼は律儀なので，正解を見る前と後でコメントを2種類書いてくれています。以下は解答を見ずに書いてくれたものです）

(1) finding を抜く。about which ... の関係詞節ができます。
　訳：「発見とは，『誰が発見したか？』という問いがあてはまるようなプロセスではない」

(2) both を抜く。both で節を結べるのか単純に疑問だったのと，他に抜く場所が見つけられなかったので…。正直わかりません。
　訳：「新しい現象の発見は必然的に複雑なことであり，それには何かがあるということとそれが何であるかの両方を認識することが関与する」

(3) in を抜く。「理論と事実がより一致した状態になるようにする」という塊ができます。ここに in fact があったのでは意味不明です。
　訳：「科学は，理論と事実がより一致した状態になるように絶えず試みるものであり，またそうでなければならない。そしてその活動は，確認や否を目的とした試験及び研究とみなすことができる」

(4) were を抜く。those previously unknown で，「以前は知られていなかったこと」という塊になります。those はよくこういう使い方がされますね。
　訳：「発見によって，科学者はより広い範囲の自然現象を説明したり，それまで知られていなかったことをより正確に説明したりすることが可能になる」

(5) seem を抜く。この文の S は Newton's second law，V は behaves です。behaves と seem の間に重文・複文を作る言葉（接続詞, 不定詞, 関係詞, 使役動詞など）が無いので，どちらかが不要です。S が3単現なので，文の意味がわからなくても behaves しか残りようがありません。
　訳：「ニュートンの第二法則は，何世紀にもわたる難しい事象と理論の研究の末に得られたものだが，ニュートンの理論に傾倒する者にとっては，どんなに沢山の観察を重ねても反証しようのない純粋に論理的な言明のように機能する」
　（あまり良くない訳になってしまった気がします）

「軟体動物」君の感想 〉〉〉

一見すると手間取りそうですが，文構造だけしっかり追っていくと意外とそうでもないかもしれません。こういう言い方は悪いかもしれませんが，文構造の上では副詞なんてはっきり言ってどうでもよく，

- ・SとVが何か
- ・第何文型なのか
- ・その他S，Vに影響を与える要素である接続詞や関係詞などがあるか

に注目していけばいいかなと思います。

たとえば(5)は一見難解そうですが，though … achieve の塊や for those … theory の塊は副詞として，また最後の that 以下は statement にかかる関係詞節として独立しているので，頭の中で無いものとして削除してしまえばスッキリして見やすくなると思います。すると第一文型で，behaves か seem が不要なことも自ずと明らかになります。意味的には両者のどちらでも構わないと思いますが，さりげなく behaves にだけ3単現の s がついており，seem が正解と確信できます。

あと，and や or といった等位接続詞を見たら何と何を並列しているのか必ずみることは大切だと思います。たとえば，(3)では does and must，theory and (in 不要) fact，as testing or as a search，confirmation or disconfirmation と短い文の中に4つも並列がありますが，こうしてみると fact の前の in は自ずから不要とわかります。

しかし，僕にとっての(2)のように怪しいけど確信できない場合は仕方ありませんね。普段から文法を考えたり作文の時に気をつけてみたりしながら，力をつけていくしかないと思います。

解答を見て 〉〉〉

(2) やはり間違えていました。そうか，関係代名詞の非制限用法が使われていますが，固有名詞でも何でもないので本当は制限用法を使うべきなんですね（T.Y. 注：この理解は間違っています）。この矛盾を解決するためには，of を抜いて同格にしてしまえばいいってことですね。なるほど！

やはり，both に血迷っていたのが悪かったようです。目を付けたところでうまくいかなければ，潔く別の可能性に当たってみることも大切ですね。もし自分が本番ならまず飛ばしていますが。

第2講

次の英文(1)〜(5)には，文法上取り除かなければならない語が一語ずつある。解答用紙の所定欄に，該当する語とその直後の一語，合わせて二語をその順に記せ。文の最後の語を取り除かなければならない場合は，該当する語と×（バツ）を記せ。

(1) Among the many consequences of those political developments was for one that in the end turned out to be too complicated for the government to handle.

(2) The sacrifices that the two countries have been told they must make are to restore stability to the world economy are almost if not completely the opposite of each other.

(3) Not only did the country become economically successful, but its citizens achieved some level of psychological unity as a people, despite the fact that they became consisted of several distinct ethnic groups.

(4) Science sometimes simplifies things by producing theories that reduce to the same law phenomena previously considered were unrelated — thus clarifying our understanding of the apparent complexity of the universe.

(5) However hard it may have had been to justify the prime minister's support for those groups, she proved herself to be a person of principle by continuing to hold this position despite considerable opposition during the next decade.

(東京大 2011年 4(A))

自由度 ☆☆☆☆☆　**難易度** ★★★☆☆

■ 考え方
これも文法問題なので自由度は0である。

■ 必要な知識・能力
前問に比べて少しやさしいが，他の大学の手あかのついたような文法問題よりは新鮮である。以下，全員正解しているのはさすが。

解答・解説

解答

(1) for ／ one
(2) are ／ to
(3) became ／ consisted
(4) were ／ unrelated
(5) had ／ been

(5) 一見して … it may have had been to justify などという形があるとは思えないし，またその直感は当たっているから，受験生は悩むことはないと思うが，一応間違っていることの理論づけをやってみる。相 (**Aspect**) を本書では4つに分類した (→ p.39)。① 単純相 (**do**)，② 進行相 (**be doing**)，③ 完了相 (**have done**)，④ 完了進行相 (**have been doing**) の4つで他にはない (定義の問題であるから例外はない)。may は法助動詞であり，相の議論とはここに限って言えば切り離して考え，上記の4つの相は may の後に原形不定詞から始まる形で構成されるとする。具体的には① **may do** (do には be も含まれる)，② **may be doing** (doing には being も含まれる)，③ **may have done** (done には been も含まれる)，④ **may have been doing** (doing には being も含まれる)。これですべてである。may have had been はこれら4つのいずれにもあてはまらない。

※　　※　　※

「軟体動物」君のコメント：全問正解

(3) "consist of …", "be composed of …" の混同を狙った問題？

(4) "reduce" の目的語の phenomena が後置されていてわかりにくい部分に were を挿入してみた問題でしょうか？　phenomena に関係詞節をつけるにしても "phenomena that were previously considered unrelated" となるし，変な場所ですね。

(5) 現在完了＋現在完了は聞いたことがありません。

* * *

「Cygnus」君のコメント：全問正解

(1) "among ... was one ～" って感じかなぁと，マクロ的に見ることができれば，いいですね。

(2) なぜか今回は問題文に「該当する語とその直後の一語，合わせて二語をその順に記せ」と書かれています。これでは，2個ある are のうちどちらかが怪しいと最初からわかってしまって，実にお寒い感じです（笑）。

(3) これは意味から考えると吉ですね。敵ながら，意外と（！？）うまく考えたなと思いました。

(4) 途中に be 動詞を入れて文章っぽく見せかけるっていう手法は，もう常套的ですね～。

(5) 最初の方に不要なものがあると，答えにくいと感じる人がいるかもしれませんが…。いや，でもこれはわかるか。

* * *

「grdn」君のコメント：全問正解

落ち着いて構文見ていけば，ひと目でわかるようなネタが多かったような気がします。

(5)だけ she proved herself to be の herself がいらないかなと思いましたがそれ以上に may ＋過去完了とか見たことないよなー，やる必要もないよなーと思いそっちにしました。間違っていたら恥ずかしいですね…。

* * *

「fifth tendon」君のコメント：全問正解

(1) 簡単。

(2) 2つ目の are を見ておかしさに気づく。まどろっこしい解答方法を採用してまでこの問題を出したかったのか…。

(3) consist of と be composed of を混同すると解けないのでは。

(4) 結局英文を崩壊させるのは動詞だということがよくわかりました。

第3講

下記の英文(1)〜(3)は1語欠けているため，文法・語法上，あるいは意味上完全な文になっていない。例にならって，各文の [　　] 内の1語を挿入し，完全な文とせよ。

(例)　I am teacher.　[a]
（aを teacher の前に挿入）

(1)　I found linear algebra too difficult subject for me to understand, so I gave it up after the first class.　[a]

(2)　Seven people came early, and three came a little later, so that made ten altogether.　[more]

(3)　The more foreign countries you visit, the more chances you will have broaden your horizons.　[to]

自由度　☆☆☆☆☆　　**難易度**　★☆☆☆☆

■ 考え方

　2009，2010年度の東大本試の2の(B)が新形式（ずいぶんやさしい文法問題に見えるが）になったので試みに入れてみた。こういう形式の問題が今後も続くのかはわからないが，レベルとしては高校入試レベルなのだから，逆に何をやったからと言って急にどうこうなるものではない。コツコツと正確に書く練習を積み，本番ではやさしいと侮らずに注意深くかつ反射神経鋭く対応すればよい。

■ 必要な知識・能力

　採点した限りでは案ずることもなく大体できていた。ただし three more (people) の語順は予想通り皆苦手にしていたが。ちなみに more early とした人が結構いたが early の比較級は earlier である。もっともこの問題はそういうことに関係なく，そこに入れるのは間違いなのだが。

解答・解説

　本問は英作問題ではなく，まして自由英作などではないが，現実に2009（→ p.24），2010年の2(B)には極めてやさしい語彙，語法あるいは文法問題が出題されている。英作パートとされている2（東大本試の英語）だけ見ると，新傾向のようにもみえるが，もともと東大英語は問題の形式やジャンルにあまりこだわっていないところもある。というか読解も作文も文法もリスニングもすべて密接に関係があるというメッセージなのだろう。英作の日本文要約問題でリスニングの勉強法がテーマだったこともあるし，4で和文英訳が出題されたこともある。東大英語では徹底的に過去問を研究することが大切であるが，それと同時に基礎を固め正確な英文を書ける訓練をし，新傾向の問題にも対応できる強靭さを身につけてほしい。

解答

(1) I found linear algebra too difficult ∧(a) subject for me to understand, so I gave it up after the first class.

(2) Seven people came early, and three came a little later, so that made ∧(more) ten altogether.

(3) The more foreign countries you visit, the more chances you will have ∧(to) broaden your horizons.

---

(1) I found linear algebra too difficult **a** subject for me to understand, so I gave it up after the first class. 「線形代数は私には難しすぎると思ったので，1回授業を聞いただけであきらめてしまった」

　文法事項としては限定詞（→ p.349 APPENDIX 6.1）という項目に入る問題。限定詞という文法用語は学習文法ではあまり聞かないと思う人もいると思うが，それは限定詞の範囲を厳密に定義するのが難しいからである。しかし，冠詞，可算・不可算の区別，前置詞の用法などと関わってくるので最低限のことはきっちり踏まえておくべき。限定詞には不定系の限定詞，具体的には不定冠詞 (a, an), any, some, no, each, every などと，定系の限定詞，具体的には定冠詞 (the), this, that, these, those, my, …, their, Tom's などの所有格がある。一番大切な原則は ① 限定詞は

形容詞より前に来る（たとえば，×She is *beautiful a* girl. とは言わない），② 1つの名詞につく限定詞の数は0個か1個である（たとえば，×*this my* watch とは言わない）。しかしこれは原則であり，例外や限定詞の定義に関わる微妙な問題は多い。受験生は細かいことを覚える必要はないが，頻出事項は頭に入れておいてほしい。たとえば本問に関わる以下のことは必修事項である。ただし下記のことは<u>不定冠詞（a, an）</u>にだけ当てはまるのであって，some, any などの他の不定系の限定詞，the や those, 所有格などの定系の限定詞には当てはまらないことに用心すること。語順の問題であって，(i) such / what ＋ (a)（＋[形容詞]）＋[名詞], (ii) so / how / too / as ＋[形容詞]＋a＋[名詞] となる。(i) と (ii) では，語順と形容詞の有無の問題の他に可算・不可算の問題，またそこから来る複数名詞を使えるかという問題がある。具体的に言うと (i) では such a (good) girl, such (good) girls, such good water のいずれも使えるのに対し，(ii) では so good a girl のみが可能で，×*so a good girl*（語順違い），×*so good girls*（可算名詞の複数形），×*so good water*（不可算名詞）のいずれも不可である。言い添えておくが，では so many people とか so much water はなぜよいのかという質問をよく勉強している生徒から受けるが（もっともな質問ではあるが），(i) で問題にしている形容詞は difficult, beautiful, good などの品質形容詞であり，many とか much のような数量形容詞には当てはまらないということである。面倒な話であるが，英語という言葉がそうなっているのだから仕方がない。

　そういうわけで本問は too difficult a subject の語順を問うのが眼目の問題である。あるいは linear algebra（「線形代数」。学科名だという見当がついていればそれでよい）に冠詞をつけるべきか考えた人がいるかもしれないが，mathematics, chemistry など学科名は，一般論的に用いた場合，末尾のsの有無に関係なく無冠詞で，原則単数扱いである。

(2) Seven people came early, and three **more** came a little later, so that made ten altogether.「はじめ7人来て，もう3人あとから来た。それで全部で10人になった」
　これも more と three の位置関係を問うだけの問題。こうやって出題されると大体できる人が多いと思うが，著者の経験だとこういうとき，×*more three* (*people*) と書いてしまう人は多い。何となく感じで，また日本語で考えるからである。すでに述べたことであるが（➡ p.51 コラム）「私は18歳です」を I am eighteen years old. と言えない人はいないと思うし，また構文を言えと言われれば誰でも「I が S，am が V，eighteen years old が C です」と答えられると思うが，では eighteen years old の3語のうちどれが C なのかと問われ，またその他の2語はどうなっているのか正確に答えられるだろうか。中心は old（形容詞）でこれが C，eighteen が形容詞とし

て years という名詞を修飾し，eighteen years という複数名詞がそのまま副詞として old にかかる（ただしあとに名詞が来れば an eighteen-year-old girl とハイフンで結び，year は複数形の s をつけない）。この名詞の副詞的な働きを理屈で理解していない人は案外多いような気がする。本来語学は理屈だと思わないから，正しく話せて書ければよいのだが，いずれにせよ受験生は文法をある程度やらなければいけないのだから，このあたりのこともついでにやっておいても大して余計な手間ではないと思う。本問も more three (people) と書いたとして more と three の関係をどう説明するのか。たとえば more beautiful は「もっと美しい」ということであろう。では more three というのは「もっと3である」ということになりはしないか。どのような3なのか説明に困るはずである（more than three people は正しい表現。ただしこれは「3人より多く，すなわち4人以上（…以上 ≠ more than …）」であって「あと3人」とは違う）。これが three more people だと three は副詞として more を修飾し，three more が形容詞として people を修飾する。この people を省略すれば (Some people say ... を Some say ... とするように) 解答例の three more になる。この省略後の形でいえば more は不定代名詞である。

　あと口調の良さで a little more later とした人がいるかもしれないが more と later は比較級がかぶる。もしどこかで見た記憶があるとすればそれはきっと a little と more がたまたま連続して表れた形なのだと思う（例　We can do a little more later. 「あとで (later)，もう少し (a little more) やれるだろう」）。

(3) The more foreign countries you visit, the more chances you will have **to** broaden your horizons.「より多くの国を訪れれば訪れるほど，見聞を広める機会はそれだけ多くなる」

　本問は基本的には [the ＋比較級, the ＋比較級] の構文。比較構文は英語構文の基本の1つであるが，実際に使いこなすのは言うはやさしでなかなか難しい。折に触れ，英作で比較が間違えずに書けるようになれば一人前と言われているのはそのためでもある。聞いた話であるが，[the ＋比較級, the ＋比較級] を使うな，と教えている先生がいるのもある意味では理解できる。確かにわかりにくいところはあるのである。しかし本来は「比較構文」はかなり理論的な事項であって，筋道を立てて考えれば大概のことはわかる（最後に残った部分は確かにわかりにくいが，それを入試で問われることはまずない）。比較構文を理解するためには英語の根幹，イコール関係を理解すること（＝「等しい」とはどういうことか，を理解すること）が大切である。大概の受験生は時間効率を考えて，もっとルールとパターンでやりたいと思う人が多いだろう。しかし比較構文については，それは大変な回り道である。基本的に，一般

的な比較構文は文と文の比較であり，as ... as のあとの as，more ... than の than は接続詞と理解することが大切である（しかしそれがわかっただけでは運用能力のところまではなかなかいかない。読解なら文脈があるので頭のいい受験生なら1を聞いて10を知る，という冴えを見せるが，英作は10を聞いて1を知る，という地味な作業なのである）。これに対し，ここの [the＋比較級, the＋比較級] はつまるところ，You visit more foreign countries. : You will have more chances to broaden your horizons. という2つの比較級を含んだ文を相関関数にする作業である。この2文の時点では両文に the がないが，これを1文にまとめた時，両節にそれぞれ the が現れる。最初の the は接続詞で，あとの the は副詞の働きをしていると一般に説明される。さてこれを [the＋比較級, the＋比較級] にするとき，各々の文のうちどれだけ文頭に持ってくるかである。たとえば，*The more you visit foreign countries* だと foreign countries を置き忘れている。それに対して *the more chances to broaden your horizons* は持っていく荷物が多すぎる。前置詞句などは置いていく。したがって結果は解答例のように，

    The more foreign countries you visit, the more chances you will have to broaden your horizons.

となる。ここで have to という形が表れるが，もとの形を見てもらったらわかるように must に近い意味の準助動詞の have to「…しなければいけない」ではない。下線部訳などで狙われるものの1つであるから気をつけること。なお，broaden one's horizons は「視野を広げる／見聞を深める」など広く教養を身につける意味で使われ，自由英作で役立つ著者のお勧め表現である。

第4講

次の(1)〜(5)について，以下の例に従って，括弧内の語句とほぼ同じ意味となるよう，指定した文字で始まる一語で空欄を埋めよ．

(例1) The wind was so strong that I was b_____ able to remain standing. [almost not]
解答例　barely

(例2) At yesterday's public meeting, many citizens c_____ about the recent tax increases. [expressed disapproval]
解答例　complained

(1) The rich s_____ in the area makes farming very profitable. [the surface layer of ground in which plants grow]

(2) No one could have a_____ such a rapid increase in prices. [expected that something would happen]

(3) The three sisters i_____ their mother's house after she passed away. [received as property from a person who had died]

(4) The police stopped and questioned several youths who were b_____ suspiciously. [conducting themselves]

(5) Many people with special health needs have to check the list of i_____ on all of the packages of food that they buy. [materials used to make food]

(東京大　2012年　2(A))

| 自由度 | ☆☆☆☆☆ | 難易度 | ★★★☆☆ |

■ 考え方

　これは著者が考えるに純然たる語彙問題である．東大の英語はかなり長い間，1が読解，2が作文，3がリスニング，4が文法と英文和訳，5が読解総合問題であった．この枠組みは今も基本的にはそうだし，今後しばらくもそうであろう．もっとも東大英語の問題は形式にそれほどこだわっていない側面もあって（第一，大問4と5は英語以外

の第二外国語で受験できる。最初からフランス語やドイツ語を第一外国語として受ける人たちではなく，英語を第一外国語として東大を受験する人も部分的に第二外国語を選択できるのである），東大の先生はこちらが思うほど読解，作文，リスニング，文法，語彙問題を大問で区別していないかもしれない。

　だから英作区分であるはずの大問2で純然たる語彙問題が出ても不思議はない。問題はその単語の選び方と配点である。

　語彙には受信（読解・リスニング）のために必要な「passive vocabulary」と発信（作文・スピーキング）のために必要な「active vocabulary」とがある。当然誰でも前者の「passive vocabulary」のほうが後者の「active vocabulary」より多いのだが，それは，人間は見たら思い出すとか，文脈があると思い出したり見当がついたりする能力があるからである。無から有を生み出す「active vocabulary」を入試の語彙問題に選ぶときは，その選び方が難しいと思う。英語を使う上で必要な，しかし使い方の難しい基本語（具体的には do, make, have, get, come, go, say, tell, know, understand などの英語の根幹を形成する動詞）を選ぶのは正しいと思うが，それにはこういう1語空欄補充1文字指定の形式では作問が難しい。また辞書を漫然と読むだけでは，まして単語集などでは，なかなか身につかない頻出語でありながら英語を理解する上で必要な語はさらに難しい。たとえばある日本人が「日本では東の東大，西の京大が最高峰とされているようですが，本当はどちらのほうがよいのですか」と外国人に聞かれ，

　"Well, it's a difficult question for me to answer, since I am biased. I am a graduate of Kyoto University myself."

と答えたとして，相手が，

　"Oh, you have every reason to be biased."

と言ったとする。この外国人は「ああ，あなたは偏見があるためのすべての理由があるのですね」と言ったのではない。その日本人が偏見がある理由はただ1つ，自分が京大の出身だからである。この場合の every は「あらゆる」ではなく，「もっともな」という意味である。

　ついでに言えば，With all his fortune, he was not happy. を書き換えると受験生諸君は Although he had *all his* fortune, he was not happy. と all を残したがるが，Although he was very rich, he was not happy. のほうがよい。With all の all は単純に「すべて」ではなく，譲歩や逆接を含むから although とともに用いると違和感があるのである。日本人にとって after all がわかりにくいのもそのせいである（知っている人は多いと思うが単純に「結局」と思っているとえらい目に遭う）。そういう語を問題にするのもよい。

　しかし本問のように辞書を引けばすぐにわかるような語を東大入試の語彙の問題に選ぶのは適切かどうか著者は疑問に思う。東大の先生は深いお考えがあって選ばれたのであろうが，もしそうであるならせめて本問の配点は低くしていただき（小問1個1点以下の配点はないであろうから1個1点がぎりぎり妥当な線），1個2点（多分実際には

その可能性が大きい) なら配点は高すぎると思う。中問2問で30点で，その半分であるから，小問1個3点は少なくとも著者の感覚では非常識である。配点は公表されていないし，実際はどうなのか，というのは guesswork で，受験生にとっては考えても仕方がないことである。こういう類の語彙に関しては特別な勉強法はないので，もし知っている語であれば単数・複数を混合したり変化形のスペリングなどを間違えるのは非常にもったいないので，解答に当たっては冷静に正確に，を心がけるべきである。本番で知らない語に当たれば時間をかけるのは無駄である。

　選ばれた語がどれぐらい重要な語か，に関しては協力してくれたもと駿台生で現東大生，あるいは東大卒業生の出来とコメントを見てほしい。個人的な情報を明らかにする気はないが，彼らはすべて入学試験の得点も東大合格者の中で一桁高い人たちだったし，入学後も English composition の成績は（大学の内外で）優秀であり，また海外の国際的な資格を持っている人たちもいる。すでに東大を卒業し，英語を使いこなして高度にプロフェッショナルな仕事を現に行っている人も1人や2人ではない。また在学中の人たちも個人的に知っているが，それこそ彼らの英語力は，若者言葉で言えばハンパない，学生としては世界で負けない水準のもので，海外からの東大への留学生に英語で普通にアドバイスできる実力である。その彼らの本問に対する出来とコメントを見てほしい。彼らは東大に愛校心と恩義を感じているからあからさまな批判は言わない。しかし，それを超えて伝わってくるものがある。東大の先生に愛校心溢れる誠実な感想を聞いてもらいたいものだと思う。

■ 必要な知識・能力

　上記に述べたように辞書を引いてそのまま意味がわかるような単語は特に準備しなくてよいと思う。やることは他にいっぱいある。

解答・解説

解答

(1) soil (2) anticipated (3) inherited
(4) behaving (5) ingredients

(1) 土地や土，地面に相当する英語の単語は多くある。たとえば土でできた家とか彫像は clay（粘土），陸地とか自分の土地とかあるいは土壌は land（この語は多義語である），あと地面は the ground，他にも earth とかいろいろあるが，「農作物（crops）を作る（produce）には空気（air），水（water），土が揃っていないとできない」，というときの土は soil（土壌）。ただし，本問は最初の文字に s が与えられているから迷いようがない（知っていれば）。(2) anticipated, (3) inherited, (4) behaving, (5) ingredients は知っているか知らないかだけの問題。ただし，動詞は変化形，名詞は単複（この場合は違うが冠詞が問題になることもある），スペリングに気をつけて。

東大生による解答例①　「grdn」君

(1) soil (2) accepted ✗ (3) inherited
(4) behaving (5) insurance ✗

「grdn」君のコメント：

大問2（2012年度入試後）はどこへ向かおうとしているんでしょうか…。

(1)は簡単すぎるぐらいですね。文脈と英語の意味，片方だけでもわかりました。

(3)は医学部なのでさすがに。4年前は解けなかったかもしれないですね。

(4)も，文脈でわかりました。英語の意味がちょっと怪しかったですが…。

(2)と(5)は素でわかりませんでした。答えを見ましたが，僕の active vocabulary の範疇外にある単語（anticipated と ingredients）でした。「システム英単語」とかをちゃんと消化していたら答えられたかもしれません。

……

T.Y. 注：以下の（　）内は軟体動物君が自力で解けず，辞書を引いて正解と信じたもの。しかし(4)は間違っている。

東大生による解答例② 「軟体動物」君

(1)　soil
(2)　×　予想する，推測する（anticipated）
(3)　×　相続する（inherited）
(4)　×　振る舞う behavioring（T.Y. 注：behaviour / behavior は名詞。動名詞形は元々ない。だからこれも間違っている）
(5)　×　原料（ingredients）

「軟体動物」君のコメント：
恥ずかしいことに，自力でできたのは(1)のみでした。(2), (3), (5)は相当する英単語の意味はわかりましたが，単語が出てきそうで出てきませんでした。反省…。調べて解答したところ正答にたどり着いたようですが。ピンポイントで必要な単語を出せるか問う，よい問題ですね。

（T.Y. の上記のコメントに対するコメント）
ちなみに著者は本問は良問と思いません。君のように東大の最難関学部に合格し，原書を読みこなし，ほぼ自在に自分の意思を英文で伝えられる人が解けない語彙問題がよい問題のわけはないと思います。君だけなら君の語彙か何かに問題があると思うかもしれないけど，他の東大生，あるいは東大卒業生にやってもらっても大体できないのです（ちなみに私たちのような予備校教師だと問題として成立しないくらいやさしい問題です。それは単にそれが私たちの職業だからです）。私は辞書を使えばわかることを入試問題に入れるのは意味ないと思います。少なくとも大学生，あるいは専門の道に進んだ人にとって大切なことは，専門領域の最先端の論文を読み理解できる（もちろん辞書を使ってよい），あるいは自分が最先端の位置にいれば，辞書を引こうが英語の得意な人に教えてもらおうが，自分の達した高さに人を導くために論文を書けることであると思うのです。大学入試はそういうポテンシャルを持っている人間を見つけるシステムだと思います。

それに対する「軟体動物」君のコメント：
確かに，2(A)は来年からなくなるか，もっと基本的な単語を問う問題に変わるかもしれませんね。しかし，英語の力がだいぶなまってしまいました…。精進します（T.Y.：こういうところが軟体動物君の偉いところ）。

東大生による解答例③　「fifth tendon」君

(1) soil　　　(2) anticipated　　　(3) inherited
(4) behaving　(5) ingredients

「fifth tendon」君のコメント：
相変わらず簡単めですが，(2)の anticipate だけはちょっと苦戦した人が周りにいたようです。あとは(5)の ingredients は複数にするということを忘れる人がいそうですね。

東大生による解答例④　「Cygnus」君

(1) soil　　　　　　(2) anticipated　　　　　(3) inherited
(4) (I'm clueless.) ×　(5) (I'm clueless.) ×

「Cygnus」君のコメント：
出題者の思いと受験生の想いは絶対に交わることがないようです。まぁ，人間同士ですから，当然と言えば当然ですね。

この問題が良問と思えないのは Cygnus 君にして解けない問題が２つもあるからです。私個人としてはそれがすべてです。

「T.G.」氏のコメント：
I agree with T.Y. that this is a poor problem. It merely tests random vocabulary items and has nothing to do with English as a communicative medium. On the other hand ... students entering an elite university probably should know a word like "behaving" by now.

第 5 講

次の下線部(1)～(5)には，文法上あるいは文脈上，取り除かなければならない語が一語ずつある。解答用紙の所定欄に，該当する語を記せ。

(1) Every so often I read an article on how to survive when is lost in the wilds, and I have to laugh. (2) The experts who write these pieces know everything about survival but next to it nothing about getting lost. I am an expert on getting lost. (3) I have been lost in nine different countries, forty-three cities, seven national forests, four national parks, countless of parking lots, and one passenger train. My wife claims I once got lost riding an elevator in a tall building. But that is an exaggeration based on my confusion over the absence of a thirteenth floor. (If you are a person with a fear of heights, you want to make certain that the floors are right where they are supposed to be. (4) And you're not all about to listen to a lot of excuses for any empty space between the twelfth and fourteenth floors.) (5) Ever since I have survived all of these experiences of being lost, it follows that I am also something of an expert on survival.

(東京大 2012年 4(A))

自由度 ☆☆☆☆☆　　**難易度** ★★☆☆☆

■ 考え方

　基本的に著者は東大の文法問題は好きである。頻出問題をこなしても原理的に本当にわかっていないとできない問題が多いから（ただし，どうなのかなぁ，と思う問題も中にはある）。東大受験生に限らず，東大の文法問題と英文和訳（大体4の(A)と(B)）25年分くらいを，当たった外れたではなく（つまり答え合わせに終始するのではなく），徹底的に研究すれば英語の応用力がつくと思う。この参考書もその一助になると自負している。

■ 必要な知識・能力

　東大の文法問題は総合力の勝負である。個人的にはもっと問題数を増やし，配点も高めてもよいと思う。取り除くべき1語の指摘を求める問題でパターンとしてあるのは，① 一見間違っているように見えるか，あるいは明らかに自分の知識にない形でそこが間違っているかどうかわからない，しかし他に明らかに間違っている箇所があるのでそ

こは正しいのだろうとわかる，② 慣用表現として一見抵抗のない形であるが，他に間違っているらしいところがないので仔細に見るとおかしいと気づく，というものである。本問で言えば(1)は前者で, Every so often の Every はなんだろうと思うかもしれないが, when is lost が明らかに間違っているので Every so often を知らなくても自信を持って解答できる。下記の grdn 君の説明は上手である。(2), (3), (4), (5) は後者であろう。

解答・解説

解答

(1) is (2) it (3) of
(4) all (5) Ever

「T.G.」氏のコメント：
I found question (4) quite ambiguous. When he says "you're not all about to listen to a lot of excuses," I wondered who "you" referred to. It refers to "a person with a fear of heights," i.e. himself. But "you" could also refer to "you the reader," in which case "all" could be correct, meaning "all you readers." But since there is no other word that could be read as spoiling the sentence, I reluctantly admit that "all" is the correct answer.

(1) 文法問題をこの参考書に入れているのは，あくまで英作力をつけるためであるので，自明なことは書いていないが，(1)だとたとえば Every so often の Every の品詞は迷う。普通は every は限定詞か形容詞であるから so often のように副詞が後に来ると困る (every now and then, every now and again, every once in a while などもある)。これは英語の品詞分類が学校文法で習うほどはっきりしていないせいである。たとえば We were all on board a plane. の意味がわからない人はあまりいないだろうが，We と were と all と board と on と a と plane を1語ずつ品詞を言い，全体としてどういう構文になっているかと言われれば困らないだろうか。ただ問題としてはやさしく，× When is lost というのは英語ではない。「ここはどこですか」というのを英語で言えと言われると，初学者は× Where is here? というのをよくやる。これでは文型が成立しない。主語がないからである（状況によるが普通は Where am I? と言う）。ここも同じで× When is lost には主語がない。この場合は when lost とすればよい。接続詞を残した分詞構文になる。

(2) 語彙だけの問題はよくないと思うが，it を入れたままだと文法的に文が成立しなくなるから，文法問題として不適切ではない。しかし大概の生徒は next to nothing をどこかで自然に覚えて，その形だと思うだろう。自然に増えていく語彙ならば強いし役に立つ。

(4) 英語に S be what ... be all about という表現があって意外と難しい。たとえば That is what diplomacy is all about. なら「それが外交というものだ」，Figures are what baseball is all about. なら「野球は数字がすべて」などが英文和訳で出ることがある。しかし何となく all about というのを見たことがある，と思って見過ごしているとわからないかもしれない。ただし上記の T.G. 氏のコメント参照。

(5) since は二義性があり，Ever since という表現は目にするが，こちらは出来事の期間の始まりを表す時に使う表現。本問は理由を表す since で ever とは親和性がない。

* * *

「grdn」君のコメント：全問正解

(1) Every so often が見慣れない表現で戸惑いましたが，when is lost があからさまに英語になっていないのでなんとか。

(2) next to = almost と判断。これも見慣れない表現でしたが…。

(3) countless って of いらないよなぁと自信なさげに。

(4) 「13 は不吉な数なので 13 階が無い」みたいなネタだと気づくのに時間がかかりました。それからは順当に文法的に。

(5) 最初の Ever がいらないんじゃないかなぁと。something of ... はさすがに知っていました。というか確か ever 消すのって 2007 年の 4(A) にもありましたよね。

* * *

「軟体動物」君のコメント：(4) not（×）

(1) 文法上　(2) 文法上　(3) 文法上　(4) 文脈上（×）　(5) 文脈上

予備校の答えを見て，(4)の間違いに気がつきました。「誰々 is all about ...」だと，「誰々の一番大切なことは…だ」といった意味になるのですね。

＊　＊　＊

「fifth tendon」君のコメント：(5) have（×）

(1) when lost という分詞構文（SV省略）に慣れていれば簡単かと。

(2) next to it でくくって「その隣で」→「その一方で」などと誤読してしまうと気づけなさそう。

(3) 特に難しくはないですね。

(4) not at all でも all about でもないので all がおかしい。be not about to do という表現は正確には知りませんでした。

(5) 間違えました。Ever since I have を見てすぐに時制を直せばよいと考えて have を選んだら，まさか Ever の方を削って since の意味を変えるとは・・・。

＊　＊　＊

「Cygnus」君のコメント：全問正解

(1) もう，このパターンはおなじみですね！

(2) "know ... next to nothing about ～" が見抜けなくても，雰囲気でわかるかも！？

(3) 口語表現で "countless of ..." とかあっても不思議ではなさそうですが…。現に，Google だと相当数がヒットしてきますよね。正式には "countless numbers of ..." でしょうか。

(4) 苦し紛れに作った感じがしますが，これも雰囲気でバレます。

(5) 文章の意味から不要な語を探すことになります。この中では一番難しいかな。

書くための英文法　実戦講義

6. of の多彩さ

センター試験レベルの準備ができている受験生なら下記のことはわかっているはずである。

たとえば下記の8つの表現を見てほしい。手間を省くため，あらかじめ○×をつける。

```
○ 1. some books (≠ ○ some book)
○ 2. all books
× 3. some the books
○ 4. all the books
× 5. some of books
× 6. all of books
○ 7. some of the books
○ 8. all of the books
```

ここで1, 2, 3, 4のsomeとallは形容詞として使われているが，同時に限定詞（➡ p.349 APPENDIX 6.1）でもある（4のallはpre-determiner，すなわち前限定詞とする立場もあるが，ここではこの問題に深入りしない）。限定詞は2個以上は並べられないので（○ a friend **of** mine ／ × *a my friend*），3は×である。4がOKなのはall, both, halfが定系の限定詞（➡ p.30 コラム）の前に来ることができる特殊な語だからである。

さて本題は5, 6, 7, 8のほうで，このsomeとallは不定代名詞である。問題はここで用いられているofは何のofか，ということである。

ofの多彩さ，そして難しさは以下を見てもわかる。

たとえば2つの名詞をひとかたまりの名詞句にするだけで3通り以上ある。

① $N_1 N_2$　　例　the University of Tokyo entrance examination「東大入試」
　　　　　　　　　　　N_1　　　　　　　　　　N_2
② N_1's N_2　　例　goat's milk「山羊の乳」
③ N_2 of N_1　　例　the population of the world「世界の人口」

ちなみに③はworld populationとthe world's populationも可（ただし，the world populationは△と×の間ぐらい）。既出（➡ p.113）のscientific progressは「科学の

進歩」で「科学的進歩」ではない！「非科学的進歩」というものがない以上，これは science progresses という SV 関係が［形容詞］＋N の関係に転化したものであって，訳としてはあくまでも「科学の進歩」である。同様の例でもう少し難しいものとして，There was an occasional scientist. は occasional scientist という科学者がいるわけではなく，「科学者も時には来た」という意味である。これは There was an occasional rain shower. を「にわか雨が降った」だけでは不十分であるのと同じである。rain shower 自体に「にわか雨」という意味があるので「時折にわか雨が降った」と訳さなければ厳密ではない。叙述的用法の形容詞はそれほど難しくないが（たとえば happy は人を主語にするので，× My birthday was happy. とは言わないが，Happy Birthday! は誰でも言われたことがあるだろう），限定用法の形容詞には深いものがあるのである。

of の用法を詳細に見れば，下記のようなものがすぐに思いつく。

1対1対応の of

　　the capital **of** Japan（the capital ≠ Japan）　訳としては「日本の首都」であり，具体的には「東京」のことである。

同格の of

　　the city **of** Tokyo（the city ＝ Tokyo）　これは「東京にある街」ではない。the city そのものが東京なのであり，訳としては「東京という街」である。

全体に対する部分の of

　　Some **of** my friends のように，「**不定代名詞＋of**」の後には「定系の限定詞＋可算名詞の複数形［または不可算名詞］」が来る。名詞に定系の限定詞が付くのは，「全体に対する部分」について言及するとき，「全体」が閉じた［定義済みの］集合である場合に初めて，その「部分」をイメージすることができるからである。

　　ここでの議論に関係ないが「…の数」と言うとき，必ず「the number of＋無冠詞複数」となり，× the number of *the* people のようにはならない。これはもう少し複雑であろうと思う。「失業者の数」は the number of unemployed people というが，「失業者」は the unemployed ともいう。これは「the＋形容詞」は the があってはじめて unemployed people ＝ the unemployed になるのだから，この際も *the number of the unemployed* としそうなものだが，実際は the number of unemployed という。それ

ほど the number of の後に無冠詞を要求する力は強いということなのか。それとも別の理由があるのだろうか。受験生は the number of unemployed people とすることに決めておけば問題はないのだが。ちなみに他のことでも「the＋形容詞」＝「無冠詞＋形容詞＋複数名詞」と思っているとえらい目に遭う。The rich are not always happy. は Rich people are not always happy. と言い換えられるが，I happened to meet some rich people yesterday. を ×*I happened to meet the rich yesterday.* とは言い換えられない。「the＋形容詞」は一般的な文脈でしか使えない。

学問，研究の対象を表す of

たとえば「ルイス・キャロルの物語」を a story <u>of</u> Lewis Carroll とすると「ルイス・キャロル<u>についての</u>物語」となるが，a story <u>by</u> Lewis Carroll とすると「ルイス・キャロル<u>が書いた</u>物語」となる。「私は日本人の英語教師である」は，I am a Japanese teacher **of** English. である。

N を形容詞化する of

one of の後は必ず the があって，可算名詞の複数形と信じきってはいけない。次の例を見てほしい。His attitude towards me was one of utter indifference.「彼の私に対する態度はまったくの無関心というものであった」（お茶の水女子大）の one は an attitude の代用である。そして，ここで問題にしたいのは one of utter indifference の of で，これは上記の「全体に対する部分の of」ではない。これは This picture is of my sister.（＝ This is a picture of my sister.）の of と同じで，<u>いわゆる</u>「<u>名詞を形容詞化する of</u>」である（「いわゆる」というのは，N_1 of N_2 の of N_2 は N_1 を修飾するのだからすべて形容詞化の of ではないか，と言われそうだからである。それはごもっともであるが，分類上の用語として）。This is of major importance. を言い換えるのに，This is important. としただけでは不足だが，important という形容詞を修飾すべき major（これは形容詞）の副詞形に苦労する。形容詞があるのにあえて of N とするのはそういう場合が多い。先ほど説明した通り，His attitude towards me was one of utter indifference. はほぼ His attitude towards me was an utterly indifferent attitude. と同じであるが，attitude が可算名詞として用いられているため，one で受けることができる。よって His attitude towards me was an utterly indifferent one. の形を得る。このうち utterly indifferent（あまり響きのよい表現ではない）を，名詞を形容詞化する of を用いて後置すると，His attitude towards me was *a one* of utter indifference. とな

る（one は形容詞を挟むときは不定冠詞と共に用いて，たとえば a nice one などとする場合が多いが，単独では *a one* ではなく，単に one とする）。「この違いは文化の違いではない」を This difference is not one of culture. としてあるのを見たことがあるが，これも原理的には This difference is not a cultural difference. の cultural（形容詞）を of culture と，あえて of N としたものである。

　ここで挙げたものをはじめとして，of は用法が多彩であり緻密であるがゆえに，多くの前置詞の中で特に重要な役割を果たしている，と言える。

コラム　*in* の用法

日英の相互の訳語のほとんどすべてにおいて，ある語に対応する訳語には非常に大まかな一致があるだけで，「この英語・日本語の語句・表現には，この英語・日本語の表現が常に対応する」などということがあるはずはない。そして in もまた例外ではない。

1. 「…の中に／中で」と言えばまず第一感で in ... を考えるであろう。確かに「家の中で」は in my house でいいし，「私の家族の中で」は in my family でいいであろう。しかし「私の生徒の中で」を × *in my students* としてはならない。要は family（集合名詞）と students（普通の可算名詞の複数形）は名詞の性格が違うのであり，family のほうはそのグループについた名前であり，構成要員1人1人は family ではなく family member と表される。このように in は具象的にも抽象的にも面積，体積のあるものに用いられるので，位置だけがあって大きさのない point には用いられない。すなわち「この点において」を × *in this point* などとはできない。in this respect などを代わりに用いる。

   「鯨は地球上に住む生物の中で最も巨大な動物である」（群馬大）の訳例として，**Of all the animals living on the earth, the whale is the biggest.** が解答例であるが，「地球上に住む生物の中で」を × *In all the animals living on the earth* とする間違いだけは絶対に避けるように。また，「…の中には」が「存在」にかかわる表現と共に用いられている場合は，many, some, any, none を使うことも考えるべきである。

   cf. 「学生の中には電車で通学するものもいるし，バスで通学するものもいる」
   Some students go to school by train, while others go to school by bus.

   最後に小声で付け加えるが，**among** という語は意外と使いにくい。× *Among students, some go to ...* のようにするのは間違いである。受験生が among を答案に使う必要はほとんどないと思う。習い覚えた例文か，辞書でしっかり調べた用例に基づかない限り，「…の中で」の日本語につられて機械的に among ... とするのは危険である。

2. 普通「…後」と言えば after や later を使えば何とかなるものであるが，「(今から)…後」は in ... や，... from now を使わなければならない。たとえば「1週間後に戻ってきます」は I'll be back in a week / a week from now. であり，after や later を使っては書かない。See you later. は決まり文句みたいなもので差し支えないが，これを × *See you a minute later.* とすることはできない。See you in a minute. である。

3. in にはまた「所要時間を表す用法」がある。

   cf. God created the world in seven days.

4.「気温の変化」は changes in temperature であり，They are similar in looks, but very different in character. (in の後が無冠詞になっていることに注目せよ) などに用いられる in は「…の点において」という意味である。

こうして見ると in も結構多彩である。

書くための英文法　実戦講義

7．冠詞について：定冠詞（the）にフォーカス

定冠詞を中心に

　定冠詞と不定冠詞の区別を考えるとき「特定できるものは the」,「不特定なものは a /an」と呪文のように言うのはやめよう（限定があるから the，ないから a /an というのも同罪である）。わかることまでわからなくなる。もちろん著者自身も「特定」,「不特定」という言い方を冠詞の説明に使うが，それは十分注意を払って使い,「これは特定されているから the」,「これは不特定なもののうちの1つだから a /an」と本当はそれでわかるわけはないのに，説明の手間を省くつもりで使うことはしていない。受験生諸君もその点は用心するように。

　冠詞には，定冠詞（**the**）と不定冠詞（**a / an**）の2つがあり，概念としては限定詞（determiner）の下位概念に当たる。上位概念である限定詞は学校であまり説明されることがないので，およそのあらましについて APPENDIX の限定詞の項目（➡ p.349 6.1）でアウトラインを理解してほしい。

　さてもう一度冠詞の話に戻って，冠詞には定冠詞，不定冠詞の2つがあり名詞と結びつくが，名詞には冠詞そのものがついていないこと（無冠詞）もある。したがってそれをゼロ冠詞と呼び（これ以降は**無冠詞**と呼ぶ）便宜的に φ と表示する。この3者の関係を表すとすれば三角形になる。注目してほしいことは，これは<u>正三角形をなしていない</u>ということである。2, 3例を挙げれば，such a good boy（不定冠詞）というのも such good boys（無冠詞）というのもあるが，×such *the* good boy（定冠詞）というのはない。at ｜the｜ age of 15 とは言うが，△at *the* temperature of 100 degrees Celsius とはあまり言わず，at ｜a｜ temperature of 100 degrees Celsius と言うことのほうが多い。

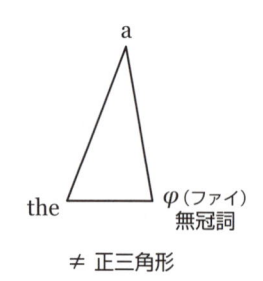

　冠詞は元来難しい。英語と同じく冠詞を持つヨーロッパの言語（冠詞を持たないヨーロッパの言語というのも存在する。ロシア語などはそうである），フランス語やドイツ語を母語とする人々も英語の冠詞には苦労するそうである。だから地球の裏側にある日本で，全く英語と言語系統を異にする日本語を母語とする中学生や高校生が冠詞がわからないのはむしろ当然と思うが，かと言って入学試験で無理なことを要求されているとも思わないし，それは中学生や高校生が冠詞を学ばなくてもよい，と主張しているわけ

ではない．著者などは自分の国に一見よく似たものがあり，かつ実はかなり違ったものである時，その理解は二重に困難なのではないかと思うほうである．その点，日本語には冠詞に相当するものがほとんどないから，かえって嬰児が母国語を学ぶように，冠詞をゼロから虚心坦懐に学べば，完璧にとは言わなくてもかなり深い知識を得られるはずだし，また日本語にない冠詞を極めれば，英語という言葉の今まで見えていなかったことが見えてくると思う．

　　著者が提唱するのは，<u>冠詞のうち定冠詞に着目すること</u>である．

　不定冠詞，定冠詞，無冠詞，いずれも難しいが，まず無冠詞は「冠詞が無いとはどういうことかを研究する」のであるから，冠詞がわかってからでないと無冠詞ということの意味がわからないはずである（無いものを研究するのは難しい）．
　不定冠詞は（無冠詞を含めた）3つの冠詞のあり方の中で最も難しい．英語を母語とする人には整合性があるのであろうが，外国語として英語を学ぶとき，一番釈然としない思いをするのは不定冠詞である（用例は無限にあるが，たとえば1枚の10ドル札は <u>a ten-dollar bill</u> と言う．では1枚の1ドル札は何と言うか．頭のいい生徒なら <u>a one-dollar bill</u> と答えるだろう．それは文法的にはあくまで正しい．しかし実際には <u>a dollar bill</u> と言うほうが多い．これは不定冠詞の a と 1 ドルの 1 の a を掛けているもので，本来英語はこういうことはできないはずなのである．これが可能になったのが，単純化の原理によるものか，歴史的な経緯によるものなのかは判じがたい）．また読者諸君は I go swimming. は第何文型と習っただろうか．心配になったので復習：

　　　I go **on a** trip.（picnic の場合は go **for a** picnic とも言う）
　　　I **go for a** walk.（drive, swim, walk など）
　　　I **go** shopp**ing**.（ski**ing**, fish**ing**, driv**ing**）
　　　I **do some** shopp**ing**.（**do the** wash**ing** あと特別サービス．「皿洗いをする」は do the dishes と言う）

　S be busy doing や S spend 時 doing の場合には，S be busy <u>in</u> doing や S spend 時 <u>in</u> doing という形が今でも見つかるから（古代魚シーラカンスが時々発見されるみたいなものである．あれより頻度は多いと思うが），前置詞 in の省略と教えても説得力はある．go doing のほうも自動詞 go と動名詞 doing に何か前置詞があったと考えれば，その省略と教えることに合理性はある（研究社の英語語源小辞典のa-の項に前置詞であった旨と，俗語や南部方言に残る I go a-fishing の gerund の前の a もこれに属す，という解説がある）．しかし現代の英語ではそういう言い方（go doing）しかない以上，前置

詞の a を受験生に教えてよいものかどうか。また once a week の a は per の意味ではあるけれども原理的には何であるかと、どう受験生に教えたらよいのか難しい。歴史的存在としての英語、英語はこうであるべきという理想論も重要であると思うけれども、まず日本の将来を担う若者たちが対象とするのはあくまで現代の英語、世界のどの英語圏のネイティブも標準的と認める英語（たとえばイギリス英語とアメリカ英語は異なっている部分もあるし、教養の程度によって用いられる英語は異なるし、地域差もあるし、状況によっても違う。個人差はもちろんあるだろう。しかしすべてではなくても圧倒的多数のネイティブが確かにそれは正しい英語と意見の一致をみるだろう英語）、実験科学としての英語であるべきと考える。一般に言われる言い方としては、<u>現代の言葉だけを元にした</u>「記述文法」である。そういう意味で不定冠詞や無冠詞を実験科学の対象にするのは複雑すぎるから、それは後回しにし、定冠詞（the）に着目して、冠詞の研究を始めたい。

冠詞の大原則

① 冠詞は限定詞の下位概念である（➡ p.349 APPENDIX 6.1）

② 定冠詞（the）は名前の通り定系（ハード系）の限定詞であり、this, that, these, those, my, …, their, Jack's などの所有格などの仲間である。

　だから普通「私の友人」のことは a friend (of mine) と言い、my friend というのは a friend がその後でもう一度出てくる（二度目であるので既知の情報）、あるいは友人と言えばもともとその人しかいない、またはその状況では友人と言えばその人しかいないときに限られる。これは「私の母」は常に my mother であって決して a mother of mine ではないことと表裏一体の関係にある。母は常に1人しかいないが、友人は普通不特定多数いて、そのうちの任意の1人のことだからである。「ではいとこは複数いる場合もあるし、1人もいない場合もあるのに、なぜ a cousin of mine でなく my cousin というのか？」というのはよい質問である。答えは、これは論理ではなく感情の問題と思われる、というものである。親戚も含めて広い意味のファミリーなのに my mother, my father と言って an uncle of mine と言うのは冷たくないだろうか、ということである。そういうことで言えば grandfather, grandmother も父方母方両方にいる。でも my grandfather, my grandmother と言う。日本語でも血のつながっている方の叔父［伯父］さんの奥さんを「叔父［伯父］さんの奥さん」とは言わないだろう。叔母［伯母］さんと言うのではないか、ということである。説明の順序が逆になった。③を読んでからもう一度②を読み返してほしい。

③ 定冠詞は基本の the と応用の the（習慣の the, 例外の the など, 呼び方は何でもよいが）があり, 基本の the に2種あり, この2種の基本の the の原理を徹底的に理解することが定冠詞, ひいては冠詞全体, そして限定詞全体を理解する基となる。

下記の問題を見てほしい。

次の日本文全文を訳せ。

私の従妹が最近香港から来た同い年の留学生と結婚した。最近よくある話なので, それは別に驚かなかったが, その相手というのが, 私がアメリカの高校にいたときの同級生の John Lee 君だと知った時は驚いた。

訳は T.G. 氏である。とりあえず氏の流麗な訳を見てほしい。それからコメントも。

My cousin recently married an exchange student her own age from Hong Kong. These days it is quite common to marry a foreigner, so that did not particularly surprise me, but I was surprised to learn that her husband was none other than John Lee, who was in the same year as me [a classmate of mine] when I was at high school in America.

(T.G. 氏コメント)

日本語の「最近よくある話なので」は英語に訳すと主語が必要。「外国人と結婚すること」とすること。そうしないと「従妹が香港から来た留学生と結婚すること」が「よくある話」になってしまう。

本論は冠詞の話なのだが, 性分として英作文の解答解説をしないと先に進めない。受験生諸君がつまずきそうなところは「知った」を know としたくなる点ではないか。本書でたびたび触れているし, 文法項目にさえしているのでそちらを参照してほしいが, know は初歩的な部分でも, 突き詰めて考えた部分でも本質的な理解が難しい語である。初歩的な部分で言うと, know は「知っている」という状態を表す線分の動詞である。「知る（知らなかった状態から知っている状態に変換する）」という1点を表す動作動詞（点の動詞）ではない。それ以外でも know の使用法は難しい。本書の随所に出てくるので, 通読の際に注意して読んでほしい。

話を戻して, 眼目は「私の従妹が最近香港から来た同い年の留学生と結婚した」の「香

港から来た同い年の留学生」のところである。(　) exchange student her own age from Hong Kong の (　) の中に入れるべきは an (母音の前なので) であろうか, それとも the であろうか。ちなみに her own age は名詞であるが, age, size, weight など年齢や大きさ, 度量衡などを表す名詞は後置形容詞のように前の名詞を修飾することができる。

　× *the* exchange student her own age from Hong Kong と the にした人は間違い。正解は, **an** exchange student her own age from Hong Kong である。なぜなら彼女と同い年の留学生は世界中にたくさんいるからである。香港から日本に来た留学生に限ってもたくさんいるだろう。だから an である。といって納得してくれる人がどれくらいいるだろうか。残念ながら著者の経験によると多くはない。

　それはなぜかというと「既知」あるいは「唯一性」というとき, その文そのものによって「既知」あるいは「唯一性」と誤解するからである。上記の文で言えば, 「私の従妹」が結婚した男性は2人といないはずだから the ではないかと思うのである。この点が日本人に定冠詞をわかりにくくさせている最大の眼目である。そうではなく, My cousin recently married の部分を無視し, (　) exchange student her own age from Hong Kong, つまりその名詞グループだけを見て「既知」か「唯一」かを判断する。そういう従妹と同い年の香港からの留学生はたくさんいるだろう。だから **an** exchange student her own age from Hong Kong である。

　もっと露骨な例を挙げよう。私は山口紹という名前の, 駿台予備学校で英語を教える予備校講師である。この本を読んでいる人はそのことを知っているはずである。またそういう珍しい名前の教師は駿台の英語科には1人しかいないと思うのではないか (現に著者しかいない)。「特定」だってその気になればすぐできる。しかし, I am **an** English teacher. であり, 決して I am *the* English teacher. ではない。ただし, 特別な状況を設定すれば, I am the English teacher. ということはありえなくはないが, そういう場合でももっと平易な言い方が必ずあるので, 受験生は I am the English teacher. ということは普通ないものと思っていればよい。

　最後に次の問題を考えてほしい。「私の父が生まれた村」を英語で何というか。

問題　'(　) village where my father was born' の空欄を a か the で埋めよ。

　正解は **the** である。私の父に関して言えば, もう亡くなっているし, 長男である私も, 村の名前もどこにあるかも知らない。もう無いかもしれない。しかし私の父も人間

であるから，同時に2つの村で生まれることはないので，ここは **the** village where my father was born である。

徹底的に頭にたたきこむこと！！
基本の the 2つ

その文全体ではなく，その名詞のひとかたまりのグループだけを見て，

① 話し手が，聞き手にとって「既知」のことと認識するもの
　（話し手にとってはすべて既知である。だからそれは関係ない）

② そういうものは1つしかないはずで，厳然たる「唯一性」を持つと考えられるもの
　（1つでなくても数がいくつか，かっちり決まっていると了解できるもの）

　例　**the** planets of the solar system：Mercury 水星，Venus 金星，Earth 地球，Mars 火星，Jupiter 木星，Saturn 土星，Uranus 天王星，Neptune 海王星，（Pluto 冥王星）　※惑星全体ではなく，たとえば「太陽系の2つの惑星」は φ two planets in the solar system である。

この2つの基本の the を固めて初めて，「応用の the」あるいは「習慣の the」もしくは「例外の the」をやる意味が出てくると思う。
　ちなみに，

|The| elephant has a long trunk. / |The| pen is mightier than |the| sword. / I happened to meet an old friend on |the| street. / I took |the| elevator. / |The| train was late. (たとえ遅れたのが総武線と中央線などといろいろあっても，つまり電車というのは1つ遅れると影響が出て，乗換線も遅れることがよくあるが，そういう場合でも the train である。これは基本の the では説明がつかない)

などはすべて「応用」あるいは「習慣」もしくは「例外」（あと何でもよいが）の the である。受験生諸君はめげる必要はない。こちらのほうは間違えても大したことないし，またすでに習っているだろう。わかっていないことがあるとすれば，これは基本の the ではないということだけである。

第4章 和文英訳

第1講

> ギリシアの哲学者ゼノンが考え出した有名な詭弁の一つに「アキレスと亀」論がある。次の文をもとにして，その内容を英語で記せ。
>
> アキレス (Achilles) と亀 (tortoise) とが競走する。アキレスは亀より10倍速く走れるので，亀は100メートル先からスタートする。アキレスが100メートル走ると，亀は10メートル先を走っている。アキレスがその10メートルを走ると，亀はさらに1メートル先にいる。そういうわけで，アキレスは決して亀に追いつけない。
>
> （東京大　1987年　3(A)）

自由度 ★☆☆☆☆　　**難易度** ★★★★☆

■ 考え方

　聞き及ぶ限り，本問が出題されたころ東京大学内部で，大学における英語教育の改革の気運が盛り上がった。そのころ，結局語学教育は大学生になるころにはもう方向性が決まっているので，大学における語学教育改革はそれ以前の初等・中等教育における英語教育と連動する必要があるが，その際大学ができることはまず入試改革であり英語教育のあるべき姿に方向性を与えることを目指すべきである，との意見が強まったと仄聞する。リスニングが導入されたのもそのころだし，本問もまたそのころ，1987年の出題である。

　何の予備知識なくこの問題を解かされれば，はたしてこの問題は普通の和文英訳か，それとももっと深いこと（たとえばゼノンのパラドックスを解き明かし英語で説明するとか）に対する理解が求められているのか，判断に窮する。著者は今は当時よりもう少し初等・中等教育の現場のことを知っているので，実際にゼノンのパラドックスを論破できるくらいの高校生はいくらでもいるのを知っているが，またそれと同時にそんなことを英作文で要求されるわけがない，とも思う。もちろんそういうことが仮に英語でできれば高得点にはなるだろうけども，出題者の意図ではないだろうと思う（➡ p.165 T.G. 氏の解答例）。これは基本的に和文英訳問題として処理するべきであると考える。

■ 必要な知識・能力

　ゼノンのパラドックスの話を聞いたことのない人は，何のことかわかりにくいと思うが，東大の先生の常識で言えば，そういう東大受験生はいないと思っておられたのではないか。要は微分や積分と同じく，無限と無限が作用すれば算数的常識では対処できないということである。しかし問題を作られた先生は，これは英語の問題として作られたので，和文英訳の問題として取り組めばよいのだと思う（そして指示を見て深読みして工夫した生徒もそれはそれでよくできていれば評価しようということだと思う）。おそらく採点における fairness ということでは，東大は日本で屈指の大学であると信じている。問題は，ときに「問題」そのものの妥当性にあると思うことだが，それは受験生すべて条件は同じだから，そういう場合は採点基準で調整しようとしている気配がある。最近は点数開示をしてもらえるので，英作部分のみの点数はわからないのだが，客観式のところもあるので逆算すると大体は見当がつくのである。

　実際に必要な知識は英語の知識である。まず時制をどうするか。それから100メートル先からスタートするという「位置関係」。ここを単に表現を知っているかどうか，という語彙の問題と思う人は考えを改めてもらいたい。「位置関係」の表示は英語の本質にかかわる大問題である。

解答・解説

　「アキレス」と「亀」の「アキレス」が Achilles であるのは固有名詞であるから当然であるが，「亀」はこの場合 the tortoise であるべきである。Newton and the apple「ニュートンとリンゴ」とか Benjamin Franklin's famous experiment with the kite「フランクリンの凧」のように，世によく知られている逸話に登場する普通名詞は the ... とすることがあるが，これもその類例である（ただし構文とか構成によっては別の形になることもあり，簡単な問題ではない。そういうこともあるとわかっていればよい）。

T.Y. の解答例

　Achilles and the tortoise run a race. Since Achilles can run ten times faster than the tortoise, the tortoise starts a hundred meters ahead [the tortoise is given a hundred-meter head start]. When Achilles has run a hundred meters, the tortoise is ten meters ahead. When Achilles has run the ten meters, the tortoise is still one meter ahead. Thus, Achilles can never catch up with the tortoise.

- これは「お話」の形をとってはいるが，本来哲学的な議論に用いられるパラドックスで，数学の文章題や物理の問題を扱うのと同じで，「真偽命題」(つまり普遍の真理なのか)として提示されていると考え，直説法，現在時制，単純相(一部完了相)を用いる。受験生によっては，これを普通のお話と考え，過去時制やナレーションの現在(たぶん自覚していないと思うが)で書いた者もいるが，それはそれで整合性があれば差し支えない(➡ p.165 T.G. 氏の解答例)。

- ten times faster than the tortoise [= ten times as fast as the tortoise]
  どちらも英文法的にはきっちり 10 倍である。前者を 10 倍以上，後者をきっちり 10 倍と思わないように。10 倍以上なら more than ten times as fast as ... / more than ten times faster than ... としなければならない。基本的には米英の差にすぎない。近頃は英国においても Americanism の影響は大きいから差はなくなりつつあるようにも思えるが。

＊　　＊　　＊

[倍数表現]ができているか確認。倍数表現は「比較」の応用であるが，本家(?)の本来の「比較」，たとえば I'm never happier than when left alone. ではなぜ than when と接続詞が連続するか理解できるか (I'm happy at any other time. : I'm happy when I'm left alone. を比較し，比較構文を作り，重複しているもの，なくてもよいものを省略するとでき上がるのだが)を理解したあとで，応用表現として[倍数表現]と，いわゆる[the＋比較級, the＋比較級]をマスターする。この応用表現は結構煩わしく，なめてかかるとけがをする。[倍数表現]は必修表現であるが，[the＋比較級, the＋比較級]は自由英作ならあまり手のかかったものはやらないほうがよい。

　　[the＋比較級, the＋比較級]の頻出の間違いは：
　① 置き忘れ：「勉強すればするほど頭がよくなります」
　　例　× The harder you study, *the more* you will be *intelligent*.
　　　　○ The harder you study, **the more intelligent** you will be.
　② 部分否定のやり間違い：「勉強すればするほど頭がよくなるとは限らない」
　　例　× The harder you study, the more intelligent *you will not necessarily be*.
　　　　○ It is not necessarily true that the harder you study the more intelligent you will be.

- たぶん学生は位置関係(➡ 次のページ)は極度に苦手にしているはずで，この問題ははじめてならできないはず。
　　例　○ The tortoise starts a hundred meters ahead of Achilles.
　　　　(= Achilles starts a hundred meters behind the tortoise.)

この例では，a hundred meters という名詞が副詞的に ahead of Achilles という別の副詞を修飾し，この ahead of Achilles は starts という動詞を修飾している。原理としては，I am eighteen years old. において eighteen years という名詞が副詞的に old という形容詞を修飾している（➡ p.51，p.135）のと同じ，名詞の副詞的用法である（副詞的目的格という語で説明されることもあるが，現代英語に「格」という概念は，人称代名詞 he / his / him や関係代名詞 who / whose / whom など以外には形骸的にしか残っていないから，受験生のための説明には用いないほうがよいと思う）。また名詞が副詞的に働くのは，形容詞や副詞の前に置かれてそれらを修飾する場合であり，述語動詞を修飾することは，その名詞がもともと副詞としても用いられるものでない限り普通は起こらないことなので，勘違いしないように。たとえば「〈郵便物などを〉速達で」は express，「はだしで」は barefoot で表せ，これらは「もともと副詞としても用いられる名詞」として述語動詞を修飾できる。

> 例　My village was two kilometers further into the mountains from *Y village.
> 「私の村はY村からさらに2キロほど山の中に入ったところにあった」
>
> （京都大）
>
> 　　＊Y village というのは誤記ではない。前に基本の the と応用の the があると言ったが，これは言わば応用の無冠詞 φ で，冠詞の難しさの1つである。受験生諸君は気にすることはない。
>
> The ship is ten kilometers off the coast of Ireland.
> 「その船はアイルランド沖10キロの沖合を航海している」

ちなみに The ship is sailing ten kilometers off the coast of Ireland. と sail の進行相をとると進行相は線分の動詞について，その継続中の動作の1点を表すから，その船はアイルランドとの距離は10キロを保ったまま航海し続けている（沿岸と平行に，あるいは沿岸の1点から半径10キロの円運動をし続けている）という理屈である。

> 例　My house is two kilometers (to the) south of Tokyo.
> 「私の家は東京の南方2キロのところにあります（東京の内部ではない）」
> 　　前置詞を south *from* Tokyo としないこと。
>
> cf.　My house is in the south of Tokyo.
> 「私の家は東京の南部にあります（東京都内に家がある）」

　　　　　＊　　＊　　＊

- run a race という言い方はなじみがないかもしれない。
- compete は自動詞。用いるなら compete with each other（each other は代名詞で，compete は自動詞なので，with が必要。だが，受験生諸君のなかには each other を副詞と誤解している人がいる。× ... *compete each other*）。

- a head start はこのような場合のハンディということだが，距離だけではなく時間にも使う（スキーの複合でジャンプの得点の分だけ早くスタートするときのような）。
- 最大の難所は2つあって，1つはアキレスと亀の位置関係をどう表すか，ということと，アキレスが100メートル走ったとき亀は10メートル先にいるのだが，その場合の位置関係の表示と並んで時制の決定版が見つけにくい。
- 現在完了を使っている箇所に注意。When Achilles runs a hundred meters に続けて the tortoise runs ten meters ahead とか the tortoise is ten meters ahead とすると（受験生の解答ならばとがめられることはないと思うが），アキレスが100メートルを走るときその間ずっと亀が10メートル先を走っているということにもなりうるが，10メートルの差がついているのはアキレスが100メートルを走った瞬間だけで，それより先の差は10メートルより縮まり，それ以前には差は10メートルより開いている。この時間・位置関係を厳密に表記するのは解答例のように現在完了（When S have p.p.）＋ be 動詞の現在時制単純相（S is ten meters ahead）を使うよりほかにない（ただしこれは文章題の形をとっているが，言っていることは微分や積分の無限や連続を時間軸上で扱う厳密性を求められる表現だからで，日常的なことならもっとアバウトでよい。「雨が長く降り続くとしばしば洪水が起こる」は When it rains for a long time, floods often occur. でよい。「雨が長く降り続く」のと「洪水が起こる」ことの同時性では，数学的な厳密性を問題にする必要はない）。
- 「あと10メートル」と言うときには（ここでは不要な表現であるが）ten more meters とか another ten meters と言い，決して more ten という語順で用いない（➡p.135 解説(2)）。これは覚えることではなく理解することである。ten more meters の場合は ten という名詞が副詞として more という形容詞を修飾する。another ten meters の場合は another が形容詞で ten という名詞を修飾する。たとえて言えば ten がもう1つある理屈である。そして another ten が meters を形容詞として修飾する。これが more ten meters となると合理的な説明がつかない（もっと10？　どういうことか？）。
- when 節内の現在完了はルール違反ではないか，という質問が必ずあるが，これは when 節が具体的な過去を表す副詞節の時，主節の述語動詞に現在完了を用いることができない，というルールと混同している。

  例　○ Put it back where it was when you have read it.
  　　× I *have once lived* in London *when* I *was* a college student.

ネイティブの解答例（T.G.）

One of Zeno's paradoxes claims to show that a fast runner can never catch up with a slower runner who has been given a head start. Imagine a race between the great Greek hero Achilles and a humble tortoise. If the tortoise starts a hundred meters ahead, but Achilles runs ten times faster, then the tortoise will run ten meters while Achilles is running the hundred meters, leaving him ten meters ahead. While Achilles runs those ten meters, the tortoise will run a further one meter. In this way, Achilles will get closer and closer to the tortoise but will never actually catch up with him.

「T.G.」氏のコメント：

T.Y. 先生の解答は申し分ないけど，一応別解答を作ってみた。問題はちょっと曖昧？「その内容」が指すのは「次の文」なのか，「ゼノンの詭弁の一つ」なのか。つまり，レースの描写だけでよいか，多少の解説が必要か。

ネイティブの解答例（J.B.）

Achilles and a tortoise agree to have a race. Achilles can run ten times as fast as the tortoise, so he lets the tortoise start the race one hundred meters ahead of him. By the time Achilles has run a hundred meters, the tortoise has advanced ten meters, and so is ten meters in front of him. When Achilles covers those ten meters, the tortoise is a meter ahead, and so on. In this way, Achilles never catches up to the tortoise.

> 東大生による解答例① 「軟体動物」君

Achilles and a tortoise have a race. As Achilles can run ~~tenth~~ [ten times] as fast as the tortoise, he gives it a ~~handicap~~ [start] of one hundred meter[s]. Now the race starts. ~~When~~ [By the time] Achilles has run one hundred meters, the tortoise has proceeded ten meters[,] and is ten meters ahead of him. ~~When~~ [After] Achilles has run ~~more~~ [another] ten meters, the tortoise is one meter ahead of him. This kind of thing happens innumerable times[,] [is repeated] and Achilles can never catch up with the tortoise.

「T.G.」氏のコメント：
A handicap is something that make it more difficult to win, so in this race it is Achilles, not the tortoise, who has the handicap.

> 東大生による解答例② 「スピカ」さん

Achilles and a tortoise ~~want to~~ decide ~~which one of them is faster when they run~~ [to have a race]. As Achilles is ten times faster than the tortoise, the tortoise starts (running from a place) 100 ~~m~~ [meters] [of] ahead Achilles. ~~They starts running.~~ When Achilles has run 100 ~~m~~ [meters], the tortoise has run 10 ~~m~~ [meters]. When Achilles runs 10 ~~m~~ [meters] more, the tortoise has already run ~~1 m~~ [another (one) meter] more. [another 10 meters]
Thus, Achilles cannot catch up with the tortoise.

「T.G.」氏のコメント：
If they already know Achilles is ten times faster than the tortoise, they do not need to run a race to see which one is faster ... strictly speaking.

第 2 講

次の日本文の下線部を英語に訳せ。

数年前のことになるが，私の母校の小学校が改築された。それまでの木造校舎が取り壊され，どこにでもあるような鉄筋コンクリートの新校舎になった。私は新校舎に入ってみる気になれなかった。一つには，これはもう私の出た学校ではないというさびしさがあったためである。

(東京大　1989年　3(C))

自由度 ★☆☆☆☆　　**難易度** ★★☆☆☆

■ 考え方

本問は多分大半の東大受験生にとって，そう難しいものではないだろうが，それは1つにはこれが東大の過去問で，世間の側に知ると知らざるとを問わず対策ができているからである。本問が出題されたとき，少なくとも受験生の側に同格の that 節に対する自覚的な理解のある人は絶対的な少数派だった（文法用語は知らなくても間違いなく書ける生徒はそれなりにいたと思うが，やはり少数ではあったと思う）。Cygnus 君（超有名進学校から東大の最難関学部に進んだ秀才で，英作文は解答例に見られるように天才としか思えない）なども意識的には知らなかったと言っていたような気がする。

その他のところはさして難しいところはなさそうである。

■ 必要な知識・能力

同格の that 節を取れる名詞の数は限られている（➡ p.344 APPENDIX 4.1）。N is that SV を取れる N もほぼ同じ事情である。また少し意味合いが違うが It is ＋ [形容詞] ＋ that SV という構文が成立する形容詞も絶対的に少数派である。It is unlikely that the prime minister will step down. とは言えても，× It is *difficult* that the prime minister will succeed. とは言えない。同格の that 節が使えない場合は言うまでもなく，たとえ使える場合でも，もっと楽に言える方法が大概の場合存在する。たとえば thought は同格の that 節を取れるが，だからと言って I have the thought that it is true. と書こうとする人はいないだろう。I think it's true. と言えば済むことだからである。また「私はイギリスに少しいた経験があって…」などで experience を使ったりしようとすると余計な苦労をする。I once lived in England for a while. とかで十分。しかし英語に存在する構文，あるいは時制，相や法は，必ず存在する以上は存在するだけの理由があるのであって，どんな時でも迂回できるというわけではない。安易に考える人がいないよう，この点は念を押しておく。

解答・解説

T.Y. の解答例

> I didn't feel like going into the new school building. For one thing, I had the sad feeling that it was no longer the old school I had graduated from.

- 最近気がついたのだが，受験生は feel like doing の使い方に混乱があるようである。確かに多義語ではあるのだが，英作文では「―したい気分である」という意味に限って使えばよい。
- 英語の school は「校舎」の意味で使うことがないとも言えないので「新校舎」を the new school と訳しても差し支えないが，「校舎」はあくまで建物の意味であるのに対して，「私の出た学校」は建物だけでなく（というかむしろ）先生や同級生，授業や課外活動を含めた昇華された「場」としての school なので，やはり「新校舎」は the new school building としたほうがよさそうである。
- 最大の問題点は「私の出た学校ではないというさびしさ」である。×*I felt lonely that S V* などという構文はまず考えられないし，また，×*the loneliness that S V* という同格節も見かけない形である（➡ p.344 APPENDIX 4.1）。似たようなことでも I was sad that S V や the sadness that S V ならだいぶ許容度が上がる感じがするが，まだ不安である。ここはいっそ feeling が同格の that 節を取れることに目をつけて（I feel that S V が成立することが明らかなので the feeling that S V も成立する），<u>I had the sad feeling that ...</u> とするのがよい。
- the old school I had graduated from ／ the school I had been to（T.G. 氏の解答例）における過去完了についてだが，過去完了は基本的に用いないつもりでいるのが安全。しかしどうしても使わなければいけないケース（➡ p.50 コラム）もある。時制や法（あるいは相）に対するこだわりは東大英作の特徴である。

ネイティブの解答例（T.G.）

I could not bring myself to enter the new building. For one thing, I felt a sad feeling that it was no longer the school I had been to.

「入ってみる気になれなかった」を訳せと言うと，ネイティブの多くは could not bring myself to enter のような形を使おうとする。

東大生による解答例①　「軟体動物」君

I didn't feel like walking into the new school building. One of the reasons for this was ~~that I felt~~ the sad feeling that it was no longer the elementary school that I had graduated from.

「軟体動物」君のコメント：
「さびしさ」を "lonely" で表すと孤独感の意味になって少し違うような気がするし，それに "lonely that" という使い方もなさそうなので，「さびしさ」は直訳せずに文脈で表現しました。「もはや自分の出た小学校とは感じられなかった」という流れでさびしさは十分伝わる…と思います。意味的に「一つには」≒「部分的には」なので，"One of the reasons for this was that" の代わりに "This was partly because" でもいいと思います。

東大生による解答例②　「fifth tendon」君

I didn't feel like stepping into the new school building, for I felt, ~~as a~~ among other things ~~reason for it~~, a sense of sadness ~~loneliness~~ that it was no longer ~~that~~ the school I had graduated from.

「fifth tendon」君のコメント：
「一つには」をどう書くか，難しいです。無視してもよい気がします（T.Y. 注：よくないと思う）。

> **東大生による解答例③ 「grdn」君**
>
> I didn't feel like entering the new school building. One of the reasons was that I felt ~~lonely~~ sad [melancholy], thinking this was no longer the ~~one~~ school [I used to know] where I had been.

「grdn」君のコメント：

「ーてみる」は feel like doing，「入って」は enter，「新校舎」は the new school building でいいかなと。満点はもらえなくても，大きく減点されることは無さそうと思い，いちいち，いい表現が無いか考えさせられてしまいます（笑）。

「一つには，…ためである」については reason って同格の that 取れたっけ，などとおどおどしながら見ての通りの構文で。「…というさびしさがあった」は loneliness that 完全文 などという英語があるとは到底思えなかったので分詞構文を使いました。分詞構文はあまり使いたく無かったのですが，… that I thought this was no longer the one where I had been and felt lonely という表現よりはわかりやすいと思い。「私の出た学校」については，「校舎を卒業する」という表現には違和感を抱き，「私が勉強した校舎」というのも「さびしさ」を感じた原因としては限定的だと思ったため，このような表現に収めました（T.Y. 注：場違いであるが以下の grdn 君のコメントは，著者としてはコメントしにくいが，東大入試の英語について大いに参考になるであろう）。

「grdn」君の感想 〉〉〉

先生も似たような事を多かれ少なかれ感じているかと存じますが，個人的に東大英語って，半分は日本語の試験かパズルの試験だと感じてます（T.Y. 注：この点に関しては簡単に相づちを打てない。一口には言えないことと思う。しかし，grdn 君くらいの突き抜けて優秀な受験生（今は大学生であるが）の直観を無視はできない。東大受験生や東大合格者で同様の感想を漏らす人は少なくない。T.G. 氏もそのコメントを読んで喜んで賛意を表していたが，立場によってそういう側面が見えるのは事実なのであろう）。

「意味」を把握して，時に英語で書きやすいように，時に日本語で書きやすいように「意味」を頭の中で組み替えて。前者は第2問（大意要約，自由英作 etc.）で，後者は第1，4問（大意要約，英文和訳）で顕著なような気がします。

第 ③ 講

次の日本文 (1)(2)(3)(4) を英語に訳せ。

(1) 予想していた人数の４倍の人が来てくれた。
(2) こんなに朝はやく電話してくるなんて，どういうつもりだ。
(3) 君に言われたとおり，もっと勉強しておくんだった。
(4) 私を起こさないでくれれば，遅く帰ってきてもかまわないよ。

(東京大　1992 年　2 (B))

自由度　★☆☆☆☆　　**難易度**　★★★☆☆

■ 考え方

　本問は意外に難しい。某受験参考書のコメントに「去年（本問の出題された年）の問題は中学レベルであった」と書いてあったのを見て，あまりわかっていないものだなと思ったことがある。それは現場で生徒の解答例を見ずにそういうことを書くからだと思う。

■ 必要な知識・能力

(1) 倍数表現

　例 「コニシキ（元大関小錦，現タレント）は私の体重の４倍以上あります」

　　Konishiki is more than four times $\begin{vmatrix} \text{as heavy as} \\ \text{heavier than} \end{vmatrix}$ I am.

　これと同じことを Konishiki is more than four times my weight. とできる。

・many, much, few, little および各々の比較級，最上級 (more, most など) は，現代英語では修飾する名詞があるときは必ずその前に置き，単独で補語の位置には置かない。× Creatures are <u>many</u> on the earth.　○ There are <u>many</u> creatures on the earth.

(2) 「どういうつもりだ」の怒気を含んだニュアンスが表現できるかどうか（訳例では on earth という語句を用いてみた）。それができなければ０点という問題ではないが，東大の英語は時に配点を低くしてえらく細かいところや，ニュアンスにかかわる部分を問題にしてくることがある。本章の次の問題なども「丁寧表現」を問題にしている。なお，T.G. 氏の解答も参照。

(3) 「君に言われたとおり」 as を用いれば大体できる。as you told me to (study hard) は to までいって止めるのがよい（「代不定詞の to」という）。ちなみにそのあと be 動詞が来る場合に限って to be まで言って止める。例 I'd like to be, but ...)。

　「もっと勉強しておくんだった」 いろいろな言い方があるがどれでもよい。ただし regret は日本語の「後悔する」と違って，事実だけを regret する。具体的に言うと

日本語では「…すればよかった／しなければよかったと後悔する」と言えるが，英語では × I regret that I should (not) have p.p. という言い方はない。

(4) ひそかに有名な問題。「私を起こさないでくれれば」に unless を使えない，ということなのだが，その根拠は何か，ということである。センターの過去問に if ... not か unless かを選ばせる問題が出て，センターの問題として難しすぎないか，と話題になったことがあるが，本問はまたそれとも違う問題であると思う。

| unless と if ... not と as / so long as ... (not) について |

1 通常は unless と if ... not はほぼ同じことである。「否定の前提条件（…しなければ）」

2 しかし本来は unless は除外条件なので，そのこと自体が主節の発生原因のときは使えない。

　　例　○ Unless it rains / If it doesn't rain, I'll go out tomorrow.
　　「雨が降らなければ明日外出する」（外出する理由は「雨が降らないこと」ではなく，「買い物」とか「気晴らし」とか何か別にある）
　　He drives too fast. I'll be surprised if he doesn't have (× unless he has) an accident.
　　「彼は車を飛ばしすぎる。あれで事故を起こさなければ驚く」（「事故を起こさないこと」が驚く直接原因）

　　※ unless と if ... not の2択であれば，if ... not は使えないが unless は O.K. というケースはまずないから，if ... not を選んでおけばよい。この東大の問題も，出題者の意図は別として if ... not ではっきりだめとは言えない，というか大概のネイティブは O.K. と言うと思う。

3 unless ははっきりだめで，if ... not は微妙で，as / so long as ... not を使うべき時

　　「許可」の前提条件。本問がこれに当たる。unless は一風変わった接続詞で，他の接続詞であれば，たとえば when it rains と言えば雨が降った時のことを問題にし，降らない場合のことは問題にしないが，unless it rains, I'll go out. と言えば雨が降らなければ外出するが，雨が降ったら外出しない，ということである。本問の場合，× You can come home late unless you wake me up. と言うと，起こさない限り遅く帰ってきてもよいが，起こしたら遅く帰ってきてはいけないという意味である。遅く帰ってきて起こしたら，その時は遅く帰ってくるなと言ってももう帰ってきているのだから理不尽というわけである。こういうときは as long as ... not を

使う。逆に as long as はここでのような「許可」の前提条件，つまり unless の地雷除け以外には使わないほうがよい。たとえば「君が謝らない限り私は君を許さない」は，「許さない」のだから「許可」ではないわけで，× I'll never forgive you *as long as you don't apologize.* とはしない（ちなみに日本語の「許す」は，「許可する」のと「謝罪を受け入れる／犯した罪を許す」その他，英語にするとき注意を要するものが多い）。

　しかし英語の場合，このような時間順序の問題はついて回る。よく言われる例だと，日本語ならば「死んでもやる」という言い方をするが英語で Even if I die, I'll do it. と言うと，死んだらできないから，理不尽な言い方とされる。しかし T.G. 氏によると，そう言ってしまう人も少なくないらしい。「死を賭して」という意味だから at the risk of one's life とか even if it should cost one's life とか工夫しろ，ということになっているが，後者の場合，法助動詞の should を使っているから抵抗感は薄れるが本当に時間順序のことを考えたら割り切れぬ感じは残る。「もし遅れるようなら電話する」を英語で言おうとした時，*If I'm late, I'll give you a call.* と言ってしまうと，遅れた後に電話することになってしまうから，その場合× *If I'll be late, I'll call you.* とせよ，とも言われる。しかし個人差はあろうが，そういう場合でも If I will とすることへの（時を表す副詞節中の will，would の使用）許容度は，ネイティブたちの間でも低いようにも思える。If I'm going to be late ならよいが。上記の文そのもの *If I'll be late* は文法の誤文訂正問題でよく見る文でもあるから，ダサくても If I think I'll be late, I'll give you a call. など迂回したほうが安全である。「出かける前に雨が降り出した（それで結局出かけなかった）」を It began to rain before I left home. (T.Y. 注：rain は線分の動詞であって点ではないからここで It rained としてはならない。採点しているほうは見ていると思う）としてしまうと（直説法過去時制単純相であるから）実際に出かけたことになるから，I was going out when it began to rain. と進行相にする。また，ときに準動詞を使って時制の問題を迂回するのは必ずしも逃げではない。たとえば「その国の文化の中に生まれ育った人は，その文化のことを自覚しがたい」を Becoming aware of the culture is difficult for people who were born into it and raised in it. と「生まれ育った」を過去形で書くのか，... people who have been born into it and raised in it と現在完了で書くのか，あるいは ... people who are **born into** it and **raised** in it と単純現在形で書くのか悩ましい。こういうときは Becoming aware of the culture is difficult for people born into it and raised in it. と準動詞にして時制を消してしまえばよく（「時制」は述語動詞にのみ存在する。ちなみに「時」は普遍

的な概念であって文法概念ではない），またそれが英語として一番きれいな英語になる。

　いろいろ書いてきたが軽率な誤解を生んではいけないので念を押しておくと，時，時制，相，法は真正面から誠実に学び，理解し，使いこなせるようにしておかなければならない。しかしあらゆる言語が（おそらく。著者はいくつもの言語の知識を深く持っているわけではないので）そうであるように，英語もまた完全に無謬で万能の機能を持っているわけではない。よくできる受験生はこういうことは真正面から向かっていくとうまくいかないということを知る嗅覚を訓練と才能で身につけている。これは英語という言語の，日本語にはない不条理だと察した時（またはその逆のケースで），よくできる受験生は目的地に安全にたどり着く迂回道を選ぶのである。これは本質に近いものを身につけた証拠であり，逃げとは似て非なるものである。わからないことや怖いものに出会った時，何も考えずに闇雲に逃げ出すともっと怖い道に迷いこむ。

解答・解説

T.Y. の解答例

(1) Four times as many people as I had expected came.
(2) Why on earth [did you call / have you called / are you calling]* me so early in the morning?
(3) I should have studied harder, as you told me to [as you suggested].
(4) You can come home late as long as you don't wake me up.

「T.G.」氏のコメント：
（＊について）All OK. "Call" is an ambiguous verb. It can refer to the act of dialling the number [in which case past simple or present perfect is appropriate] or to the entire phone conversation [in which case present continuous is appropriate].

ネイティブの解答例（T.G.）

(1) Four times more people attended than had been expected.
(2) What do you mean by calling me at this hour in the morning?
(3) I should have followed your advice and studied harder.
(4) So long as you don't wake me up, it doesn't bother me if you come home late.

東大生による解答例①「軟体動物」君

(1) Four times as many people came as we had expected.
(2) What in the world made you call me at such an early time in the morning?
(3) I should have studied more, as you ~~had~~ told me to.
(4) I don't mind your coming home late, if you ~~won't~~ don't wake me up.

「軟体動物」君のコメント：

(2)「どういうつもりだ」が難しかったです。真っ先に思いついたのは"What are you thinking …?"でしたが，そうすると「こんなに朝はやく電話してくるなんて」が続けにくいのでボツにしました。自分は「一体どうしてこんなに朝はやく電話してきたんだ？ 何があったんだ？」と非難交じりに理由や事情を尋ねるニュアンスと解釈して解答のようにしました。

似たコンセプトの別解として，"Why in the world did you call me at such an early time in the morning?"もあると思いました。

"What do you mean by …?"だと，不可解な発言や行為について鋭く真意をただす（もしくは反語的に，犯した失態を責める）ようなニュアンスになり，おそらく朝はやく電話をかけた明確な理由がこの後に来ると思われるこの文脈とは少し違うと思いました。朝はやく電話したという行為は責められる失態でもなく，その理由も会話の次の応答で明らかになるはずなので鋭く真意をたたされなければならないような不可解な行為とも言えず，「どういうつもりだ？」という言葉ではあってもやや非難交じりに理由を聞いている程度のニュアンスととらえてこのようにしました。

> 東大生による解答例② 「fifth tendon」君

(1) There came four times as many people as we had expected.
(2) What are you thinking of, calling me up so early in the morning?
(3) I should have studied harder [were] as you told me to.
(4) You may come home late, as long as you take care not to wake me up.
[I don't mind you coming home late.]

「fifth tendon」君のコメント：
(1) 文頭に four times を書くよりは，形式張っていても there 構文のほうがよいのではないか，と思います（T.Y. 注：不賛成。➡ 下記の T.G. 氏のコメント）。

「T.G.」氏のコメント：
(1) Clever idea ... and yet, though grammatically correct and pleasing to read, this sentence sounds archaic ... 19th century perhaps.

「fifth tendon」君のコメント：
(2) 「電話」のフレーズは to 不定詞か分詞か迷いましたが，その時の電話口でのことでしょうから分詞にしました。

(3) I wish I had か should have p.p. で書けばよいのでしょうか。最後の代不定詞がポイントになるのでしょうね。

(4) 「起こさない」ではなく「起こさないように注意する」としてみました。

> 東大生による解答例③　「grdn」君

(1) To my ~~pleasure~~ delight, four times as many people as I had expected came.
(2) What the hell do you think ~~to call~~ you are doing, calling me up so early in the morning?
(3) I should have followed your advice and studied more.
(4) You can come home late ~~unless~~ so long as you don't wake me up.

「grdn」君のコメント：

(1) まあ論理的に。expected と came の間には言うまでもなく X［人数］people would come などが省略されています。主文と被った内容を消すのは比較の基本なので。冒頭の To my pleasure は「来てくれた」のニュアンスを大げさに出してみたまでで，本試験なら丸ごと書かないと思います。大学に入ってから，飲み会を主催したり，ゲームの大会を主催する人とより緊密に接する機会があったりして，「予想の4倍来てくれた」という言い回しから「やっぱり嬉しいんだな」と感じ取れてしまい。

(2) 「…するなんて，一体何を考えているんだ？」というのがこのような表現でいいのか，若干不安ですが。「責めている」というニュアンスを前面に出し，I am accusing you of calling me up …などと思い切って意訳するのも思いつきましたが，あまり良くないかなぁと。

(3) 「君に言われたとおり」がうまく訳せないと判断したので，「君の言うことに従っておけば良かった」と意訳。

(4) unless ってこんなとこでしか使い所無かったよな，とおぼろげな知識で (T.Y. 注：実は grdn 君，地雷を踏んでいます。unless の用法 ➡ p.172)。

第 4 講

次の日本語の文章を読み，英文の手紙の空所(1)と(2)に，それぞれ与えられた条件をみたす英文を作成し，手紙を完成せよ。各空所はそれぞれ 20 〜 30 語程度とするが，いくつの文で構成してもよい。

純は今年の夏休みに，ロンドンから電車で1時間ほどのレスター (Leicester) にあるレスター大学で，2週間の語学研修を受けることになった。そこで純はスーザンに手紙を書こうとしている。スーザンは，以前純の家にホームステイしたことがあり，現在ロンドンに住んでいる。純はロンドンのヒースロー (Heathrow) 空港に8月2日（金）午後3時半に到着する。レスターには8月4日（日）午後4時までに到着しなければならない。

---

(1)の条件　イギリスでの日程を知らせる。
(2)の条件　次の2点を丁寧な表現でたずねる。
　(ア)　空港に迎えに来てもらえるか。
　(イ)　レスターに行く前にスーザンの家に泊めてもらえるか。

　　　　　　　　　　　　　　　　　　　　　July 3

Dear Susan,

　Thank you for your last letter. I'm glad you're well, and it was good to hear all your news. My big news is that the details of my two-week language course in England have at last been fixed!

(1) _____
_____

(2) _____
_____
_____

> I hope to have the chance to meet you and your family, and I'm very excited about the whole trip; it will be the first time I've travelled outside Japan. Please give my best wishes to your parents and your brother.
> See you soon!
>
> Best wishes,
> 　　　　Jun

（東京大　1996年　2(A)）

自由度 ★☆☆☆☆　　**難易度** ★★★☆☆

■ 考え方

　難易度に★3つを与えたが，これは指示の(2)の条件,「丁寧な表現でたずねる」の「丁寧な」というのをどれぐらい採点基準に絡めるかによって変わる。Will you くらいで「丁寧」というなら何ほどのことはないが，T.G. 氏の言うがごとく I would be grateful でも「上から目線」的な感じがして万全ではないというなら，これは★4つ以上の難しさである。ただ，著者としては問題全体のコンセプトから言ってそこまでは要求されていないと思う。またあわてて小声でつけ加えるならば，本問自体が結構強引な頼みごとに聞こえる。外国人の友人（この場合は Susan から見て）に，飛行機の手配まで済まし予定をガチガチに固めたそのあとで「泊めてくれないか」と言われたら，2人の関係にもよるが，断りたくとも断れないのではないか。親友に頼みごとをするのであれば，あらかじめ計画の段階から相談し，向こうから申し出があれば，喜んで厚意に甘えるというのが，常識というものだと思う。

　余計な突っ込みとわかっているが，空所前後の Jun の英語は完ぺきな英語に見える。何もわざわざ2週間の語学研修を受ける必要はないと思う…。

　これも余談ながら Leicester は問題文にあるとおりレスターと読む。ロンドンに Leicester Square という繁華街があり，初めて訪れた日本人はレセスターとかライカスターとか読み方に迷う。

■ 必要な知識・能力

- 「丁寧表現」がポイントの1つであるが，please 1つで丁寧表現になるという安易なことではいけない。丁寧表現と言ってもずいぶん度合いには幅がある。
- あと，日時の表示や by と until の使い分けなど。

解答・解説

T.Y. の解答例

(1) I arrive at Heathrow in London at 3:30 p.m. on Friday August 2nd. I have to be in Leicester by 4 o'clock Sunday afternoon.　　(24 words)

(2) I was wondering if you could pick me up at the airport. / I would be grateful if you could pick me up at the airport. / Could you please pick me up at the airport?

Also, would it be possible for me to stay at your place that weekend? / Also, would you mind if I stayed with you until the 4th? / Also, would you be kind enough to put me up until I leave for Leicester?

(21 ～ 28 words)

(1) I arrive と単純現在形で書いているのは My plane arrives. と同じで，未来時の表し方の 1 つに，カレンダー上のこと（現在以降の日付，「明日は金曜日である」Tomorrow is Friday.），公的スケジュール（「国会が明日解散する」The diet session ends tomorrow.），この場合のように時刻表に関することは単純現在形で書く，というものがある（➡ p.43 コラム(3)）。

　前置詞であるが，「日」の前置詞は on，「…までに」なら by，ここで使うわけにはいかないが，「…まで」ずっと何かを継続するときは until を用いる。

　曜日と日付はどっちを先に書いてもよい。理屈から言うと年月日を書けば日にちは確定するので要らないはずだが，日常生活では英語でも日本語でも近い日にちは月日ではなく曜日で言う。言語の違いによる問題ではなく，正確さと日常生活における便利さのいずれを重んじるか，という問題である。

(2) your place は your house ということ。

　pick up は「車で迎えに行く」。問題文にはそう書いていないが，常識的に。ただし，そうでない可能性もあるから meet でもよいと思う。

　　① I wonder if you can / could pick me up.
　　② I wondered if you could pick me up.
　　③ I was wondering if you could pick me up.

　うるさい言い方をすれば，

　①は主節中の I wonder は直説法現在時制単純相，if 節中の can は直説法現在時制，pick は単純相，could ならば仮定法過去時制，pick は単純相。

②は主節中の I wondered は直説法過去時制単純相，if 節中の could は仮定法過去時制，pick は単純相。ただしこの I wondered if you could — は他の２つと違って，単独で言われると本当に過去のことを言っているように聞こえるかもしれないから，薦められない。

　③は主節中の I was wondering は直説法過去時制進行相（× *I were wondering if* ... とすることはないからこれは仮定法ではない），if 節中の could は仮定法過去時制，pick は単純相である。

結論：①，②，③はすべて同じ意味である。現在のことで実際にやってほしいことなのだから仮定法や過去時制にしたり，まして過去進行形にする理由はないが，これからのことに対する頼みごとの丁寧表現である。時制や相，法を本来の使い方から変えるとそのエネルギーはニュアンスに向かう。この場合はそのニュアンスは「丁寧さ」であって③＞②＞①の順に丁寧である。I was wondering if S could — という丁寧な依頼の決まり文句と覚えておけばよい。

　下記の T.G. 氏の I'll be arriving という未来進行形についても同じことが言える。未来「時」ではあっても（しつこいが未来「時制」というものは立てないという立場で書いている），進行「相」を用いるべき所以は本来はない。表現として future progressive without a progressive meaning というもので，arrive はプロセスを含まない「到着する」という点の動詞であり，進行相は線分の動詞の継続中の１点であるから，未来進行にする理由は本来ないのだが，あえてそうすることによってニュアンスが出る。これは語法書にも出ている用法で「普通にいけばそうなる (in the normal course of events)」ぐらいのニュアンスである。未来進行で進行の意味を持たない表現は他にもあって，人に何かしてあげようかと言ったとき，いやわざわざいいよ，と遠慮されたとき，たとえば "That's O.K. I'll be going there anyway." と返す。いやどっちみちそこに行くのだから負担になるわけではないよ，と気づかいに対して気づかいで返しているのである。

　こういうことを受験生が理解して使いこなせなければいけないかというとそんなことはない。生兵法はけがの元というくらいで，基本文法に忠実に，やさしい英語で正確に書ける範囲で誠実に内容を考えればそれでよい。しかしどの国の言語でも文明人の言語であるから，ニュアンスの表し方はある。たとえば日本語学校で相づちを打つ時には「そうです」と言えと教えるであろう。しかし実際には「そうです」，「そうですね」，「そうですよ」，「そうですよね」など，さまざまなバリエーションがあり，「そうですか」なら相づちでありうるが「そうですかね」と言うと賛成しているようには聞こえないであろう。

だから受験生は受験勉強としてこういうことを習得する必要はないけれども，言葉の世界にはこういう広がりもある，ということを知っているのと，この表現は×になるか○になるかだけを気にして勉強するのとでは，たとえ入試直前の1カ月でも理解の進み方が違うと思い，敢えて多弁を弄した。現在進行形の用法で，「彼女はいつも文句ばかり言っている」というのに，これは明らかに現在進行中の動作ではなく，習慣的なことであるから，She always complains.（単純現在形）でよいはずなのに She is always complaining. と進行形にすることがある，と習うであろう。それはその分いらだちや呆れ方が増して聞こえるからである。英語では特に，時制や相，法の使い方で理屈から言うと違うのではないかと思うところがあれば，以上のニュアンスの違いを出すためであることは諸君の想像よりはるかに多いと思う。

ネイティブの解答例（T.G.）

(1) I'll be arriving in London on Friday, August 2nd. My plane gets into Heathrow at 3:30. I have to get to Leicester by four o'clock on Sunday the 4th. (29 words)

(2) I was wondering if you might find the time to meet me at the airport. Also, could I possibly stay at your place until I go up to Leicester? (29 words)

東大生による解答例① 「fifth tendon」君

(1) I am going to arrive at Heathrow Airport on Friday, August 2nd, [at 3:30 pm] and I'm supposed to arrive at Leicester by four p.m. [on] Sunday, [the] 4th. (24 words)

(2) If you are not busy, could you meet me at the airport, and [too] ~~can~~ [could] I stay with you for two days until I go to Leicester? (26 words)

「fifth tendon」君のコメント：
「丁寧に」という言葉が引っかかりましたが，これは命令文や I want を潰すための策なのでしょうか（T.Y. 注：違います）。

> 東大生による解答例② 「grdn」君

(1) ~~First,~~ I am arriving at ~~the~~ Heathrow airport at 15:30 on August 2nd
   (Fri). ~~And~~ <u>Then</u> I have to ~~arrive on~~ <u>be in</u> Leicester by 16:00 on August 4th (Sun).

   (27 words)

(2) So~~,~~ would you mind coming to the airport to pick me up and then letting me stay at your house on August 2nd and 3rd? (25 words)

「grdn」君のコメント：

(1) 一応手紙の一部分ということで，接続詞や副詞のひとつふたつあったほうがいいかと思い，First なんぞ冒頭につけました。「レスターには8月4日…」のレスターが大学か地名かわからなかったので，とりあえず後者と判断しました。arrive at と on の使い分けなんかで差がつくのかしら…。時間や日付の表現は地味に苦手なのですが，ご覧のように逃げました。

(2) 冒頭には So をつけました。First についてもですが，もっといい冒頭があったかもしれません。「丁寧な表現」については Would you mind doing が，書きたいことを一通り書きやすいかなと思って採用。(イ)「レスターに行く前に」については具体的な日付を挙げたほうが書きやすいし誤解が無いと思ったので意訳。

第 5 講

次の日本文(1)と(2)の下線部を英語に訳せ。

(1) 生きているうちは，特別に重んじもせず，大切にもしなかったのであるが，彼女が死んでみてはじめて，やはりいい人だったと気がついた。もう少し親切にしてあげるのだった，と私は心から思った。

(2) あるアメリカ人の日本学者が言った。「日本人のふしぎなところは，いなかを一段下に見ることですね。アメリカ人はニューヨークに住むよりも，いなかに住みたがります。日本人の場合，逆ではないでしょうか。」

(東京大 1996年 2⒝)

自由度 ★☆☆☆☆　　**難易度** ★★☆☆☆

■ 考え方
(1) 基本的には英作文の基本パターンでできる問題。時制に過去完了が必然なのかどうか。
(2) 日本文は司馬遼太郎著『街道をゆく』シリーズ"本郷界隈"にある。ただし原文には「日本人のふしぎなところは」ではなく「日本人のふしぎは」とある。わざわざ変えた理由がどのへんにあるか忖度(そんたく)するしかないが，おそらく原文のままで，? The strangeness of Japanese people is that SV という答案が続出したときの対応を心配したのではないか（これは結構正誤の判定に悩む構文である）。

■ 必要な知識・能力
(1) It is not until sv that SV (sv してはじめて SV する)。強調構文であるが，これはこれでパターンとして頭に入っているかどうか。
　「すべきであったと［なかったと］後悔した」という日本語はおかしくないと思うが，英語では事実のみを regret するので，× *I regret that I should (not) have done* としてはならない。具体的には × *I regret I should have been a little kinder to her.* などは地雷を踏んだに近い。けっこう英作文の間違いとしては有名なものである（➡ p.171 必要な知識・能力(3)）。
(2) that 節の使用可能性は厳密にいえばグレイエリアである。It is ＋［形容詞］＋ that SV, N is that SV, N that SV（いわゆる同格の that 節）など（➡ p.344 APPENDIX 4.1)。本問はどうするか。
　「…を見下す」 look down on ...　cf. look up to ... 「…を尊敬する」
　prefer という動詞は prefer A to B のように使えるが，では A と B が準動詞のときはどうするか。最初から動名詞を使い，I prefer do₁ing to do₂ing とするのが賢いが，I prefer to do₁ と始めてしまうと（prefer to do という形自体は存在する），行きがか

り上，I prefer to do₁ to to do₂ としないといけなそうだがさすがにそんな形はないので，そういうときは I prefer to do₁ rather than (to) do₂ / do₂ing とするということになっている（➡ p.189）。

解答・解説

T.Y. の解答例

(1) It was not until she died that I realized she had, after all [in fact], been a really nice person. I felt from the bottom of my heart that I should have been a little kinder to her [I sincerely wished I had been a little kinder to her].

(2) What is strange about Japanese people is that they tend to look down on the countryside [the country]. Americans prefer to live in the country rather than in New York.

(1) 過去完了をどうしても使わなければいけないケースというのは意外にない。しかし本問は出題意図としてはそのケースであるように思えるから，解答としては過去完了を使っておいたほうがよいと思う。I realized that she was a nice person. と言うと，その時点でまだ彼女が生きているように聞こえるから，とかつて駿台のネイティブのコンサルタントがコメントしていた。しかし p.186 下部の T.G. 氏の解答例にも違和感はない。東大の英作文で過去完了を使うべきかどうかで悩まされたものとして記憶にあるのは，下記の 1993 年度の問題である。こちらのほうがたぶん過去完了を使う必然性が高い。

> cf. 次の日本文の下線部を英語に訳せ。
> 　われわれの知る世界地図において，すくなくとも人類の生活可能な地域については，ほぼ 19 世紀終わりまでに，すべて神秘の帷は剥ぎ取られてしまったといってよい。海岸線という海岸線は，幾多大航海者の輩出によって，確実に跡づけられ，アフリカや中央アジアの内部まで，つぎつぎと明るみにだされた。
> 　　　　　　　　　　　　　　　　　　　（東京大　1993 年　2(B)(2)）

以下はこの問題に対する T.G. 氏の解答例とコメントである。氏自身本問の解答では過去完了を使っていないのに，下記の解答は1つを除いてすべて過去完了を用いていることに注意。

（その1） At least as far as inhabitable zones went, the veil of mystery had entirely been removed by the end of the 19th century.

（その2） At least as far as inhabitable zones went, all the veils of mystery had been removed by the end of the 19th century.

（その3） At least in the case of inhabitable zones, the veil of mystery had gone completely by the end of the 19th century.

（その4） At least as far as inhabitable zones went, all the veils of mystery were removed [△] by the end of the 19th century.

（その5） At least as far as inhabitable zones went, all the veils of mystery were gone [○] by the end of the 19th century.

「T.G.」氏のコメント：
（その5） "Gone" ── used like an adjective here.

(2) 「N について…[形容詞]であるようなこと」は，something + [形容詞] + about N で表せる。本問の場合で言えば，what is strange about Japanese people is that SV という構文は，what は the thing which のことだから，The thing is that SV の可能性と同値で成立する。

ネイティブの解答例 (T.G.)

(1) It was only after she passed away that I realized what a good person she really was. How I wished I had been a little kinder to her.
(2) The funny thing about Japanese people is the way they look down on the countryside. Most Americans would rather live in the country than in New York.

> **東大生による解答例①** 「軟体動物」君

(1) It was not until she passed away that I realized she was a better person than I ~~thought~~ **had** thought. I thought from the bottom ~~my~~ **of** my heart, "I should have been ~~kinder~~ **a little** kinder to her."

(2) One of the peculiar aspects of Japanese people is that they look down on ~~countryside~~ **the** countryside. American people prefer living in **the** countryside to living in New York.

「軟体動物」君のコメント：
(1)は「やはり」，(2)は「日本人のふしぎなところ」で，直訳好きな受験者を引っ掛ける問題でしょうか．

(1)の「やはり」は，直訳の still や as I thought では文脈に合わないと思います．still だと「いろいろ悪いところはあるけれどもやっぱり…」と裏返す「やはり」（例：声は変わったが彼女はやはりいい歌姫だ），as I thought だと「ふたを開けてみたら思ったとおり…」という「やはり」（例：一連の事件の黒幕はやはり A 氏だった）が本義だと思います．この場合は「彼女はいい人だと思っていたがその思いが足りなかった［思っていた以上にいい人だった］」という意味なので than I thought にしました．後半は "I should have been kinder to her." を過去から振り返った内容にするために，自分は滅多に使わない直接話法に逃げました．間接話法でうまく言えないものでしょうか…．

(2)の「日本人のふしぎなところ」で間違える人は少ないと思いますが，"the peculiar aspect of Japanese people" などとすると「日本人の唯一の変わった側面」となって文脈にない意味が付加されてしまってダメな気がします．解答例の他に "A peculiar aspect" "One peculiar aspect" などとしても大丈夫かと思います．

東大生による解答例② 「fifth tendon」君

(1) It was not until ~~I met~~ her death that I realized that she was actually [in fact] a nice person. I heartily wished I had been a little kinder to her.

(2) A strange characteristic of the Japanese people is that they regard the country as inferior to the city. Americans like to live in the country rather than in New York.

「fifth tendon」君のコメント：

(1) 典型的な強調構文ですが，時制にとらわれすぎると自滅しそうです。heartily ではなく profoundly が試験場では多数派なのでしょうか。

(2) 「一段下に」は単純に inferior で書きました。characteristic is that S V という書き方がメジャーなものなのかあやふやなまま書きましたが，it is ... that よりはこの日本語に合っていると思います。

東大生による解答例③ 「grdn」君

(1) It was not until she had died that I realized that she had been a good person after all. I really wished I had been a little kinder to her.

(2) A ~~unique~~ strange thing about the Japanese people is their tendency to ~~looking~~ down on the countryside. ~~The~~ American people prefer living in the countryside to living ~~in~~ New York.

「grdn」君のコメント：

(1) 「…した後はじめて，〜した」については It was not until 過去完了形完全文 that 過去形完全文の出番かしらと。「気がついた」は notice なんかじゃダメな気がして，「いい人」は他に思いつかなかったので，それぞれこのような表現に収まっています。「心から」は「本当に」，「…してあげるのだった」は「…すればよかったのになぁ」と和文和訳しました。

(2) 「ところ」の訳し方については place という選択肢はハナから無く，thing か fact のどちらかで悩んで，前者が無難そうなので採用しました。「いなか」は local と書いてはいけないことだけ覚えていたので countryside で（T.Y. 注：正しい。local は「中央」に対して「地方」ということであり，別段「田舎」ということではない。ただし local を「田舎」という意味で使わないこともない）。「（日本人が）いなかを一段下に見ること」については動名詞で十分かなぁと。ひょっとしたら不適切かもしれません。「…に住むより〜に住みたがる」については prefer が一番書きやすいかなと。「〜たがる」というニュアンスがあまり出てないんじゃないか，という不安はありますが他に上手い書き方も思いつきませんでした。

不定詞についての付記

準動詞（動名詞：gerund，（現在・過去）分詞：(present / past) participle，不定詞：infinitive）は怖いものである。その中でも不定詞は怖い。おそらくはヨーロッパ諸語で不定詞は 1 語，フランス語の場合だと「愛する」は aimer，ラテン語だと amare，しかし英語だと基本的には to を伴った to love と 2 語になることに由来すると考える。今では to do の to は不定詞を表す記号のように考えられているが（そしてそれは正しいと思うが），本来は前置詞の to である。そのため to のある不定詞と to のない不定詞［使役動詞や知覚動詞の目的語格補語その他の時］が共存する，あるいは前置詞の後に不定詞の名詞的用法は来ない（× I prefer to do A to do B.）など，多くの不思議な現象がある（おそらく不思議に見えないと思うがそれは諸君が歴史的な結果を所与のものとして受け入れているからである）。あるいは「s が v するのを待つ」は S wait(s) for s to v が基本であるが，受験生はなかなかそうは書かない。「心の到着を待っているところです」（京都大）などだと I'm waiting for my soul to arrive. とすればいいのに，大概は × I'm waiting for my soul arriving. のようなことを考える。長く不思議であったが，最近やっとわかるようになった。I'm waiting for my soul to arrive. とすると，受験生から見るとこの to arrive は不定詞の何用法かわかりにくいのである。話が本論からずれるから説明はここでやめるが，これも不定詞が多くの場合，元は前置詞であった to と do の 2 語からなっていることに由来する。

書くための英文法　実戦講義

8. it, this, that の使いわけ

　代名詞は大体すべて難しいものであるが，この3つの代名詞の中では it が一番多彩で難しいと受験生は思っているだろう。それはそうだが，実は this も that も結構難しいのである。

　まず it から説明する。よく it の説明では，① 後方照応の it（仮主語の it が後から出てくる to 不定詞とか，that 節とかを指すという，あれである。また原理的には仮主語であるのかないのか議論があるが，強調構文も後方照応と考えられる），② 言語外照応の it（It rains. の it の示すものは文中にない），③ 前方照応の it（代名詞だからこれが原理的には一番普通である。普通「それ」と訳される）とある。

---

① 後方照応の it

　通常，仮主語の it，あるいは仮目的語の it と呼ばれる。
　It is ＋ [形容詞] ＋ (for S') to do. という形をとれる形容詞は少なくないが，だめなものも多い。だめなものの代表として知られているものは sure, certain, likely などである（It is likely to rain. は正しい英語であるが，この it は仮主語ではなく天候の it（言語外照応の it）である）。
　It is ＋ [形容詞] ＋ that S V. という形をとれる形容詞の数も限られている。APPENDIX（→ p.336 3.1）を見て，確実に使えるものだけを使うよう万全の注意を払うこと。形容詞ではないが，It is a pity that S V. というパターンもある。述語動詞の後に来るものは必ずしも形容詞だけではなく，It seems that S V. ／ It appears that S V. ／ It happens that S V. ／ It goes without saying that S V. などもあるが，×It *looks* that S V. はない。You look as if S V. はある。また that 節中に直説法が来れば原則「事実」になるので「規範」を表したければ法助動詞を入れるか，仮定法現在にするか，あるいは that 節を使うことを諦めて不定詞を考える必要もあるかもしれない。

> ※受験生は，仮主語の it を立て後に意味上の主語を立てるのは，パターンとして確立していることを熟知しているものに限ること！　英語はそういうことに関しては，柔軟な言葉ではない。

② 言語外照応の it

　この it はやさしい it ではない。It rains. の it を一般には「天候の it」と習うと思うが，実際には rains がすべての情報を持っているので，この it に「意味」はない。この it は「主語と述語動詞がなければ文と認められない」という，いわば英文の憲法みたいなものを守るために，実質の意味はなくとも形を整えるためだけに用いられている it である。そういうことも頭の隅に入れておいたほうがよい。

　少し話がそれるが，上記の「いわば英文の憲法みたいなもの」を守るためにということで言えば，copula（繋辞）としての be 動詞の存在のほうがはるかに重要である。動詞と言えば最低限の意味でも何らかの動作を表すものという印象があるかもしれないが，では I am a teacher. の am は具体的にどういう動作を表しているだろうか。そして be 動詞は英語を最もわかりにくくさせていると同時に，英語を最も豊かで魅力的にしている動詞でもある。具体的に言うと，I am here to help you get into college. という文はあまり抵抗がないはずだが，× I am a cram school teacher to help you get into college. と言えばなんとなく抵抗があるだろう。それは前者の am が完全な copula とは言いにくいのに対して，後者の場合は完全な copula と感じられるからである。

▶　他にも分類そのものが難しい it はある。It's an ill wind that blows nobody any good. (= A wind that blows nobody any good is an ill wind.)「誰にとっても何の益ももたらさない風はよくない風だ」　しかし実際の意味は「そんな風はない」→「どんなもの［出来事］でも誰かの役には立っている」くらいの意味である。そこには飛躍がある。「地方（英米など英語圏の国々）文化としての英語」の問題であり，「文明（ネイティブ，ノンネイティブを含めた世界中の人が学ぶべき）としての英語」ではない。それはそれでよいと思う。

　考えてみれば，ディズニーランドの人気アトラクションの 1 つの It's a small world も，インターネットで見るとフランス語バージョンでは Le monde est petit となっている。直訳すると The world is small である。英語にも The world is getting smaller and smaller. という言い方があるから，The world is small でよいようなものだが，やはり It's a small world のほうが訴えるものがあるのだろう。この It も It's an ill wind that blows nobody any good. (こちらは強調構文，と教えることが多いようであるが，著者はそれでは割り切れない思いがする) の It と同性質で，コンサルタントの言い方では empty "it" というべきものであるという。いずれにせよ慣用的な言い方で出てくるもので，受験生の段階ではそれ以上の追求をしないほうがよい。

③ 前方照応の it

前述の①，②ではなく，本来の指示代名詞である「それ」を意味する③の it と this, that の使い分けの話をする。

基本的には以下の3点である。

1. this は主にそれ以降（発話時以降）に出てくる事柄を指す。たとえば，Listen to this. と言えば this はこれから後（発話時点より後）に言うことを指すし，Can you do this? と言えば this はこれから後（発話時点より後）にやることを指す。

    しかし，this がそれ以前の事柄を指すことがないとは言えない。本当に直前の事柄であれば this を使うこともまれではないし，また語法書（たとえば Michael Swan: *Practical English Usage*, OXFORD）には，「その事柄が全文中にメイントピックとして繰り返されるときは that ではなく this を使う」とある。

2. that はそれ以前（発話時以前）に出てくる事柄を指す。That is because S V. ／ This is because S V. ／ It is because S V. と，どれも間違いというほどではないが，頻度としては That is because S V. が多いのはそのためであると思われる。

3. ③の it（いわゆる普通の指示代名詞,「それ」と訳される）は原則, それ以前（発話時以前）に登場する可算名詞の単数形か不可算名詞，すなわち単語としての名詞を指す。では it が that や this のように単語ではなく事柄を指すことがないかと言えばそうは言えない。その点については議論があり，it は that や this に比べてインパクトが弱い（強調感がない）という説もあるし，個別の出来事には that や this を使うが，よくあること, 一般性のあることには it が好まれるという説もある。各々根拠があるとは思う。しかし受験生はそうそうそこまで気を遣っていられないので，1，2，3各々の初めに書いた原則通りに it, this, that を使い，それでも自分の感性と知識から，いやここは…でもよいのではないかと思えばためらわずにそれを使えばよい。そう悩むべき問題ではない。

補足事項

「人」を表す it がある。一般には，電話の相手とかドアの外にいて性別がわからないときは it を使う，と言うが，それはネイティブの側からきっと反論がある。

まず次の日本文を英訳してほしい。

> 玄関の外で2人の男が小声で話しているのが聞こえた。のぞき穴からちらっと見てみた。父とテッド叔父さんだった。

解答例（T.Y.）

 I heard two men whispering outside the front door. I had a quick look through the peep-hole. **It** was my father and Uncle Ted.

- 気になるから最初に言っておくが,「声が聞こえた」とあるからと言って I heard voices とかするとあとで苦労する（できなくもないが）。それは典型的な名詞中心の発想である。

 ここでの眼目は「2人の男」と言っているのに, 代名詞は they でなく it であることである。これを見ると性別不明だから it を用いるという理屈は怪しいということになる。妥当な説明は, <u>その人物（たち）の, 性別や人数はわかっても, たとえ声は聞こえても目で見ていないので正体不明の時, それを問う場合, あるいはその正体がわかった時, 書き初めの代名詞は人称代名詞としての it を使う</u>ということである。正体を言った以降は he, she, they でよい。

------

④ 注意すべき this, that の用法

- 自分の隣にいる人を紹介するとき, 他に男性がいなくても *He* is Mr. Oshima. と紹介してはいけない。**This** is Mr. Oshima. である。同様に離れたところにいる人のことを, そのあたりに他に女性がいなくても *She* is Ms. Gwinn. としてはいけない。**That** is Ms. Gwinn. である。

- また「SVするのは今回が初めてです」は This is the first time I have ever visited London. のように This is the [最上級] S＋現在完了。別に first に限らない。
    - 例 This is the coldest winter we have had in the last ten years.
    - これの過去バージョンの That was the [最上級] S＋過去完了。
    - 例 That was the coldest winter we had had in the last ten years.

- this の用法に不定冠詞と同じ意味の用法があるのをご存じだろうか。たとえば I have an old friend. というのを I have this old friend. という類である。この this は「この」ではない。入試では出ないはずだが, 読解問題では紛れ込んでいるかもしれない。

- that あるいは those に関して, 関係代名詞の出現を予測する that あるいは those と

いうのを聞いたことがあるだろうか。普通 that や those は後方照応しないはずだが，that＋N／those＋N ……… which とだいぶあとに who／which が出てきて，その先行詞が that＋N／those＋N という理屈である。おそらくは this, these に比べて that, those は遠く離れているものに反応するということが関係しているのではないか。これも著者の妄想である。

- また入試の頻出表現に「現代は…の時代である（バリエーションとして「当時は…の時代であった」）」というのがある。これも×*Today is …*，×*The contemporary age is …*，×*This age is …* でなく，**This** is … age. という。××*This age is disposable.* はぶち壊し。次の問題は有名である。

> 次の日本文を英訳せよ。
>
> 使い捨ての時代だと言われる。まだ使える電気製品や家具ばかりか，ペットまでがゴミとして捨てられるしまつである。なるほど生活の物質面は豊かになったが，心の生活はますます貧しくなってしまったようである。身近な物や動物への愛情無くして，人間への温かい気持ちを期待できるわけがない。
>
> （京都大）

解答例（T.Y.）

It is said that this is the [a] throw-away age / the [a] disposable age. Not only are electrical appliances and pieces of furniture which can still be used thrown away, but even pets are discarded as if they were rubbish / as rubbish. It is true that our lives have become materially rich, but our spiritual lives have become poorer than ever. If we don't care for the things and animals around us, we can't be expected to have warm feelings towards other people.

- 眼目は **this** is the throw-away age である。**this** is the disposable age でもよい。形容詞の不思議は This is a disposable camera. と言えば「使い捨てカメラ」ということで，「カメラ」を使い捨てることはできるから抵抗はないが，the disposable age では「時代」を使い捨てることはできないからおかしいようなものだが，これはこれで正しいのである（➡ p.149）。

- 「A（電気製品や家具）だけでなく B（ペット）も捨てられる」 ① Not only A but also B are thrown away ではなく ② Not only are A thrown away, but even B are discarded と2節にしたのは，文法・語法上の理由からではなく，電気製品とペットを同一グループに入れるのがどうしても抵抗があるからである（なお①では倒置が起きていないのに②では倒置が起きていることに注目せよ。畏友の大島先生によると，ドイツ人は not only は本当の否定語ではないから，つまり「Aであるばかりではなく」は「Aである」こと自体を肯定しているから，英語がここで倒置するのはおかしい，と言うそうである）。as rubbish より as if they were rubbish のほうがよいとするのも同様の理由による。大体コンサルタントは「ゴミとして」の部分（as rubbish）を訳そうとしたがらない。まあ，言われてみれば日本語でも抵抗があるが。

・「愛情無くして，人間への温かい気持ちを期待できる」 ここで難しいのは「誰が誰に期待する」のか，ということである。コンサルタントが言う通り，ペットをゴミとして捨てるような人が自分で「他人に温かい気持ちを持ちたい」というのはあまり無かろうと思うので，そういう人に他人への思いやりを期待するのは間違い，という線でまとめてある。

・expect の文型は結構難しく，expect warm feelings のようなものはあいまいか不自然。できたら expect O to do の形に持っていく。tell O′ O では，いずれも O の位置に来るのはそれ自体語られるもの（a funny story, a lie, the truth など）であり，本来語られるべきものではない語は about とともに使う。Japanese culture について考えてみよう。Japanese culture は多様であり，文学や民話は語られるかもしれないが，お茶やお花，空手，柔道，盆栽などは「語る」ものではなく「やるもの」である。したがって大体日本文化を語るときは tell O′ about Japanese culture を用いる。日本語に引きずられないように。

　他にも同様の問題を持つ動詞 say, insist (on), spread, decide などたくさんあり，個別に辞書を引いて用法を確かめるのが望ましいが，とりあえずこの know, tell, expect の3つの動詞の使い方だけは間違えないこと（➡ p.22 コラム）。

・「愛情」 love と書いたらそれは仕方がない，と著者は思うのだが，こういうときに使う語でないそうである（強すぎるというコメントが何人かのネイティブからあった）。

書くための英文法　実戦講義

9. 受動態3原則

　日本語の受け身と英語の受動態は大きく異なっている。全く別物と思ったほうがよいくらいである。

　たとえば「雨に降られた」を英語で言うと I was caught in a shower. と受験生は受け身っぽく訳したがるが，「雨が降った」も「雨に降られた」も英語では It rained. である。区別はない。また，「私は財布を盗まれた」などのように日本語では受動形に目的語があることは普通だが，英語ではまれである。これは受動形を作るメカニズムの差である。

　日本語では活用語尾で受動形を作る。したがって「私は財布を盗…」の段階では能動形か受動形かわからない。「私は財布を盗んだ」なら能動，「私は財布を盗まれた」なら受動とわかる。英語の受動態は全くメカニズムが違う。

　Ⅰ　SV　　　　　　受動態なし　　　　Ⅱ　SVC　　　　　　受動態なし
　Ⅲ　SVO　→　S′ be p.p. (by …)　　Ⅳ　SVOO　→　S′ be p.p. O (by …)
　Ⅴ　SVOC　→　S′ be p.p. C (by …)

　このような事情を鑑みると，以下のような「**受動態3原則**」を受験生が守ると益があると思われる。

受動態3原則
① 能動形で書けるものは極力能動形で書く。
② 第3文型の場合には p.p. の後に名詞（句，節）や形容詞が来ることはないので用心する。
③ 使役動詞の have の使い方をマスターするよう心がける。

　これを「私は財布を盗まれた」でやってみる。

① ○ Someone stole my wallet.　能動形で書け，かつ正しい。
② × *I was stolen my wallet.*　この英語は間違っている。第3文型の動詞の過去分詞の後に名詞が来ている。なお，盗まれたのは財布であって，私が誘拐されたわけではないから間違い，という説明はあまりよくない。「私はお金をいくらか与えられた」を I was given some money. として正しいからである。この文では与えられたのはお金であって，私が贈呈品になったわけではない，という理屈が成り立つが，それにもかかわらずこの英文は正しいからである。これは steal が第3文型で，

give が第4文型で用いられることによる違いである。
③ ○ I had my wallet stolen. 使役動詞の使い方として正しい（ただし，ネイティブの中にはこの形を嫌う人も多い）。

なお，念のため受動態に関する特別サービス問題をいくつか挙げる。やさしい問題のはずだが，単語レベルではなく受動態の本質が少しもわかっていない，と思われる間違いをした人は先へ進まないで立ち止まって受動態がわかるまで考えるべきである。「受動態」はあるレベルを超えるまでは，結構怖いものである。

次の日本文を英語に訳せ。

(1) 「私は電車の中で足を踏まれた」
(2) 「私たちは幼いころ，父に死なれて，母は私たちを育てるのに大変苦労した」
(3) 「君の発音は大変いい，と先生に褒められた」
(4) 「お庭で遊んではいけません，と母に叱られた」
(5) 「私は写真を撮られるのが嫌いです」 I don't want to に続けて。
(6) 「誰だって自分の欠点を指摘されることを好む者はいない」
　　　　　　　　　　　　　　　　　「欠点」their faults ／「指摘する」point out

[略解] (T.Y.)

(1) ×*I was stepped ...* ／ ○Someone stepped on my foot on the train. ／ △I had my foot stepped on on the train.（文法的には正しいが，on が連続するので美しくない）

(2) ×*My father was died ...* ／ ○My father died when we were children and my mother had a hard time raising us.

(3) ×*I was praised that ...* ／ ○My teacher praised me, saying that my pronunciation was very good. ／ ○My teacher praised me for my good pronunciation. ／ ○My teacher said, "Your pronunciation is very good."（本問(3)および次問(4)は「セリフ」と「行為」を1文で書くテクニックの参考にもなっていることに注意せよ）

(4) ×*I was scolded that ...* ／ ○My mother said, "Don't play in the garden." ／ ○My mother told me not to play in the garden. ／ ○My mother scolded me [told me off] for playing in the garden.（多少の意訳になっている）

(5) ×*I don't want to be taken my picture.* ／ ○I don't want to have my picture taken.

(6) ×*Nobody likes to be pointed out their faults.* ／ ○Nobody likes to have their faults pointed out.

第5章 日本文の大意要約

第1講

> 次の文章は，死に対して人間の抱く恐怖が動物の場合とどのように異なると論じているか。50〜60語程度の英語で述べよ。
>
> 死の恐怖を知るのは人間だけであると考えられる。もちろん，動物も死を避けようとする。ライオンに追いかけられるシマウマは，殺されて食べられるのを恐れて必死で逃げる。しかし，これと人間の死の恐怖は異なる。動物は目の前に迫った死の危険を恐れるだけだが，人間は，遠い先のことであろうが，いつの日か自分が死ぬと考えただけで怖い。人間は，自分の持ち時間が永遠でないことを恐れるのである。
>
> （東京大 2001年 2(A)）

自由度 ★☆☆☆☆　　**難易度** ★★★☆☆

■ 考え方

　日本文の大意を英訳させる問題は以前にも出題されたことがあるが（1991年度2(C)の，妻があなたのつくるコーヒーはいつもまずいとなじるのに対して，Harryが今回に限ってはそれは君が砂糖のつもりで塩を3杯入れたせいだ，とやり返す対話を要約させる問題など），やや難しい内容を50〜60語という東大英作としては比較的多い語数でまとめさせるようになったのは2001年度の本問からである。2001年から2007年まで7回のうち，この形式の日本文の大意要約は6回出題された。しかしそれ以降しばらく出題されていない。

　東大の英作の出題形式は，このように一定の年数ある形式で出題され，しばらくすると変わる，ということの繰り返しである。そのこと自体に大した意味はないが，著者は1987年から始まった入試英語の改革は，（特に英作文においては）その形式から日本語を介さず言いたいことを直ちに英語で表現する能力を試すことにあるのかとも考えていた。しかしこのように日本語で指示が与えられ，日本語の大意を英語で書かせる問題をよく見るようになってから，そうではないのだろうと思うようになった。おそらく単純に「和文英訳」という形式は受験生の英作力を試すのに理想的でない，ということなのではないか。だから適切な問題さえできれば，東大英作に「和文英訳」が再び出題されるようになることもあると著者は考えている。（→ 実際，2018年に和文英訳が復活した）

日本文の大意英語要約で，受験生の指導に当たって4点気づいたことがある。

1　もし全文が翻訳できるなら，こういう形式はとらないはずだということ。要旨をまとめる力だけなら，何も英作文で出題する必要はなく，現代文でも他の教科でも必要なことのはずだからである。裏を返せば普通には英語に訳せない日本語表現が必ずあるはずである。受験生は得てして自分にとって難しいところがポイントと思い込む。確かにポイントの場合もあるであろうが，まじめに勉強してきた素質のある受験生にとってもなお不可能に近いほど難しい翻訳は出題されないのが東大英作の伝統である（実際には弾みで無理なものも出題されたことがあるように思うが）。ポイントでないところは軽く見ればよく，訳すのが難しいが触れる必要のあるところはそれに相応する言い方を工夫すればよい。もっともそれは簡単なことでもないから，そこに力の差が出るということなのだが。

2　このような形式の問題のとき，受験生の解答は，文章の構成に無理がある，あるいは注意を払わない場合が多い。日本語を読むのだから，また国語の現代文ほど難しい内容のはずはないのだから，東大受験生なら普通に読んで要点はわかるはずである。また構成も日本語でも英語でも書いてある順に言いたいことがあるのだろうからそのままに要点をまとめ，それではわかりづらいなと思ったとき初めて工夫すればよい。受験生は何か好んで余計な苦労をしている感じがする。東大生たちの解答例を見て感じてほしい。

3　英語で要約するとき（というか英語を書くとき常に，であるが）最初に決めるべきは時制である。何回も繰り返していることだが Time（時間），Tense（時制），Aspect（相），Mood（法）とは何か（文法用語そのものはどうでもよい）を徹底的に考えることから英語は始まる。また卑近な言い方をすれば時制と法が重要な要素となるのが東大英作の特徴でもある。本問の場合，普遍の真理に関わることであるから単純現在時制を基調とする。

4　日本語の量が多くなる傾向があるが，そうなると時間と英語の語数の勝負である。教師として正面から言いにくいことではあるが，後で Cygnus 君も言うとおり現実的には時間的に言って妥協せざるを得ない場合もあると思う。ただしそれは本番でのことである。このように練習問題としてやるときには，とりあえず制限時間を決めてやり，そのあと徹底的に辞書・参考書を使って自分なりの最善を書き上げることが望ましい。

■ 必要な知識・能力

「考え方」で述べたとおり，必要な知識・能力というより，自分にどういう知識や表現があり，どういうことを知らず，どういうことができないか，言葉を変えて言えば，単に知識の問題ではなく本来的にどういうことが日本語では簡単に言えるのに，どういうことが英語だと言いにくいのか判断できる能力がまず必要である。

解答・解説

T.Y. の解答例

> The way humans fear death is different from the way animals do. Of course animals do fear death and try to avoid it, but it is only when they are in immediate danger of being killed. In contrast, human beings fear the fact of death, however faraway it may be. They fear death because they know they can't live forever. (60 words)

- この種の日本語の大意を英語にする問題はあまり点差がつかない，という話を聞いたことがある。こういう問題は想定された正解にピンポイントする可能性は限りなくゼロに近いが，受験生ならば当たらずと言えど遠からずくらいにはなるだろうからである。採点基準次第でもあるが。
- 問題によって自分の言葉でまとめ直したほうがよい場合と，ポイントと思われるところだけを抜き出して訳してもそれなりの解答ができるものがある。この問題は後者ではないかと考える。
- いずれにしろ受験生の側から言うと，訳しにくいところを訳そうとするのがこの形式の問題で一番損をする。
- 「人間は死ぬという事実を恐れる」というつもりで they fear that / they are afraid that they will die someday とするのは気になる。これは「死ぬのではないかと恐れる」という意味になるであろう。人間は絶対に死ぬから they fear the fact that they will die someday ／ they fear the fact of death が正しいと思う。
- たまたまこの問題の出典がわかった。東大で使っているリーダーの一節にあるそうである。それの日本語訳を多少変え，日本文の大意要約問題にしたものであろう（だいぶ前の話なので，今では使っていないと思うが）。

　東大の英語Ⅰ教科書中の「The Thrill of Fear」という文章中の1段落だそうである。以下4行がその英文。

> It has been often said that human beings are the only species who know they must die, who can conjure up the event as if it were happening now and react accordingly. Animals fear death, but the fear seems to come on them only when death immediately threatens. They do not brood upon it.

ネイティブの解答例（T.G.）

　Humans fear death in a way that other animals do not. Other animals fear being killed by predators, for example, but they have no concept of death through old age. Humans alone are conscious that their lifespan is limited and fear its end, however many years away it may be. (50 words)

ネイティブの解答例（J.B.）

　Both animals and human beings have a fear of death. Animals experience this fear only when there is an immediate threat to their lives, such as an attack by a predator. People, on the other hand, also feel fear when they think about dying at some point in the future. They know they will die eventually, and this scares them. (60 words)

東大生による解答例①　「軟体動物」君

　Animals feel fear of death when they face the danger of it [a: immediate/imminent]. Human beings also feel fear when they face the danger of death, but they fear death even if there ~~are~~ is no ~~symptoms of it~~ danger at the time. ~~A~~ The thought of death in the far future frightens human beings. They ~~feel~~ are fearful [afraid] of their mortality. (53 words)

「T.G.」氏のコメント：
　A "symptom" is a sign that you have an illness. For instance, a high temperature is a symptom of influenza. Nantai Dōbutsu mentions symptoms of death. That would mean "not breathing" or "being cold and stiff." You cannot use "symptom" to mean a sign that you might be going to die, only that you are already dead.

> 東大生による解答例② 「スピカ」さん

are   there is an immediate threat

Animals ~~get~~ afraid of death only when ~~they are on the verge~~ of death.

                                                                             [to their lives]

On the other hand human beings   there is no

~~Contrary to this~~, ~~humans~~ feel afraid of death even when ~~they are not~~

immediate danger of dying   know

~~immediately going to die~~, because they ~~are afraid of the fact that~~ they

cannot live forever. They know they will die some day, and this fact
                                                                                  [someday]

makes them afraid.   (43 words)

「T.G.」氏のコメント：

Supika's answer is a little too short. Also, being on the verge of death is an expression used when one is about to die from an incurable illness — a different situation from being jumped on by a lion.

対比を表す表現のうち，On the other hand，In / By contrast，On the contrary は各々違う表現（→ p.66）。また，Contrary to this もここでは使えない。

> 東大生による解答例③ 「Cygnus」君

Animals fear the danger of death, and make a desperate attempt to avoid death only when faced with <u>imminent</u> danger. We human beings, however, fear death at the mere thought that the day will sooner or later come when we must die. The human fear of death is rooted in our consciousness of having a limited life span.   (57 words)

「T.G.」氏のコメント：

Cygnus says animals "make a desperate attempt to avoid death ONLY when faced with danger." But animals cannot make a desperate attempt to avoid death if they are NOT faced with the danger of it. So "only" is redundant. Strictly speaking it should be "animals only fear death when they are in imminent danger, and then they make a desperate attempt to avoid it."

第2講

　次の会話は，英語学習について悩んでいる男子生徒と，その相談を受けた英語教師との会話である。生徒がどのような悩みを持っているか，生徒の英語学習のどこが間違っていたのか，教師はどのようなアドバイスをしたか，の三つの内容を盛り込んだ形で，この会話の要点を50〜60語の英語で述べよ。

生徒：先生，いくら練習しても英語の聴き取りがうまくできるようにならないんですけど，どうすればいいでしょうか？

先生：どうすればいいと言われても，やっぱり地道に勉強するしかないよね。自分ではどんな勉強をしているの？

生徒：ケーブル・テレビやインターネットで英語のニュースを見たり聴いたりしてはいるんですけど……。

先生：え？　いきなりそんな難しい英語を聴いても分からないでしょう。

生徒：分からないです。まったく。

先生：そりゃ駄目だよ。意味の分からないものをいくら聴いたって，雑音を聴いているのと同じだからね。聴いて，ある程度中身が理解できるくらいの教材を選ばないと。

生徒：とにかくたくさん英語を聴けばいいんだと思っていました。そうか，そこが間違っていたんですね。

先生：そう。それに，聴き取りが苦手といったって，英語の音声に慣れていないことだけが問題じゃないんだ。語彙を知らなかったり，知っていても間違った発音で覚えていたり，あるいは構文が取れなかったりしている場合のほうが多いわけだよ。内容を理解する力も必要になってくるしね。毎日やさしめの英文の聴き取りをやって，それと同時に，内容的に関連する読み物を，辞書を引きながら丁寧に読んでごらん。そういう総合的な勉強をすれば，聴き取りの力も伸びると思うよ。

生徒：はい，わかりました。

（東京大　2007年　2(A)）

| 自由度 | ★☆☆☆☆ | 難易度 | ★★★★☆ |

■ 考え方

　まず時制をどうするか考えること。それから問題文の指示にあるとおり，「生徒がどのような悩みを持っているか，生徒の英語学習のどこが間違っていたのか，教師はどのようなアドバイスをしたか」の３つの内容がくっきりとした形になるように書くこと。文章の並べ方に注意を払え，という意味である。ただし，それを意識しすぎると箇条書きみたいになる。箇条書きは文章ではない。求められているのはあくまで要約文であって要点メモ箇条書きではないから，そこに実力が出る。

　本問は先生の最後のパート，具体的な勉強法を提示しているところを訳そうとすると多分うまくいかない。特に「内容的に関連する読み物を，辞書を引きながら丁寧に読んで」のところは不可能というほどでもないが，てこずるだろうし，また要約としては部分的すぎる。「総合的」という意味の形容詞 comprehensive が思いつくようなら理想的だが，受験生が試験場で必ず思いつく語でもないかもしれないから，そういうときは基本語の「読み」,「書き」,「文法」,「語彙」も学ぶべき，などとやさしく書くことを考える。

■ 必要な知識・能力

　これは対話文なので，地の文として要約したときは「こういう出来事があった」という説明を過去時制で書いてもよいが，英語の発想としてはナレーションの現在時制（➡ p.248）で書くのが自然である。

　気づかなければかえって幸せ，ということもあるが，たとえば下の軟体動物君の解答例中，× too difficult materials とすることはできない。正しくは materials which are too difficult。語法上 so / how / too / as ＋［品質形容詞］＋ a ＋［可算名詞の単数形］と決まっているからである（［品質形容詞］と断ったのは too many people や so much water など［数量形容詞］には当てはまらないからである）。軟体動物君のような大秀才でも知らないらしいのは楽しい。しかしおそらく出題者としてはポイントの１つと考えていると思われるので（使ったとしたら，であるが），文法項目としての限定詞（➡ p.349 APPENDIX 6.1）を丁寧に学習しておくこと。

　I can speak / read / write English. とは言えるのに，I can listen to English. も I can hear English. も不自然に聞こえる。「私は彼の英語が聞き取れなかった」は I couldn't listen to / hear his English. ではなく，I couldn't understand his English. また学習科目としての「リスニング」は listening comprehension。しかし，東大の先生はそういうことはわかった上で出題され，受験生がどう書いてもその点を厳しくとがめることはないのではないかと思う。

解答・解説

T.Y. の解答例

　A student says he cannot improve his English listening comprehension no matter how hard he tries. His teacher tells him that he is using materials which are too difficult for him, and suggests that he use easier ones [materials]. The teacher also says a more comprehensive approach, including reading and trying to expand his vocabulary, would be a good idea.
　　　　　　　　　　　　　　　　　　　　　　　　　　(59 words)

　大意要約というのは基本的に和文英訳の易化版であるが，自由英作的な要素もないとは言えないから，自信があれば踏み込んで実力のあるところを見せればよい。上記は著者訳であるから気が引けるが，no matter how hard he tries の譲歩構文，materials which are too difficult と上記の [必要な知識・能力] で触れた地雷の回避，**suggest** that he **use** easier ones における仮定法現在，comprehensive という語，including ...「…を含む」という表現，expand his vocabulary のコロケーション，などが意を用いた点である。

東大生による解答例① 「軟体動物」君 その1

　The student says that he cannot improve his English listening ~~with all his practice~~. *despite all his practice,* *(seem to)* *skills* The teacher points out that it's ~~wrong~~ *a mistake [bad idea]* to work with too difficult ~~materials he cannot understand at all~~, *materials that are* and advises him to start with easier ~~materials he can understand partly and~~ *ones (that he can understand better).* also *He should* to read texts which are related ~~with~~ *to the* listening materials, checking *and* *the* (English) grammar and pronunciation. *[go over]*
　　　　　　　　　　　　　　　　　　　　　　　　　　(60 words)

東大生による解答例② 「軟体動物」君 その2

The student's problem is that his English listening skill never seems to improve in spite of his efforts. ~~However, the~~ The teacher ~~found~~ indicates [explains] this that ~~it~~ is because ~~so far~~ he has been using too difficult materials that are ~~materials which he cannot understand at all~~ [listening to material that he does not understand (at all)]. The teacher advises him to start with easier materials, and ~~also~~ to check ~~English~~ the grammar, pronunciation, and meanings of words in texts on similar topics.

(60 words)

東大生による解答例③ 「軟体動物」君 その3

The student has a problem (in) ~~learning how to listen to~~ improving his ability to understand spoken English. He ~~wrongly~~ incorrectly, thought that the important thing is [was] to listen to as many ~~materials~~ examples as possible. The teacher advises him to use easier materials for practice, and also to read texts which are related to ~~with~~ the materials, checking ~~English~~ the grammar, pronunciation, and meanings of words.

(57 words)

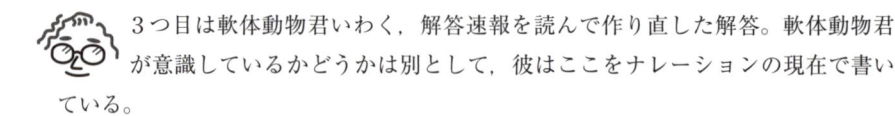

3つ目は軟体動物君いわく，解答速報を読んで作り直した解答。軟体動物君が意識しているかどうかは別として，彼はここをナレーションの現在で書いている。

(T.Y. 注：この年度くらいから解答例を書いてもらうだけではなく，どういうつもりで書いていたか，受験生に戻ったつもりの目線でコメントを書いてもらうようになった）

「軟体動物」君の感想 〉〉〉

「生徒のどこが間違っていたか」について，たしかに文脈を分析すれば「難しすぎる英語を聴く」ことではなく「とにかくたくさんの英語を聴くこと」だと生徒が自ら言っているので納得せざるを得ませんが…。ここで「難しすぎる英語を聴くこと」を挙げた生徒は注意力不足だとして落とされてしまうのでしょうか…（T.Y. 注：これは大手予備校の解答速報を見た後での軟体動物君の反省的なコメントですが，全然問題ありません。むしろ，「難しすぎる英語」に強調を置いた彼のほうが正しいでしょう）。この会話からすると，大量に英語を聴くこと自体は悪いわけではなく（先生のアドバイスした方法で大量に英語学習をするのもアリ），生徒の今までの学習で間違っていたことはやはり「難しすぎた」ことではないかと思えます。その根本にあったのが「大量に聴きさえすればよい」という思い違いでした。なので，「生徒が何を間違えていたのか」と問われれば，「大量に聴きさえすればよいと勘違いしていた」と答えたいところですが…。

　つまらない屁理屈を並べて申し訳ありません。「大量の英語を聴きさえすればよいという勘違い」を挙げる解答が間違いだとは思いません。ただ，「難しい英語を聴くこと」を挙げた解答が×だとも言えないような気がするのです。

　この年の1番の要約問題で書かれていたように「読者によってさまざまな解釈がありうる」のが読書なのではないでしょうか，と言いたいところなのですが，正直日本語の意味が明瞭でない教授もいくらかいます。結局のところ，神様ではなく人間が作った問題で採点するのも人間ですから，作った人間の意図を汲み取ってそれに応えることが大切なのでしょう。そう考えると，生徒の台詞にわざわざ「とにかくたくさん英語を聴けばいいんだと思っていました」を入れて，しかも「そこが間違っていたんですね」と言わせたのはやはりそこを書いてほしかったからなのかなぁとも思えますが。

　独り言のようになってしまって申し訳ありません。僕自身納得いかず不安なので，このようなことを書き連ねました。

(T.Y. 注：杞憂である。出題の意図は主として英作力を見ているだけのはずで，日本語の読解力の試験ではないから，これくらいの英語が書ければ，内容のどこをフォーカスするかは少々のことは幅広く認められると思う）

東大生による解答例④ 「Cygnus」君

The student was troubled by his failure to improve his ability to understand spoken English. He tried to listen to English as often as possible, even without understanding ~~it at all~~ what he heard [even though he didn't understand what was said], and that's where his problem lay. ~~Then,~~ The teacher advised him to start with easier listening materials and to read something closely related to the topic of the materials. (60 words)

「Cygnus」君のコメント：
語数調整には本当にてこずりますね。試験会場だったならば，僕でも，もっと雑な解答にして早めに切り上げていたと思います。でも僕の場合は試験ではないので，実を言うと今回は語数調整には相当の時間がかかっています…。

ネイティブの解答例（J.B.）

The student has been unable to improve his English listening skills, despite all his efforts. The teacher thinks the problem is that he has been listening to material which is too difficult for him [material which is beyond his level of comprehension]. He advises the student to use easier materials, and also to read texts on similar topics in order to increase his knowledge of English. (58 / 59 words)

第 3 講

次の日本文を読み，筆者の意見を要約し，あなた自身のコメントがあれば付け加えよ。

「人間嫌い（misanthrope（人）または misanthropist（人）／misanthropic（形容詞）／misanthropy（抽象名詞））ということは意外に多くの人がそうであろうと私などは思っている。人間嫌いの人というといかにも気難しそうなあるいは厭味な人を連想するかもしれないが，実際にそんな人がいればあちこちでトラブルを起こしまくり，その人が何より嫌いな人付き合いをネガティブな形でしなければいけなくなる。だから本当の人間嫌いは，実は自分が人間嫌いであることを悟られないように，如才ない人が多い。ひょうきんだったり軽薄な印象をわざと持たせたりする人もいる。そうやってできるだけ人と深いかかわりをしないようにして身を守っているのである。だからもしあなたの身の回りにとても人当たりのいい，聞き上手だけど，よく考えてみるとその人のことをよく知らない人がいたら，その人は人間嫌いである可能性が高い。私が？　いや，私はそんな。」

自由度　★☆☆☆☆　　　**難易度**　★★★☆☆

■ 考え方

　これは著者の創作問題である。作問の意図としては，日本文でも英文でも，人の話は自分の思い込みでなく本文に即して理解するのが「読み」の基本だ，ということである。東大の英作文に限って言っても，よく感じるのは出題者（こちらは想像で言っているのであるが）と受験生（こちらは職業柄，生の声で聞く）の視点，あるいは温度差のずれである。出題される先生の設定している視点は，状況設定でわかる場合を除けばその先生自身の視点，あるいは多くは特に年齢，性差，環境を意識しない，不偏不党の視点のつもりなのではないか。しかし，受験生は 18 歳の受験生の視点で読み，書くのが当然と思い込んでいるように見える。それが悪いと言いたいのでは決してないが，出題者の意図は必ずしもそうではないだろう。2002 年度の 2(A) に "What's your ideal vacation?" というのが出てくるが，それを元にして問題を作ると，生徒の解答例によく「自宅学習と塾の講習を両立させる」というのがある。予備校講師としてはありがたい意見だが，もし受験勉強する，あるいはしないといけないなら，それは vacation とは言わない。また，2006 年度の 2(B) に「あなたが今までに下した大きな決断について」という問題があったが（→ p.269），もしリアリズムで書くなら，これは東大を現に本郷，

あるいは駒場で受験している 18, 19 の若者が書くことなのだから，東大受験を決意したこと，というのが本音の人が大多数であろう。あるいはいくら何でもそれは，と思えば，遠くの私立の中高一貫校か地元の名門県立校か悩んだとか。入学試験が人生においていかに大事かということは，職業上，あるいは個人的な体験としても，よく承知している。しかしそういうことを模範解答として想定した出題とは思えない。そうだとしたら変な問題だし，第一「適宜創作をほどこしてかまわない」とある。普通に読めば「創作せよ」ということである。だが試験場でそういうことを考える受験生はあまりいないだろう。視点が受験生のままだからである。繰り返すがそれがいけないわけではない。そうでない視点の可能性も考えよ，ということである。

本問のアイディアとしては，昔「本当の人間嫌いは愛想がよい」という説を聞いてなるほどそうだ，と思ったことにある。しかし若者が聞けば実感ではピンとこないだろうし，賛成する人も少ないだろう。著者自身は逆にその話を聞いた時よりさらにだいぶ歳をとったので，また何かずれを感じる。

だから（ちなみに何が「だから」かわからないが日本語ではこういう言い方をする。それを英語で Then としてはいけない。自由英作の答案でよく見るので）文を読むとき大切なことは，

> ① まず虚心坦懐に本文の言わんとすることを考える
> ② その批判を考える
> ③ ① と ② とを弁証法的に止揚した提言を考える

大意要約は ① の作業のみをすればよい。

■ 必要な知識・能力

職業柄，こういうことを英語でどう言うか，あるいは試験に出たら，あるいは生徒に質問されたらどう答えるかはいつも考えていることである。自分で書いた日本語だから，これを逐語的に英語にするのが難しいのはわかっている，というかそういう書き方をあえてした。それでも意のあるところを伝えるにはどうしたらよいか，という練習問題である。

解答・解説

T.Y. の解答例

> The writer says, "You might think that misanthropic people are difficult to get along with. Well, actually they are, but they pretend they aren't. They make every effort to look friendly but reserved [taciturn], so that they can avoid getting involved in their neighbors' affairs." I suspect that the writer is one of those people, too, since he speaks very politely and sounds like a nice person. Me? Why do you ask? (71 words)

「S.Y.」氏のコメント：
この Me? 以降は「あなた自身のコメント」という範囲に収まりきらない気もします。おもしろいですけれど。

* * *

　例によって意を用いたところを挙げると，The writer says ...（受験生はこういうときいきなり地の文で書くことがあるが，本文を書いたのはその文の作者だし，答案を書いているのは受験生なのだから，the author とか the writer，リスニングなら the narrator とか the speaker とかすべきである），You might think that ...（自分が何を考えているかはわかっても，you が何を考えているかはわからないのが普通だから might などを用いるのが常法），misanthropic people are difficult to get along with（→ p.338 APPENDIX 3.2），they pretend they aren't（pretend (that) SV の構文），make every effort to do，look friendly（look，sound を第 2 文型で使うとき後に来るのは形容詞。friendly は -ly が付いているが形容詞），so that they can avoid getting involved in their neighbors' affairs（目的を表す so that 節中の文型，avoid の後は動名詞であるとか get involved in の表現とか），I suspect [≠ doubt] that ...，sounds like a nice person（look, sound の後に名詞が来るときは look like N, sound like N）などである。

ネイティブの解答例 (T.G.)

The writer argues that there are far more misanthropes around us than we might imagine. A misanthrope will usually try to hide the fact that he hates humanity, by maintaining an affable style while avoiding deeper human connections. Someone who seems well mannered and a good listener, but hard to get to know ─ such a person may be a misanthrope, he says.

I cannot agree. The writer's image of a world full of hidden misanthropes suggests that he himself is not so much misanthropic as paranoid. (86 words)

正常な人の反応。ちなみに not so much A as B「A というよりもむしろ B」では A, B の品詞は形容詞, 名詞など。

東大生による解答例 「軟体動物」君

The writer says there are more misanthropists than we think. Typical misanthropists ^[from our point of view] in our minds are obviously difficult people, but if they really act ~~as such people~~ [this way/behave], it will cause them ~~much~~ [a lot of] trouble ~~and only do harm to them~~. Therefore, to avoid this ~~disadvantage~~ [these problems], true misanthropists skillfully disguise ~~themselves as some other characters~~ [their real feelings/true character/nature] which can ~~save~~ [help] them ~~the need to have~~ [avoid having] close relationships with others. For example, good listeners who seldom let you know about themselves are potential misanthropists. (79 words)

第 4 講

> 次の日本文を読み，筆者の述懐の要旨を 40 ～ 60 語の英語にまとめよ。
>
> 今年もまた京都の桜を見に来た。哲学の道から南禅寺を抜け，土手に上るとそこは何かの廃線のレールが残っていて，そこから見渡す限り桜の盛りである。この世にこれより美しいものがあるだろうか。西行法師は「願わくは花の下にて春死なむその如月の望月のころ」と請うた。ある詩人はその不可解なまでの美しさを「櫻の樹の下には屍体が埋まっている」と考えた。桜の美しさと死の想念を結びつけて考えるメンタリティーは日本人にあったのだと思う。そういえば戦後しばらく桜を愛でることが禁忌のような風潮があったと聞く。その散り際の美しさから日本軍国主義に結び付けられたイメージのためだろうか。それについては私は何もコメントできない。ただ今桜を見ることが禁忌と思う人はあまりいないだろう。桜自体はただひたすら美しいのであって，この老若男女の人波は純粋に桜の花が美しいから楽しんでいるだけだ。人間はいつか死ぬ。当たり前だ。しかし目の前のこの桜を愛でている私は生きている。生あるものはいつか死ぬ，とよく言われるが，それはやがて死する者は今は生きているということだ。私にとって桜は死ではなく生きる喜びの象徴なのである。

5 日本文の大意要約

| 自 由 度 | ★☆☆☆☆ | 難 易 度 | ★★★☆☆ |

■ 考え方

　自由英作文の採点基準は大学によって異なるだろうし，東大の英作文が自由英作文かどうかがそもそも議論のあるところである。しかし受験生とは言え，"自分の英作文"があってよいと思っているし，また受験生もそれを心がけるべきである。それは決して闇雲な我流を進めているわけではなく，習うべきことはすべて習い，その堅固な基礎の上に「自分の英語」を持つことは語学学習の究極の理想である。

　入試の英作文に頻出されるだけでなく，実際にいろいろな場で，日本に来るならいつがよいかとか，日本の魅力の紹介のときに桜の花が話題になることは多い。桜関連の表現は一通り覚えておくと役に立つと思う。

■ 必要な知識・能力

　基本は Cherry blossoms are in full bloom. 「桜の花が満開」。ちなみに秋の紅葉を話題にするときは Leaves change color in autumn. という表現が基本。「夜桜」を話題にするときは under the illuminated cherry blossoms など。なお，日本紹介のとき Japan has four seasons. と言う人が多いが，大概の外国人の反応は「うちの国でもそうだ」

というものである。せめて Japan has four distinct seasons. と言うべき。もっともそう言ってもやはり「うちでもそうだ」と言う人は多いらしいが。

「T.G.」氏のコメント：
梅雨を入れて，日本は five seasons だと言う外国人も多い。

解答・解説

T.Y. の解答例

The author says that people used to associate the beauty of cherry blossoms with death. But he remarks that nowadays, most people enjoy cherry blossoms in full bloom just because the flowers are beautiful, and he argues that this is proof that they are alive. He says that, to him, cherry blossoms symbolize life rather than death. (57 words)

要約のポイントは，① 桜の花の美しさ，あるいは人々が桜を愛でること，② 桜の花は筆者によれば死の象徴か生の象徴か，の2点である。

同格の that 節をとれる名詞は少ないし，とてもナチュラルな言い方にならないことが多いが，fact, idea, news, probability「確率：見込み」, proof「証拠」（上記の proof that they are alive のように），あと「特徴」,「長所」,「短所」を表すほぼすべての語 (characteristic, good point, bad point いずれも冠詞とともに) などについては十分可能である。

ネイティブの解答例（T.G.）

The author discusses the traditional Japanese association between cherry blossoms and death, expressed in many poems and stories. After World War II it was almost taboo to admire cherry blossoms because fallen cherry petals were so closely associated with fallen soldiers of the imperial army. But for him, the short-lived cherry blossoms symbolize life rather than death. (57 words)

東大生による解答例① 「軟体動物」君

Japanese people have ~~praised~~ (long) praised the special beauty of cherry blossoms and ~~probably~~ (have) associated it with death. An ancient writer said that he would like to die under them, and ~~maybe~~ they were associated with a 'beautiful death' during the war. However, death is ~~what~~ (something) only living things can experience. I feel my life strongly here, just enjoying beautiful cherry blossoms.　　　　　　　　　　　　　　　　　　　　(59 words)

東大生による解答例② 「Cygnus」君

The author reflects, pointing out a few examples, that Japanese people have traditionally had a tendency to associate the beauty of cherry blossoms with death. But as he finds himself enjoying viewing cherry blossoms simply because they are absolutely beautiful in themselves, he realizes that for him they are ~~the~~ (a) symbol of the joy of being alive.

(57 words)

「Cygnus」君のコメント：
日本語の原文を書いたのは，T.Y. 先生本人ですか!?　いい文章ですよねぇ。60 語の語数制限がないと，タイヘンなことになっちゃいそうですねぇ。

第5講

　次の対話はリスニングを大学の入試科目に入れることの是非について高校で英語を担当するA先生（Ms. A）とB先生（Mr. B）の対話である。各々の先生の発言の要旨がよくわかるように50～60語程度の英語にまとめよ。

A：なぜリスニングを入試科目に入れるんでしょうね。
B：ご不満なんですか。
A：不満というのではないですけど，読解や英作文と比べて異質の能力と思いますから。
B：と言いますと？
A：私は入学試験というのは持って生まれた才能と費やした努力の掛け合わせで決まらなければいけないと思うんですね。でもリスニングは教育的環境の力が圧倒的に大きいですから。
B：たとえば帰国子女のような人たちが得をするのは不公平であると？
A：そんなことは言ってませんよ。彼ら彼女たちはずっと日本にいた生徒と比べて別の苦労をしていますから，その分得をすることがあってもいいし。外国にいたからって英語ができると決まっているわけでもないし，何より彼らの絶対数はやはり少ないですから。私が言っているのは他の学科は授業を真面目に受け，教科書をよく読めばあとは才能と努力の問題なのに，リスニングは個人レッスンに通わせるとか高価なリスニング教材を買える余裕のある家庭が有利になるじゃないですか。
B：高価な教材なんて買わなくてもこういうご時世だからいくらでも生きた英語に接する機会はあるわけで。それはむしろわれわれ英語教育に携わっている側の問題で入試科目からリスニングを除外する理由にはならないと思いますね。やはり全科目にわたって入学試験が日本の教育水準を支えてきた，というのは善悪ではなく事実としてあるわけで。リスニングを入れることによって，より実際に使える英語能力がアップするという意図は理解してもいいでしょう。
A：リスニング導入後に日本人全体の英語力が上がってきている実感はあまりないんですけどね。それに実用英語と言うならリスニングだけでなくてスピーキングの能力も試さなければバランスを欠くでしょう。
B：それは先生が若い世代に属するからで，われわれの年代から見れば日本人全体のリスニング力は確実に上がっていますよ。話すほうはまだまだ

ですけれどね。だからこそ先生の言うように話す力も試せたほうがいいけど，でもそれはコストと技術面から当面は無理でしょう。言葉というものは文字と音から成り立っているわけで，文字による読み書きだけでなく，リスニングだけでも音声面のテストをすることは英語教育の筋道から言ってもリスニングを課すことは必要と思います。

| 自由度 | ★☆☆☆☆ | 難易度 | ★★★☆☆ |

■ 考え方

　この章の第2講に載せてある2007年度の日本文の大意要約（→ p.203）は，リスニングの学習法に関するものであった。東大入試の英語はチームでやっているはずで，そうであることを時折感ずることもある。あの問題も英作問題ではあるが，リスニングの勉強法に関する本音も垣間見えていると思う。それに異を唱えるつもりはないが，あそこに書かれていることを忠実にやっても飛躍的にリスニング力が上がるとは思えない。それにもしその通りなら，現行の形式でリスニング試験を実施すること自体に問題があるということにならないだろうか。昔，東大入試の英語はリスニングなしで120分，120点であった。その時間と配点で，読解，作文，文法，語彙の力を試したのである。今は総時間と総配点は変わらないが，リスニングが30分，30点（公表されていないので予想配点）と思われるので，残りの90分で上記の能力を試すのである。90 / 120 = 3 / 4 であり，その分浅くなっていることは否めないと思う。深い読みや知識，じっくり想を練った作文というより，反射神経や機転のひらめきで勝負がついている気がする。その分，リスニングでなければ測れない能力をくみ取って補っているという感じはあまりしない。リスニングの実施について再度検討していただけないかと思う（リスニングの難易度は毎年変わるし，いろいろ工夫はされているのも事実だが）。

　英語力には大きく分けて受信面と発信面があり，受信能力を試すには読解とリスニングが考えられる。発信能力を試すには作文とスピーキングの試験が考えられる。しかし入学試験でスピーキング（普通はインタビューと呼ばれる）の試験は現実的ではないから（ときに東大の英作では会話体の問題が出題される。あれはスピーキング能力のテストの代用の意味も兼ねているのだろうか），発信能力としての英作文の配点をもっと高くしてもよいように思う（と言っても配点は公表されてないから予想配点をもとに話しているのであるが）。東大がリスニングを導入した時点では，センターリスニングはまだなかった。今はほとんどの受験生がセンターリスニングを受験するし，スクリプトも音源そのものも公開されている。著者は予備校関係者であるから，リスニングテストの実施には人的エネルギー，財政的費用，事故の可能性と，いかに大きい負担がかかるか皮膚感覚的にわかる。しかしそういう負担が必ずしもより優れた生徒を集めることにつながっているかどうか。東大は何といっても日本を代表する大学である。優秀な生徒が東大に集まらなければ日本の国力が衰える（異論はそれこそ矢のように降ってくるだろ

うけども）。どうか東大の叡智を集めてリスニングテストについてさらにご検討していただきたい，と心から願う。

	受信	発信	センター入試科目	東大入試科目
読む	○	×	○	○
書く	×	○	×	○
聞く	○	×	○	○
話す	×	○	×	×

■ 必要な知識・能力

　本章第2講と問題の性質としては同工異曲である。ただし，主張の内容はだいぶ性質が違っている。同じ構文や時制，法，語彙で全く違う議論ができる，ということを示す練習問題である。

解答・解説

T.Y. の解答例

　Ms. A thinks listening comprehension should be excluded from entrance examinations, because the high cost of materials and lessons penalizes students from poorer backgrounds. Mr. B disagrees, arguing that nowadays there are enough inexpensive ways to listen to real English. He adds that listening tests have greatly contributed to the improvement of Japanese people's listening skills, if not speaking abilities.　　(60 words)

ネイティブの解答例（T.G.）

　Ms. A thinks listening tests give unfair advantages to students who can afford private lessons or expensive study-aids, and that it is unbalanced to test listening but not speaking. Mr. B disagrees on the first point, seeing many free English-listening opportunities in Japan; he agrees with the second, but sees too many technical and cost problems with introducing speaking tests.　　(60 words)

東大生による解答例① 「軟体動物」君

Ms. A doesn't agree ~~to~~ [with] college entrance examinations [in]cluding English listening tests. She says that students from rich families can enhance [their] English listening ability ~~by~~ [through] individual lessons and expensive CD materials ~~without efforts at school~~. However, Mr. B disagrees with her, saying that there are also many inexpensive listening materials and [that listening tests in Japanese examinations have contributed to] ~~the introduction progresses the diversity of Japanese examinations, which has supported~~ the high quality of Japanese education.　(68 words)

どこでどう覚えるのか知らないが，agree to N という形（ありうる表現ではあるが）を受験生が理屈をわかって使っているのを見たことがない。他の言い方があるならそのほうがよい。

「軟体動物」君のコメント：
'the introduction' でくくったのはつらいかなと思いました。

東大生による解答例② 「Cygnus」君

Ms. A is against the introduction of a listening test into the entrance examination because she thinks that one's English listening ability depends largely on what kind of education one ~~has received~~ [can afford], while Mr. B recognizes that its introduction has enabled the Japanese [people] to have a better command of English [elsewhere] and realizes the necessity of giving a listening test. [supports adding]　(59 words)

「Cygnus」君のコメント：
会話ではもっといろんなことを言っているのに，この解答ではほとんど切り捨てちゃっています。これでは，作者の大雑把な性格がバレてしまいますねぇ。

第 6 講

> 次の英文は，飛行機の中での老婦人とスチュワーデスとの間の会話である。この状況を 50 語 (words) 程度の英文にまとめよ。
>
> Dear Old Lady : I hate to mention this, stewardess, but I think one of the engines is on fire.
> Stewardess : No, indeed, madam, those little sparks you see are a part of the normal functioning. May I ask, is this your first flight?
> Dear Old Lady : That's right. My children gave me this trip as a present for my eighty-sixth birthday.
> Stewardess : I thought so. Many of our first-time passengers are a little nervous, but there is nothing to worry about. Not one member of the crew has had less than two thousand hours in the air.
> Dear Old Lady : Thank you, my dear. I felt I was being a little silly. But before you go would you mind taking a look out of my window here?
> Stewardess : Why, certainly. If it makes you feel a little better I'll be glad to — oh my God!
>
> (東京大 1990 年 3(B))

| 自　由　度 | ★☆☆☆☆ | 難　易　度 | ★★☆☆☆ |

■ 考え方

　英文を英文でまとめ直す問題はごくたまに出題される。東大ではあまり見ない形式だが，本問は 1990 年の問題で会話文を地の文に直す問題。また，1992 年には地の文を会話文に直す問題が出題されている（ちなみに問題文から，東大の先生は自分で要約文を書くときはナレーションの現在を使うべきと思われているらしいことがわかる ➡ p.252。受験生はそれを知らなくてもよいと思われているらしいことは，1997 年度の 4 コマ漫画の説明文の例からわかる ➡ p.234）。なお，参考までに 1991 年度は日本語の会話文を英語の地の文に要約させる問題が出ている。

　この種の問題は九州大で時折出題されるし，東北大で出たこともある。北大でも少し趣は違うが出題されることもある。あまりメジャーな形式にならないのは英文を英文で要約するのだから，本文の流用をどの程度まで認めるか線が引きにくいし，そういうこ

とを回避する問題も作りにくいからである。東大の英作文にこの形式が出たら，半分は話法の転換の文法問題だと思って同じ語の派生語や時制，人称の一致などに気を配るだけでよい。

　本問は話の落ちが見えていなければ，ほぼ0点であろう。趣味がいい問題とは思えないが。

■ **必要な知識・能力**

　時制は，やはりナレーションの現在（➡ p.248）で書くことが望ましい。著者は大体そうしてきたが，本問は生徒目線で過去時制で書いてみた。それで何の問題もないと思う。しかしネイティブ2人の解答を見ると，やはりこういう問題の要約はナレーションの現在で書くべきとは思う。

　重要なことでもないが，グラフの見出しやリスト，会話の話し手の説明に大文字（書き出しだけ大文字，語全体が大文字）や無冠詞，過剰な修飾などが用いられるときは，要約や地の文にするときは通常の形に戻すこと。すなわち冠詞を用いるものは用い，大文字を使う必要のないところは小文字に戻すということである。

解 答

T.Y. の解答例

An elderly first-time flier told a stewardess that one of the plane's engines was apparently on fire. The stewardess explained that sparks were part of the normal functioning of the engines. The lady seemed satisfied, but asked her to look at the engine for reassurance, so the stewardess did so. The engine really was on fire! (56 words)

ネイティブの解答例（J.B.）

An elderly lady flying for the first time tells a stewardess that one of the engines seems to be on fire. The stewardess says it is normal for sparks to come from the engines. But when the stewardess looks out of the window, she is shocked to see the lady is right. (52 words)

ネイティブの解答例（T.G.）

An 86-year-old lady is flying for the first time. She tells an air stewardess that she thinks one of the engines is on fire. The stewardess assumes the old lady is worrying about nothing, but when she looks out of the window, it turns out that the engine really is on fire! (52 words)

東大生による解答例① 「軟体動物」君

~~The~~ An old lady tells ~~the~~ a flight attendant that one of the engines ~~of~~ on their [plane's engines] plane seems to be on fire. The flight attendant, who first thinks that the old lady feels a little nervous on her first ~~plane travel~~ flight [because it is her first time traveling by plane], doesn't worry about what she says and reassures her. However, when she looks out of the window because ~~she is asked~~ the old lady asks her to ~~do so~~ (really) is on fire, she sees the ~~firing~~ engine and ~~becomes~~ is astonished. (69 words)

東大生による解答例② 「スピカ」さん

An old lady who was on her first flight told the stewardess that she ~~see~~ could coming from one of the engines ~~a~~ fire ~~on the engine~~. The stewardess thought ~~it is not a fire and the lady is~~ the lady had just seen some sparks and was overly nervous ~~too nervous~~. However, when ~~she looks out~~ the stewardess looked, she found [discovered] that the engine was really on ~~a~~ fire. (49 words)

東大生による解答例③ 「Cygnus」君

~~Dear Old Lad~~ The dear old lady feels a bit nervous about ~~the engine~~ one of the engines because it emits sparks. So, ~~S~~ the stewardess emphasizes, in her attempt to ~~relieve~~ reassure the old lady, that this is often the case with ~~any engine~~ the engines (on a plane), and that there is nothing to worry about. At the end of their conversation, however, the engine breathes out a great ball of fire! (57 words)

第6章 描写(1) 情景描写

第1講

> 下の絵に描かれた状況を自由に解釈し，40〜50語の英語で説明せよ。

（東京大　2007年　2(B)）

自由度 ★★★☆☆　　**難易度** ★★☆☆☆

■ 考え方
　近年比較的よく見る一場面の描写である。状況は一目瞭然で解釈に悩むところはないが，その当たり前のところを逆手にとって採点の先生を瞠目させることもできよう。外すと悲惨なことになるが。

■ 必要な知識・能力
　一場面の描写をするときの時制についての知識。語彙は強いて言えば「空飛ぶ円盤」（a flying saucer）であるが，日本語と同じくUFO（an unidentified flying object「未確認飛行物体」。ただしユーフォーではなくユー・エフ・オーのように発音する）でよく，第一，絵の中に UFOs と書いてある。キーワードとなる語彙を知らなければその問題に手をつけられない，ということを東大英語はまずやらない。ただしだからと言って語彙の習得を重視していない，あるいは評価しない，ということではない。語彙を含め，① 当然できるはずのことはやってみせよ。② 日本の高校での学習英語のレベルからかけ離れたことをできないからといって不合格にするような問題は，出ないものと心得よ。③ だがしかし，要求されているレベルを超えることを思いつき，できるならやってみせよ。以上3点を銘記し，答案作成を工夫せよ。攻めと守りの呼吸である。

解答・解説

時制は，一場面の描写では<u>現在進行形が原則</u>。日本人の感覚で言うと，絵とか写真は映画やテレビの画面と違って動かないから，単純現在時制が適切のように思えるがそうではない。たとえば A boy *reads* a book on UFOs. ではなく A boy **is reading** a book on UFOs. と進行形にする。また，画面の時点より過去に起きたことは過去形，現在完了などを状況に応じて使い分ける。そしてもちろん，進行形を通常とらない動詞はこういうときでも単純現在時制で書く（→ p.229 本章第２講の「割れた花瓶」の解答例）。

またこの種の一場面の描写の対策として，あえてこれをストーリー展開とするのも定石のようなものである。下記の東大生の解答例のうち，Cygnus 君が過去時制に統一してストーリー仕立てにしているのはその線に沿ったものである。英作文が抜群にできる生徒は時制の怖さを知っていて，一場面の描写よりストーリー仕立てのほうが安全とわかっているのである。なお，ストーリー展開のときの時制の用い方は次章で詳述するが，選択肢としては単純現在時制（ナレーションの現在）と過去時制を基調とするものがある（小説などは大体過去時制を基調として書く）。下記の J.B. 氏の解答例が現在進行形と単純現在形の組み合わせになっているのは，基本的に一場面の描写ととらえ，その中で多少のストーリー展開を単純現在形で表したもの。時制のミックスであり，授業とかの解答例としては説明しにくいが，このような問題に対するネイティブ的時制の自然さを追及すれば，これがベストであろう。

T.Y. の解答例

"Hmm, this is interesting. It says, 'A UFO is an aerial object or optical phenomenon not readily explainable to the observer.' People weren't sure what UFOs actually were in those days." "Hey Ken, Daddy is coming back. It looks like he forgot his food pills. Go get them for him."

(50 words)

これは採点の先生を驚かそう，という作戦。こういう風に書け，と勧めているわけでは決してない。普段の練習では突拍子もないものから至極常識的なものまでいろいろな答案例を考えて書く研鑽を積み，実際の入試では時間との勝負で堅実に得点できる内容を考えればよい。普段から当たり前のことを当たり前の英語で書いているだけでは，本番では当たり前のことすら書けない。本問の絵の示す状況は当たり前にわかることだから，そこをあまのじゃくに時を UFO が日常の通勤手段となった未来世紀

に設定して（それでは未確認飛行物体ではないとか，制服が未来世紀にそぐわない，とかいう突っ込みは受け付けない）「ふ〜ん，昔の人は，はたして UFO が実在するのか，なんてことを大真面目に議論していたんだ。面白いなぁ」「ねえ，ケン，見て。お父さんが帰ってきたわよ。忘れ物だわ。きっとランチ・タブレットよ。届けてあげて」と対話仕立てにしたもの。指示を厳密に守っているかどうかきわどいが，これぐらいのことは考えてもよい。時制の問題を迂回できているという利点もある。

ネイティブの解答例（J.B.）

A boy is reading a book on UFOs at school. A female student desperately tries to get his attention, because she has actually seen a UFO from the classroom window. However, he is so wrapped up in the book that he doesn't notice her or the UFO. (47 words)

こちらはネイティブの書いた標準的な解答。受験生にも手が届くだろう。... is so wrapped up in 〜 というような表現は知らないと思うが，代わりに ... is absorbed in 〜 とすればよいわけだし。ただ，現在時制を用いている箇所が少し納得しにくいかもしれない。現在時制は難しい。本章の最後にこの J.B. 氏の答案を借りてその点を詳述する（→ p.233）。

東大生による解答例① 「軟体動物」君

A male student is reading a book on UFOs. One of his female friends has just ~~found an~~ seen a UFO in the sky and is ~~telling it to~~ trying to tell him. ~~However,~~ Unfortunately ~~unfortunately~~ however he thinks that she is joking only ~~again as ever~~ as she often does and doesn't ~~take any care of it~~ pay attention to her. (46 words)

「軟体動物」君のコメント：
自由度が高い作文のほうが英語力以外の減点要素が減るので，安心して書けました (＾＾) 個人的にはこっちのほうが好きです (T.Y. 注：この年度のもう一問は日本文の大意要約)。

時制の使い方，安全で正確。a UFO とすべきところ（UFO は，発音記号なら [j] となる半母音で始まるので，不定冠詞は an ではなく a となる）を an UFO としているのは彼のレベルとしてはご愛嬌。ただし出題側としては重要ポイントではなかろうがチェック項目としてあるはず。問題文の本の題名は "All About UFOs" と複数形になっているのに，窓の外を飛んでいる UFO は 1 機なのだから。

東大生による解答例② 「Cygnus」君

Bob was reading a book titled "All About UFOs" when his sister noticed something like a UFO flying outside the window. "Bob, look at that! Look at that!" she exclaimed in surprise, but he was too absorbed in reading the book to pay any attention to what she said. (49 words)

Cygnus 君のレベルからすると何ということはない問題。過去時制を基調にした時制の用心深さ，... was reading ... when ...［過去形］... と過去進行形と単純過去時制の組み合わせ，too absorbed ... to pay ... と too ... to 〜のパターン，いずれも計算づくの答案である。outside はそのまま前置詞として用いることができる。

第 2 講

下の絵に描かれた状況を自由に解釈し，30～40語の英語で説明せよ。

（東京大　2005年　2(A)）

自由度　★★★☆☆　　　**難易度**　★★☆☆☆

■ 考え方

　第1講で述べたようにこれをストーリー仕立てにして過去時制を基調にすることもできるが，語数を考えると一場面の描写として取り組んだほうがかえって楽だと思う。「描写」は思うより難しいので自信のないことはやらぬこと。時点をこの場面に設定するとして花瓶が壊れたのはそれより前だろうから，その時制はどうするか。あと意図的であろうが男性の年齢がわかりにくい。女性の息子にも夫にも見える。そこにつけこんでアイディアを工夫することもできる。本問を受験生に練習問題としてやらせてみたら，時間の推移が違和感のあるものが多かった。普通に考えれば，

　　①この場面の描写
　　②過去時制にしてもナレーションの現在にしても一貫性のあるストーリー
　のどちらかであろうと思う。しかし多くの受験生の解答例は，
　　(1)　まず過去時制で何が起こったかを書く（過去時制による出来事の描写）
　　(2)　この漫画の場面の描写（一場面の描写，ただし時制の使い方は単純現在形）

なおかつ，(1)から(2)の話の転換の説明は一切ない。英語力の不足と言えばそれまでだが，しかし日本語の場合，こういう時間の継続性の飛躍は普通のことなのだろうか。考え込んでしまった。解答例としてよくないのは確かだが。たとえば A boy broke the vase and his mother is angry. などと過去時制と現在時制が混在する1文を生徒は平気で書くけれども，これを1コマの漫画で表せ（読者に想像させずに），と言ったらどういう絵を描くつもりなのだろうか。改めて日本語と英語の根本的な（いくつもあるが）違いとして時制の問題を挙げなくてはならない。

■ 必要な知識・能力

　一場面の描写の時制。「こぼれた水」や「飛び散った破片」と言うのは無理でもないだろうが，そういうところに目が行くと余計な苦労をする。また男性の位置はこの絵で見る限り behind the door ではない。「描写」は日本の英作文教育で重視されていなかったというか，手が届きかねている部分。できれば加点になると思うが，できなければリスクは犯さず触れなければよい。「花瓶」だけは逃げようがない。試験場で度忘れしたらあせるだろうが，単語 1 つで不合格点にする発想はないだろうから，何とか被害を最小限に食い止めるようそこを目立たないように。

解答・解説

T.Y. の解答例

> 　A woman is looking at a broken vase. The man looking at her timidly through the doorway is her poor brother-in-law, who is living at the house. He is terrified because he broke the vase and she is very bad-tempered. (40 words)

- 時制は，繰り返し言うように一場面の描写は現在進行形。A woman is looking ... であって，×A woman looks ... ではない。
- アイディアの工夫として，花瓶を割ったのは同居している義理の弟で，義姉を怖がっているという設定。「工夫しました」という感が出ていればよい。普通に息子や夫としてもいけないことは何もないが，語彙を知っているというアピールにもなるので。
- 時点をこの場面に設定したとして，花瓶を割ったのは過去のことだから，過去時制でもよいが，割った結果，割れた花瓶が現に女性の目の前にあるのだから，割った行為は現在完了で書いてもよい。

ネイティブの解答例（T.G.）

> 　A boy has just accidentally knocked over his mother's favorite flower vase, breaking it and spilling water and flowers everywhere. Now he is watching her nervously, hoping she will blame the pet cat. (33 words)

第 3 講

下の絵を見て，今どのような状況であるのかを 40 ～ 60 語程度の英語で説明せよ。

| 自由度 | ★★☆☆☆ | 難易度 | ★★★☆☆ |

■ 考え方

　これはストーリー展開にするのは難しい。一場面の描写としてとらえる。

■ 必要な知識・能力

　勘違いしている2人と，状況がわかって面白がっている2人を描写すればよい。本来難しい問題ではないが，無用心だと，前置詞や語法の間違いをするかもしれない。

解答・解説

T.Y. の解答例

A man is desperately trying to pull his friend back from the edge of a cliff. Both believe that the one at the edge is about to fall to his death, but actually his feet are not far above the ground. A young boy and girl can see what's really going on [what the true situation is], so they are smiling.

(56 / 57 words)

- 時制は現在進行形。
- 「誤解する」とか「錯覚する」ということを言うつもりで凝った訳語を考えるとうまくいかない。think / believe ... , but actually ～のように基本語彙を使って。
- 日本語の発想だと「手で引っ張りあげる」と言うから try to pull his friend up by his hands のようなことを考えるかもしれない。前置詞 by の用法そのものに疑問があるが（➡ p.21 コラム），英語で人が何かを pull するというとき，手で引っ張るのが通常であるから his hands とわざわざ言うのは redundant である。
- 経験的に，おそらく受験生は「落っこちそう」と言うつもりで the man is almost falling とする人が多いと思うが，almost や nearly を使うのは「危うく…するところだった」と，実際にはそうならなかったという状況で用い，通常過去形。 cf. He was nearly run over by a car. 現在進行形では結果がまだ出ていないのだから，こういう意味では almost とともに用いない。The man is about to fall とか The man is in danger of falling とする。
- The man is in danger of falling down **to the ground only two meters below**. のように数量を表す名詞をさりげなく副詞的に用いる（two meters が below を修飾する）ことができる人はかなりの力がある人（➡ p.163）。

ネイティブの解答例（J.B.）

One man *is trying* hard to pull another man away from the edge of a cliff. They both *believe* that he *is* in danger of falling to his death. They *don't realize* that his feet *are* only a couple of meters from the ground. Two children watching the men *can see* what the actual circumstances *are*, so they *are smiling*.

(60 words)

これは完全な一場面の描写である。

一場面の描写（絵や写真，1コマ漫画など）とストーリーの描写の時制

★ テレビや映画のように動くものならともかく，写真や1コマ漫画のように動かないものに現在時制を使わないのは不思議である。たとえば2007年度のUFOの問題（➡ p.224 本章第1講）なんかだと，A boy is reading a book. と現在進行形で書く。A boy reads a book. ではない。また2005年度の花瓶の問題（➡ p.228 本章第2講）なんかだと，… A woman is looking at a vase …. A young man is looking through the doorway … . It seems that he has broken the vase … のように。

★ 一場面の描写は，現在進行形, be, look などのガチガチの状態動詞の単純現在形，そして現在完了形などを組み合わせる。

★ ストーリーは，

1 ナレーションの現在で書く

単純現在形を時系列で連ねてストーリーを表す言い方があるが，これは受験生にとってはわかりにくい現在時制の使い方（現在時制は不変の真理やいつもやっている習慣を表す，と習うはずなので）。特に制約がなければ，

2 小説のように過去時制で書く

また2005年度の花瓶も2007年度のUFOも1コマ漫画であるが，あれをストーリー仕立てにして（つまり時間の経過がある話にして）過去形で話を語ることにする，というアプローチもある。さらに時制に詳しければ，

3 「一場面の描写とストーリー展開」を「現在進行形」（一場面の情景描写で話がスタート）＋「ナレーションの現在」（そこから話が動く）という組み合わせで書くことも可能（同じことを「過去進行形」＋「単純過去時制」の組み合わせでもできる）

以下はカナダ人の同僚による2007年度のUFOの問題の解答である。男子生徒が本を読んでいるスタートシーンを現在進行形で表し，それ以降，話が展開していくのを単純現在形で表していることに注目してほしい。ただ，わからなければそれはそれで（学校では教えていないと思うので）中途半端に理解するよりは将来（大学に入ったあと）の課題にしておけばよい。

上記に触れておいたごとく，ナレーションの現在（単純現在時制）と現在進行形の組み合わせをネイティブの解答を元に考える。

※ ナレーションの現在（→ p.248）とは，本来過去時制で書くものを，出来事の展開のあらすじを書くときなどに，現在時制で書くことである。あくまで時制の問題であって相や法には関係ないから，過去進行形は現在進行形に，単純過去形は単純現在形に，過去完了は二義性があるから，現在完了か過去形にするのである。仮定法はナレーションの現在にしても仮定法である。そのあたりを正確に理解している受験生は非常に少ないと思う。このわかりにくさは，日本語に「時」の概念はあっても（人間である限りどこの国の人にもある。ないはずがない），少なくとも英語における「時制」の概念が存在しないことによる。

ネイティブの解答例（J.B.）再掲

　A boy *is reading*（現在進行形。一場面の描写。場面は動いていない）a book on UFOs at school. A female student desperately **tries**（ストーリーは動き始める）to get his attention, because she *has actually seen*（現在完了形。この場合完了した結果を表しているので場面は静止状態である）a UFO from the classroom window. However, he *is*（be 動詞であるから静止状態とも時間の経過があるとも言えない）so wrapped up in the book that he **doesn't notice**（こちらは本来単純現在形であるから時間の流れがある。しかし否定文なので，ストーリーそのものの新展開はない。あるいはものの言いようだが「気づかない」という新展開がある）her or the UFO.

　ちなみに上記と全く同じことを普通に過去時制で書いてみる（ストーリーというのは大体すでに起こったことを後から回想して書くものである。実況中継ではない）。この転換はかなり機械的にやるのがコツ。

　A boy was reading a book on UFOs at school. A female student desperately tried to get his attention, because she had actually seen a UFO from the classroom window. However, he was so wrapped up in the book that he didn't notice her or the UFO.

第7章 描写(2) 出来事の描写

第1講

次の4コマ漫画がつじつまの合った話になるように2, 3, 4コマ目の展開を考え，1コマ目の説明文にならって2, 3, 4コマ目に対応する説明文をそれぞれ1文の英語で書け。

注意1　吹き出しの中に入れるべき台詞そのものを書くのではない。
注意2　1コマ目の説明文同様，直接話法を用いないこと。

1 : Susan's father was reading a newspaper when he noticed her happily getting ready to go out, so he asked her where she was going.

2 : _____
_____

```
3 : _____
    _____
4 : _____
    _____
                              (東京大　1997年　2(A))
```

自由度 ★★☆☆☆　　　**難易度** ★★☆☆☆

■ 考え方

　1997年度に本問が東大に出題されたとき，かなりのセンセーションを受験界に巻き起こした。今となっては，どのレベルの，あるいはどういうことを要求されているかある程度見当がつくが，当時は果たしてアイディア勝負なのか，あるいは見た目どおりのことをひたすらやさしく間違いさえなければよいとするものなのか，いろいろ議論されたものであった。著者などは見た目どおりのもの，少しひねったもの，突拍子もないもの（火星人と金星人の対話である，というものまで書いた。評判は悪かったが。三島由紀夫に「美しい星」という題の，異星人たちが普通に日本人として暮らしていて地球をよい星にしようと努力している作品がある）といろいろ発表した。おそらくその混乱が大学側にも伝わったのか，翌年の1998年と翌々年の1999年には，わざわざ「内容よりも作文能力を問う問題であることに注意せよ」というただし書きが付いていた（➡ p.266, 302）。

　しかしこのただし書きが新たな誤解を生み出したと思う。「内容ではなく作文能力」と言っているのであって，幼稚な表現でも内容がスカスカでも，あからさまな間違いがなければ満点とはどこにも書いていないのである。もしそれで満点にするなら，入試科目に英作文を入れる必要はないと考える。問われているのは「作文能力」と言っているのであって，そこにはもちろん表現の豊かさ，用いる構文のレベル，語彙の量，英語の発想になじむ言いまわし，全体の構成，すべてが問題になっているはずであり，あえて踏み込むなら内容を全く切り離した英文というものがありえない以上，内容の良し悪しも当然重要な要素となってくると著者などは理解した。上記のただし書きは内容がいかに良くても英語の試験である以上，英語そのものが拙劣では話にならない，という警告であると思う。あくまで出題意図に沿い，指示を守りながら，英文として指弾されるほどのことのない正確な文法・語法・スペリングという制約の中で，精いっぱいクオリティーの高い作文を書き上げろということであろう。

■ 必要な知識・能力

　第1コマには説明文が与えられている。受験生はこの英文を暗記しておくとよい。S_1 was V_1ing（過去進行形）when S_2 V_2（単純過去形），he noticed her happily getting ready to go out（SVO doing の文型，get ready to go out の語法），so he asked her

7

描写(2)

出来事の描写

where she was going (asked her の後の間接疑問文)，いずれも読解なら何ひとつ抵抗を感じるところではないが，このレベルの英語が試験場で書ければ東大に入れてくれるというモデルである。

解答・解説

- 本来「出来事の描写（言い換えると，話が1時点に留まるのではなく，時系列的に展開していくもの）」を書くときは時制の選択が大きく分けて2つある。1つは過去時制を基調とするもので，受験生はそれで指示や条件，内容に問題がなければそうするのがよい。本問の場合，親切にも1の見本［説明文］でそうすることを薦めている。
- もう1つは後述する「ナレーションの現在」（➡ p.248）によるものである。本問の場合は，過去時制で書け，という指示があるのと同じだから必要はないが。
- 1：Susan's father was reading a newspaper when he noticed her happily getting ready to go out に見られるように，多くの場合，この種の構文は S_1 is V_1ing（進行形）when S_2 V_2（単純形）というのが一般的であるが，この場合，情報の焦点は従属節 when 節中の V_2 のほうにあり，主節の進行形の is V_1ing は背景説明になっている。進行形の説明は一筋縄ではいかないが，基本的には線分の動作（たとえば live のように瞬間的に「住む」ということはなく，ある一定期間「住む」，そういう継続する動作），その線分を現在の1点で切断したその切断点を**現在進行形**，過去の1点で切断したその切断点を**過去進行形**と考えるのがよい。「私は東京に10年住んでいます」を ×*I'm living in Tokyo for ten years.* としてはならないのは現在進行形は現在という1点であり，10年は過去の1点から現在という1点に至る線分であるから共存できないのである（ちなみに「過去から現在に至る継続」は現在完了の専権事項である。I have been living [have lived] in Tokyo for ten years.）。
- それに対し，点の動詞はその瞬間に始まりその瞬間に終わる。1を例にとるとスーザンの父が新聞を読んでいる最中（新聞を読むのは始まりと終わりとの間に期間がある線分の動作）のある1点を Susan's father was reading. と進行形で表し，noticed はこの場合，点の動詞ととらえて，he noticed としたものである。
- 1はその1時点での描写（既に与えられているが）。2は時系列的に話が進み，その時点での描写，またその過去の時点から見た未来の描写（would か was going to。この場合は was going to のほうがよい。もう出かけるところで心づもりの予定のコースは始まっている）。3はさらに時が進み，その時点での描写とその時点から過去の出来事の描写（過去完了），4も3と同じ時制関係になる。

T.Y. の解答例

2 : She answered that she was going to see a popular romantic movie with her boyfriend, Tom. [She answered that she was going out on a date with her boyfriend, Tom, to see a popular romantic movie.]
3 : When Susan came back [returned] (later) that evening, she didn't look happy, so her father asked her what had happened.
4 : She said that Tom had fallen asleep during the movie, revealing what an insensitive [cold / boring] person he was.

- one's boyfriend / girlfriend は各々「男性／女性の友人」ではない。日本語にはそれに相当する語彙がないが，しいて言えば「恋人」であろう。単なる友人であれば性別を言わず a friend と言えばよい。特に男女を問題にする必要があり，かつ普通の友人であれば a male / female friend という。
- 著者の解答例はある程度淡々と書いたものだが，1か所だけ工夫した。「ボーイフレンドのトムとデートして評判のロマンチックな映画を見たのだが，トムは寝てしまった。あんな無神経な人とは思わなかったとがっかりしている」のあたりである。

ネイティブの解答例（J.B.）

2 : She said she was going to meet her boyfriend, and that they were going to see a new movie.
3 : Susan's father asked her what was wrong when she returned that evening looking unhappy [glum / sad].
4 : She replied that the movie had been boring, and that she and her boyfriend had had a fight afterwards.

東大生による解答例① 「軟体動物」君

2：Susan answered that she was going out with James, her ~~newly made~~ *new* boyfriend.

3：Susan's father asked her what had happened, seeing her coming home ~~sadly~~ *looking sad later* in the evening.

4：Susan answered that she had ~~mistaken the place for their appointment~~ *made a mistake about where they were supposed to meet* and moreover lost her ~~wallet~~ *purse* during the date, adding that James must have been disappointed ~~at~~ *with* her.

「T.G.」氏のコメント：
男性は wallet．女性は purse。

東大生による解答例② 「スピカ」さん

2：She said she was going to meet an old friend, ~~and~~ *that* he ~~was~~ *had been* her first boyfriend, and that she felt somewhat romantic.

3：But when she came ~~back~~ *home [returned]*, she looked very unhappy, so ~~daddy~~ *her father* asked how ~~was her meeting~~ *her things had gone [if anything was wrong]*.

4：She told him that ~~the~~ *her former* boyfriend looked really old and had got very fat.

「T.G.」氏のコメント：
… he was her first boyfriend なら現在（の間接話法）。昔の boyfriend なら had been。

> 東大生による解答例③ 「Cygnus」君

2 : Susan answered that she was going to see one of her old friends for the first time in five years.

3 : When she came back home in the evening, she looked very disappointed,
   [returned]
   and so her father asked her what had happened.

4 : She replied that she had not enjoyed her visit at all, because her friend was no longer ~~what she used to be~~.
   the same person she was before [the way she remembered her]
   [had changed a lot, and they now had little in common]

第2講

次の4コマ漫画がつじつまの合った話になるように1, 3, 4コマ目の展開を考え, 下記の2コマ目の説明文にならって1, 3, 4コマ目に対応する説明文をそれぞれ1文の英語で書け。

注意1　吹き出しのあるコマについても, その吹き出しの中に入れるべき台詞そのものを書くのではない。

注意2　いずれのコマの説明文にも, 直接話法を用いないこと。

1:＿＿＿＿＿＿＿＿＿＿＿＿＿＿＿＿＿＿＿＿＿＿＿＿＿＿＿＿

2: But, when Mike went to Taro's apartment to complain, he was puzzled to find no stereo or radio there.

```
3 : _____
    _____
4 : _____
    _____
```

自由度 ★★☆☆☆　　　　**難易度** ★★☆☆☆

■ 考え方

東大英作ではさまざまな新しい形式の問題が出題されている（21世紀に入ってからはさすがにアイディアが尽きたのか，それほど目新しい形式はないようであるが）。本問は，本章第1講の97年度の問題を模して作った過去の模試の問題であって，本番のものよりややさしい。語彙に苦労することなく，このような形式の問題が出たとき対策の基本線を会得できるように，というつもりで作問した。本番の問題では語彙にもっと苦労するだろう。

■ 必要な知識・能力

実際の東大入試の採点基準は公表されていないから，こういう問題で何を重視して採点するのかは断定できないが，いろいろなことを考え合わせると次のような点をもとに採点されていると考えるのが妥当であろう。

1　**英語として正確であるか**

あくまでこれは英語の試験であるから，正しい英語で書いてあるかどうかが最も重要な基準であることは間違いない。だからいかに内容的に卓抜なアイディアを思いついても，それを表現する能力がなければ意味がない。

2　**題意にかない，論理的な展開がなされているか**

いくら英語として正確であっても，出題の意図にかなっていなければ高得点は期待できない。また本問に即して言えば，各コマに対して1文で書くこと，直接話法を使わない，などの指示は厳密に守らなければならない。

3　**未修の表現が要求されていると感じられるときの対応**

「必ず書くべきことの語彙が思いつかない」というのは本来困った事態である。数学でいえば解法が思いつかない，と言っているようなものだからである。しかし英作文ではそこを何とか切り抜ける必要がある。東大の問題は，実際上解けているのにキーワードの個別の単語，表現が出てこないために大幅に減点される，という採点基準は設けていないと思う。知らない単語でも何とか頑張る。ただしこれは試験場の話で，普段からやはり必要と思う語句はコツコツ積み重ねて覚えておくべきである。

解答・解説

T.Y. の解答例

1 : When Mike heard some loud music disturbing his reading, he thought it was coming from Taro's apartment, which was just next to his.

3 : While he was there, he heard the loud music once again coming from directly above.

4 : Mike apologized to Taro and rushed out of Taro's apartment to complain to the person in the room above.

- 本問の場合，4コマの絵と2コマ目の説明からストーリーが明らかであると思うので，あえて別解を示さなかった。もちろん，細部にわたってはいろいろな書き方が可能である。
- たとえば1コマ目でマイクが本を手にしていることに注目し，While Mike was trying to read のように書き始めてもよい。またここで「彼は腹を立てた」(he got angry) とはっきり書いてしまうのも次のコマに話がつながりやすくてよい。
- 3コマ目では解答例とほぼ同趣旨であるが，The music started playing again, and this time it seemed to be coming from the apartment above Taro's. のようにまとめられれば大したもの。
- 4コマ目ではマイクはとりあえず謝らなければならない。He said he was sorry でよいのだが，apologize を使うときは前置詞の **to** を忘れないようにする。また絵では部屋を出て行くところまでだから説明もそこまででもよいが，話の流れとしては階上の部屋に文句を言いに行くことまで書いてあったほうがよい。

ネイティブの解答例（T.G.）

1: Mike was trying to read a book when he was disturbed by loud music that seemed to be coming from the apartment next to his —— Taro's apartment.

3: Just then he heard the loud music again —— coming through the ceiling of Taro's apartment!

4: Mike hurriedly excused himself and went off to complain to the person in the apartment above —— for Taro as well as himself.

東大生による解答例 「軟体動物」君

1: When Mike was reading a book on the sofa in his apartment, noisy music from another apartment began to irritate him and he decided to complain to Taro living in the next door.
  - , who was
  - apartment

3: Then he realized that the noisy music ~~came~~ from the ~~upstairs~~ apartment ~~of~~ Taro's.
  - was coming
  - above
  - [upstairs from]

4: He apologized to Taro for ~~getting~~ into his apartment angrily and went out.
  - walking
  - [bursting]
  - [left]

upstairs は副詞。

7 描写(2) 出来事の描写

第3講

次の2枚の絵はある高校の卒業生が、卒業してから恩師を招いて20年ぶりに開かれたクラス会の様子を描いたものである。この2枚の絵を自由に解釈して40～60語の英語で作文せよ。

〈開始直後〉

〈2時間後〉

| 自 由 度 | ★★☆☆☆ | 難 易 度 | ★★☆☆☆ |

■ 考え方

　1コマ漫画で「情景描写」，4コマ漫画で「出来事の描写」というのは通算すると結構出ている感はあるが，2コマ漫画というのはあまり見ない。問題は著者のオリジナルであるが，ネイティブが初めてこういう形式の問題を見たらどういう時制で書くのか個人的に興味があった。T.G. 氏，J.B. 氏とも時制は過去時制で統一して，全体を1つの文章でまとめている。書かれてみればなるほど，そうあるべきと思う。ナレーションの現在（→ p.248）で書くと「2時間後」のあたりの処理に困るし，2場面を1つ1つ説明すると，そのこと自体一貫性のある文，という英作文の原則からいって稚拙だし，また対比も書きにくいだろう。

■ 必要な知識・能力

　受験生ならまず話をしている2人ずつの個々の動作や様子の描写をどう行うか気にするだろうが，それは絵を描くのにデッサンをせず，端から順に絵の具をちまちまと塗っていくようなもの。まず全体の構成を考え，同時に時制も決定する。具体的には一貫して過去時制を用い，内容は開始直後のクラス会の雰囲気とそれがどう変わったかを書く。細かい描写をどこにどう入れるかはそのあと考えればよい（全体の概要を書いてから細部はあとに付け足せ，という意味ではない）。

解答・解説

　下記の解答例，ネイティブも東大生も「シリアスなものはシリアスに，ユーモラスなものはユーモラスに」と心掛けている。成功すれば最高だが，少なくともそういう風に心掛けるだけでも答案の印象は大違いということをわかってほしい。

ネイティブの解答例（T.G.）

> At first the twenty-year reunion for Mister Sakamoto's high-school class went well. Mister Sakamoto gave former pupils career advice, old friends discussed politics, and even twenty-year old classroom romances were revived. But two hours of drinking soured the atmosphere. Mister Sakamoto's advice turned to bitter criticism; friendly discussion turned angry; and former sweethearts realized they had nothing in common.
>
> (59 words)

(at first)　　(first)(for the first time)

　似たような表現に見えるが，at first と first と for the first time はかなり違うことである。特に at first は「初めのうちはそうだった，今は違う」ということを含意している点で，first「最初に」，for the first time (in ten years)「（この10年で）初めての経験として」（この2つが interchangeable であることはあまりないが，絶無ではない）とは全く異なっていることを理解すべきである。

ネイティブの解答例（J.B.）

> The class reunion started well, with people chatting sociably about their lives during the twenty years since the students graduated. After a couple of hours, however, old conflicts broke out again. A teacher yelled at a former student, two old classmates were ready to swap punches, and a female graduate rejected a former boyfriend for a second time. (58 words)

東大生による解答例① 「軟体動物」君

　Though people were talking ~~mildly~~ **politely** at first, they gradually began to behave in the way they did 20 years ago. The teacher started scolding his student as he did in the old days. Two men began quarrelling as they did in the old days. And a man failed to attract ~~his favorite~~ **the** woman again, as ~~he did~~ **he was interested in** **just** in the old days!

(61 words)

「軟体動物」君のコメント：
面白くなっているでしょうか…（T.Y. 注：こういうことを気にするのが英作文ができる生徒）。

東大生による解答例② 「Cygnus」君

　~~At first t~~**T**he class reunion started in a friendly atmosphere. It was a great pleasure to see our ex-homeroom teacher, old friends and teenage sweethearts after an interval of twenty years. Two hours later, however, the teacher's scolding, a quarrel between ~~the~~ **two** friends and a broken romance had ruined the atmosphere. ~~In the end,~~ **E**verything was unchanged after **twenty years** ~~graduation~~!

(59 words)

「Cygnus」君のコメント：
60語以内で上手くまとめるのは、なかなかタイヘンです。ちょっと展開が強引過ぎたかもしれませんねぇ。

書くための英文法　実戦講義

10. ナレーションの現在について

　通常，現在形（時に単純現在形）と呼ばれるものは，われわれ，あるいは少なくとも本書の定義では「直説法現在時制単純相」のことである。大学受験を控えた受験生に無用の負担を与えないため，現在形のさまざまな用法のうち，ここで1講を設けて注意を喚起するポイントは2点のみに絞る。

1. 単純現在形の基本用法

　以下便宜的に「直説法現在時制単純相」を「単純現在形」と呼ぶ。「単純現在形」の基本用法は，たとえば The sum of the angles of a triangle is 180°. とか Water boils at 100℃. など，普遍／不変の真理を表す，というものである（ユークリッド幾何が唯一の幾何か，湯が沸くのは気圧は関係しないのか，という突っ込みはさておいて）。受験生はこの点に無頓着な人が多く，「『現在時制』は何を表しますか」と聞くと「現在です」と答える。「『現在』って今ですね」と聞くと「はい，そうです」と答える。「では今我々のまわりに沸騰しているお湯がありますか」と聞くと「そんなものはありません」と答える。すると「現在」というのはいつのことなのか。また，My sister goes to high school. などと言うとき「普遍／不変の真理」というのは大げさであろう。最大でも3年前は中学生であったろうし，やがて高校を卒業するはずである。ではどう言えばいいのか。一般的には「習慣的な行為」と言われている。しかし受験生はそれでわかるのだろうか。たとえば学校へ行くのは習慣の問題だろうか。著者などは「義務」だと思っていたが。しかしそこをつつくのはフェアではないだろう。中学生や高校生に教えるのは，<u>単純現在形は「今現に目の前に起こっていることを表しているのではない」</u>ということがわかればよいのであると思う。

　著者の独断であるが，<u>英語の単純現在形は時間軸上には乗らないが事実</u>というのが妥当ではないかと思う（念のため：フランス語などヨーロッパの近傍語は全く違うものがある。大学へ行って戸惑わないように）。たとえば The sum of the angles of a triangle is 180°. とか Water boils at 100℃. などは時間軸上には乗らないが真理だし，My sister goes to high school.「私の妹は高校生です」は永遠の真理ではないにしても，現に今，学校に向かって歩いているということを意味していない。これも時間軸上にピンポイントで乗らないが事実であると説明できないか。

Water boils at 100℃.
（事実であるが時間軸上には乗らない）

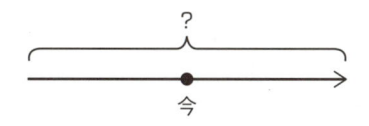

　付け加えるべき重要なことは，進行相を通常とらない動詞は単純相が現在目の前で現実に起こっていることを表すことが当然ある，というものである。代表格は be であるが want，like，belong なども進行相をとらない。see も，たとえば「会う」という意味なら進行相になるが，「…が目に入る」という意味では進行相をとらない。think，promise，agree，deny なども，意味によるが進行相をとる可能性は低い。またいかなる場合にも進行相をとらない動詞というのも実はないだろうと思うが（→ p.220 の第6講枠内の下から6行目の I was being を参照），受験生はこの動詞は進行相は「普通」とらない，と習ったら自分では「絶対」進行相にしないのが安全である。

2．過去時制の代用としての現在時制

　もう1つの現在時制は意外と簡単である。ただ，ここに詳細に説明することにしたのは，全く別の理由がある。受験生経由で知ったのだが，「東大英作ではストーリーは現在形で書くのがよい」という説が流布していたらしい（どれくらいの範囲でどれくらいの影響力があったのかは知らないが）。これはおそらく「ナレーションの現在」のことを言っているのではないかと思われる。1で述べたように，単純現在形の基本的な用法は「普遍／不変の真理あるいは習慣的な行為を表すこと」であるとすれば，ストーリーは実際に過去に起こった出来事を記述するものであるから，ストーリーを現在形で書くのは本来はおかしいはずである。しかし実際にはストーリーを記述する際に現在形を用いることがある。ただし，ここでおそらく大概の受験生，というか英語を外国語として学習している人たちの多くが錯誤していることがいくつかある。

　本来過去時制で書くべきことを現在時制で書く用法を「歴史的現在 (the historic present)」，「劇的現在 (the dramatic present)」，「ナレーションの現在 (the narrative present)」などと言う。単なる呼称の違いのように言う人もいるが，著者は各々実体が違うことのように思う。「歴史的現在」は歴史上の出来事を現在時制で表す用法であり，「劇的現在」は過去時制で書いてある普通の小説などの途中に突然現在時制が現れることで，文体上の効果を狙ったものである。しかしこの2つに関する知識は，受験生にとって読解には役立つことはあるかもしれないが，英作文に関してはあまり意味があるとは思わない。東大受験生にとって英作で話題になっている現在時制こそ「ナレーションの

現在」である。しかし「ナレーションの現在」の説明に入る前に，次の警告をよく見てほしい。

⚠️　ナレーションの現在はあくまで時制の問題であり，相や法には関係ない話である。語法書（たとえば Michael Swan: *Practical English Usage*, OXFORD）によると，通常実況中継は，現に目の前に起こっていることを語るのであるから進行相で行う。ボートレースなどは動きがゆっくりしているからそれができる。しかしサッカーのようにめまぐるしい動きを進行形のように複合形の時制・相で語るのはかったるいので，単純相で行う。しかしこれは相の違いであり，どちらも時制としては現在時制である。またマニュアルとか，テレビで料理のレシピを実演しながら説明するときも現在時制単純相を用いる。これもやはり相の問題で，時制としてはいずれも現在のことを現在時制で行っているのであって，本題である過去の出来事を現在時制で表す「歴史的現在」，「劇的現在」，「ナレーションの現在」とは無縁の話である。

　さて「ナレーションの現在」であるが，これは通常，ジョークとか，子供向けの話とか，要約に用いる。たとえば諸君がペーパーバックの小説を買ったとする。本文は普通過去時制で書いてあるであろう。たとえば A boy met a girl. のように。しかし，裏表紙を見るとそのストーリーの要約が載っていて，そこにはきっと A boy meets a girl. と書いてあるであろう。これがナレーションの現在である。そしてこのことを著者が強調するのは，東大の出題の先生が（少なくとも過去問を見る限り）強烈に意識されているように見えるからである。1991 年の Harry 夫妻の会話を地の文にする問題は，条件がないからいずれの時制で書いてもよいが，習慣的な行為（Harry の淹れるコーヒーはいつもまずい）と今回だけのこと（Harry の妻が砂糖の代わりに塩を入れる）を同時に書かなければいけないから，結構苦労する。その翌年 1992 年には Michael Bolton の就活の話が出てくるが（➡ p.252），これは地の文がすべてナレーションの現在である（コンサルタントの意見によると，この地の文は少しそっけない文章で，やはり要約文のように見えるそうである。これを受験生が対話文に直すのだが，解答例のモデルとして与えられている(4)がいかにも生き生きした現実の会話らしいところを見ると，コンサルタントの意見は正しいのかもしれない）。逆に 1997 年の，スーザンが出てくるあの有名な 4 コマ漫画は（➡ p.234），4 コマのうち最初の 1 コマにモデルとして解答例が挙げられており，これは独立した一場面の描写としても（それならば，現在進行形が基調），また連続した時系列の 4 コマ漫画のうちの 1 コマとしても（それなら普通はこういうときにはナレーションの現在）現在時制で書きそうなものだと思うが，あえて過去時制で書いてある。

先ほど言ったようにあくまで時制の問題であって相の問題ではないから，普通は過去時制で書くことを現在時制で書くには，

① 単純過去形 ⇒ 単純現在形

② 過去進行形 ⇒ 現在進行形

③ 過去完了形（本来の過去完了）⇒ 現在完了形

④ 過去完了形のうち大過去（そういう時制は英語にはないが）を表すもの，および単純化のため過去形になっているが大過去を表すもの ⇒ 単純過去形

⑤ 仮定法 ⇒ そのまま（たとえば過去時制で書いたとして，仮定法が ... would have failed であれば，ナレーションの現在でも ... would have failed であり，... would *fail* にはならない）

となる。理屈は以上で尽きているので，あとは東大の過去問の中から，実例を1つ選んであるので，それを見て考えてほしい。意外と機械的な置き換え作業であることがわかるであろう。ナレーションの現在は日常生活でそう使うものでもないし，よくわかっていないと危険なものであるから，自信がなければ用いないほうがよいが，そう難しい原理で成り立っているものでもないので，練習問題として過去問をやるときに試してみると英語の理解が深まるだろう。

そういう意味で格好の例は下記の東大の問題である。とりあえず東大の過去問をやるつもりで解いてほしい。本問は地の文を会話体にする話法の変換の文法問題ではない。ある意味典型的な自由英作である。その証拠に地の文を会話体にするのに，(4) Mrs. Longley begins the interview. の解答例をみてほしい。(4) Mrs. Longley: Very well, let's get on with the interview, shall we? とある。同じことを言っているはずなのに，英語のレベルや味わい，表現は決定的に違っているだろう。このことも東大英作の重要な要素である。模範解答は T.G. 氏によるものである。特に語彙や表現に，受験生がやるような半分（あるいは全部）コピペがほとんどないことに注目してほしい。そして大概の受験生が作成した解答例とは，ほとんど全く別の表現になっている（だろうことを。中にはすごい受験生もいるが）ことを見てほしい。できたら絶望してほしい。昔から「健全な絶望は健全な希望につながる」というから。

太字体で印刷された英文の説明を読み，次の(1)から(3)までの内容に応じた会話を英語で記せ。会話の一部はすでに記されているので，それを参考にすること。

Michael Bolton has an interview for a position with a large company in London. He is twenty minutes late when he arrives. The interviewer is Mrs. Longley, the company's chief personnel officer. Michael enters the interview room.

(1) Michael greets Mrs. Longley and apologizes for his lateness. He blames it on the traffic.
(2) Mrs. Longley accepts his apology but lets him know at the same time that she is annoyed by his lateness. She suggests the Underground* would have been a better alternative to coming by road.
　*(注) the Underground：(ロンドンの) 地下鉄
(3) Michael apologizes again. He explains that he took a taxi, hoping it would save him some time.
(4) Mrs. Longley begins the interview.

(1) Michael: ＿＿＿＿＿＿＿＿＿＿＿＿＿＿＿＿＿＿＿＿＿＿＿＿＿＿
(2) Mrs. Longley: ＿＿＿＿＿＿＿＿＿＿＿＿＿＿＿＿＿＿＿＿＿＿
(3) Michael: ＿＿＿＿＿＿＿＿＿＿＿＿＿＿＿＿＿＿＿＿＿＿＿＿＿＿
(4) Mrs. Longley: Very well, let's get on with the interview, shall we?

(1992年　東京大　2(A))

解答例（T.G. 氏） ※(1)(2)(3)それぞれ2つずつ解答例を示す。

(1)　1．Michael: I'm awfully sorry I'm late. The traffic was terrible.
　　　2．Michael: Let me apologize for my late arrival. I got stuck in the traffic.
(2)　1．Mrs. Longley: OK, never mind. But to be honest, I do think you should make a bigger effort to get to an important job interview like this on time. You could have taken the Underground, you know.
　　　2．Mrs. Longley: Apology accepted. Still, this has caused me considerable inconvenience. There's always the Tube, you know (➡ p.30 コラム).
(3)　1．Michael: I really am terribly sorry. I took a taxi in hopes it would save time, but the traffic was worse than I expected.

2. Michael: I can only say I'm very, very sorry. I did think of the Underground but I thought it would be quicker to take a taxi.

ここまでで解答解説は終わる。本論は以下の2つの文を見てくれたら足りる。

左段 — 本問の地の文そのままのナレーションの現在（オリジナル）
右段 — ナレーションの現在は，本当は過去時制の代用品なので，それを過去時制に戻したもの（過去時制復帰版）

述語動詞1つ1つをじっとにらんで考えてほしい。

オリジナル	過去時制復帰版

Michael Bolton <u>has</u> an interview for a position with a large company in London. He <u>is</u> twenty minutes late when he <u>arrives</u>. The interviewer <u>is</u> Mrs. Longley, the company's chief personnel officer. Michael <u>enters</u> the interview room.

(1) Michael <u>greets</u> Mrs. Longley and <u>apologizes</u> for his lateness. He <u>blames</u> it on the traffic.

(2) Mrs. Longley <u>accepts</u> his apology but <u>lets</u> him know at the same time that she <u>is</u> annoyed by his lateness. She <u>suggests</u> the Underground <u>would have been</u> a better alternative to coming by road.

(3) Michael <u>apologizes</u> again. He <u>explains</u> that he <u>took</u> a taxi, hoping it <u>would save</u> him some time.

(4) Mrs. Longley <u>begins</u> the interview.

Michael Bolton <u>had</u> an interview for a position with a large company in London. He <u>was</u> twenty minutes late when he <u>arrived</u>. The interviewer <u>was</u> Mrs. Longley, the company's chief personnel officer. Michael <u>entered</u> the interview room.

(1) Michael <u>greeted</u> Mrs. Longley and <u>apologized</u> for his lateness. He <u>blamed</u> it on the traffic.

(2) Mrs. Longley <u>accepted</u> his apology but <u>let</u> him know at the same time that she <u>was</u> annoyed by his lateness. She <u>suggested</u> the Underground <u>would have been</u> a better alternative to coming by road.

(3) Michael <u>apologized</u> again. He <u>explained</u> that he <u>had taken</u> / <u>took</u> a taxi, hoping it <u>would save</u> him some time.

(4) Mrs. Longley <u>began</u> the interview.

第8章 描写(3) グラフ

第1講

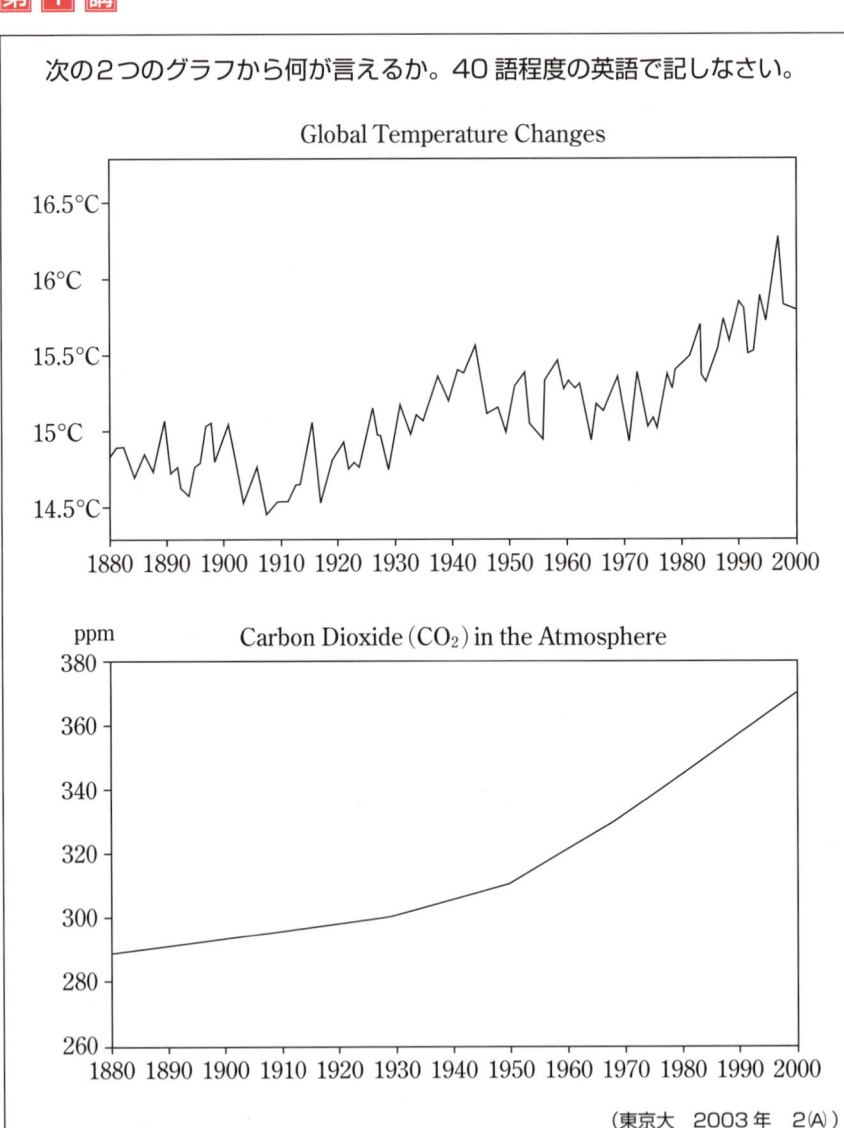

次の2つのグラフから何が言えるか。40語程度の英語で記しなさい。

Global Temperature Changes

(縦軸: 14.5°C〜16.5°C、横軸: 1880〜2000)

Carbon Dioxide (CO_2) in the Atmosphere

(縦軸: ppm 260〜380、横軸: 1880〜2000)

(東京大 2003年 2(A))

| 自由度 | ★☆☆☆☆ | 難易度 | ★★★☆☆ |

■ 考え方

- 東大の英作文は自由度が毎回異なる。本問の場合，「地球温暖化」に対する受験生の個人的な意見や提言を書く問題ではない。2つのグラフの表している事実を表記し，予想される結論を書く。ただし断定できるかどうかは考えること。
- 一般的に自由英作文でグラフを扱った問題が出ると，英語的には「比較構文」とか「数量表現」とかが問われていると思う（一時期よくグラフ問題が出題されていた北大の自由英作問題にはそれがよく当てはまった）。東大の場合は丸々1問が特定の文法項目や表現の知識で勝負がつくことはないが，やはり本問の場合，「増減」，「比較（ただしこの場合は比較構文ではないが）」の表現であろう。
- グラフ問題，特に折れ線グラフの場合，意外とうっかりするのは時制の問題である。本問のような時系列のグラフでは，現在形（現在完了や過去形でなく）で書くのはありえなくはないが安全ではない。現に目の前にグラフがあるのだから現在形，というものではない。
- 折れ線グラフの場合，もし時系列のグラフであれば，その目盛りのところを見て時制を決める。本問の場合は1880年から2000年であるから，常識的に考えれば，「単純過去時制（過去完了や過去進行形でなく）」である。本問が出題されたのは2000年ではないが，表していることが広く現在に至ると考えれば「現在完了の現在に至る継続用法」，全体としてのグラフを総括するには現在完了を用いることも考えられる。

■ 必要な知識・能力

- 「増減」，「比較」，「数量表現」，また本問では必要ないが「倍数表現」も必ずマスターしておくこと。

    倍数表現の例：

    Four times as many people as I had expected came.
      「予想していた人数の4倍の人が来てくれた」
    Konishiki is more than four times as heavy as I am. / ... more than four times my weight.
      「小錦は私の4倍以上の体重があります」
    以上，➡ p.171 参照。

- 受験生はどうしても見た目に目立つところをどうしようかと考える。この2つのグラフでは，1つは滑らかな上昇カーブが示されており，もう1つはギザギザな上昇ラインが描いてある。こういうランダムな動きをすることを動詞では fluctuate (不規則に変動する)，形容詞・副詞は erratic (不規則な)・erratically (不規則に) というのがある。通例受験生が知っているはずの表現ではないので，知っているなら書けばよいが（遠慮する理由は何もない），知らなければ本質的な部分ではないから無視するのが東大英作文，というより入試英作文のコツである。

解答・解説

- グラフや漫画や表の問題は，もし語数が許せばとりあえず This graph shows ... とか This picture illustrates ... とか，何を示しているものかのあらましを英語で説明するところから始めるとよい。show とか illustrate のあとには，本物の名詞も that 節も how や what などを用いる間接疑問文も来るので，目的語の種類に悩むことはない。
- ［考え方］でも述べたように時制は過去時制，そこから得られる結論は世界の気温と大気中の炭酸ガスの関係という「普遍の真理」に関することなので単純現在時制とする。
- 「何が言えるか」というのが問いであるが，いくら見ても世界の気温の上昇と大気中の炭酸ガスの量の増加以外のことは読み取れないし，何が言えるかといえば2つの事象には関係がある，ということくらいであろう。これは英作の問題であって地学の問題ではないから，「大気中の炭酸ガスが増加するのにつれて，世界の平均気温が上がるかどうか」を科学的真理の問題として吟味する必要はない。ただし大学受験生の一般常識と価値性を疑われるようでは困るが，現象面的に炭酸ガスの上昇と地球温暖化がシンクロしているからといって，この2つの事象に関係があるという保証はない。偶然の一致は常に考慮に入れなければいけないが，だからと言ってここでそれを考え過ぎても筆がかじかんでは何も書けない。ここはひとつ，It seems that SV など多少保険をかけてから2つのことには関連があるといえばよいのではないか。それぐらいでちょうど語数制限の範囲になるので，自由英作文的なことを付け加える余裕はないから，これはもともとそういう趣旨の問題なのであろう。
- as という接続詞は多義性があるが，「SV するにつれて SV する」と2つの事象が関連性をもって進行しているときに最も効果的に働く。本問も基本は as である。

T.Y. の解答例 ❶

　　Global temperature is shown to have increased during a period when the level of carbon dioxide in the atmosphere has also increased. However, while the latter has increased steadily, the former has fluctuated considerably, making it hard to establish a causal connection.　(42 words)

　折れ線グラフがギザギザになっているが，それを英語で言うのは難しいし，要求されてもいないだろう。でもできるならやればよい。東大英作の鉄則，できないことはやらず，できることは自分から手を挙げてやっていく。

T.Y. の解答例 ❷

The two graphs show an increase in both the level of carbon dioxide in the atmosphere and average global temperature since 1880. Although the trends are far from identical, they are similar enough to suggest there is some connection between the two. (42 words)

ネイティブの解答例 (J.B.)

The two graphs show a general similarity between the pattern of increasing levels of carbon dioxide in the Earth's atmosphere and rising global temperatures from the late nineteenth century to the year 2000. The upward trend gets steeper from about the mid twentieth century on [The graphs may indicate that there is a connection between rising carbon dioxide levels and global warming]. (45 / 50 words)

東大生による解答例① 「軟体動物」君

This graph shows~~,~~ that the amount of carbon dioxide per ~~particular~~ *unit* ~~amount~~ of air ~~keeps~~ *kept* increasing [the concentration of carbon dioxide in the atmosphere] for more than one hundred years, and the global temperature, though there ~~are~~ *were* many ups and downs, ~~seems to have changed~~ *went up[rose] overall* / *seemingly*, following the ~~amount~~ *pattern* of *increase in* carbon dioxide ~~as a whole~~ *(levels)*. (46 words)

東大生による解答例② 「Cygnus」君

The graphs show that as the concentration of carbon dioxide in the atmosphere has increased, global temperature has also risen since the beginning of the last century. We can infer from the graphs that there is a close relationship [appears to be] between these two phenomena. (43 words)

第2講

B大学では新入学者は外国語2つを履修することが義務付けられている。下のグラフは1990年度と2000年度における履修状況である。この大学では下記以外の語学コースは設置されていない。

これを参考にしながら，一貫した内容の会話となるように，(1)～(7)の下線部を埋めよ。(1), (4), (6)にはそれぞれ言語名を入れよ。(2), (3)は5～10語，(5)は10～15語，(7)は15～25語の英文を書け。なお，(7)は2文になってもよい。

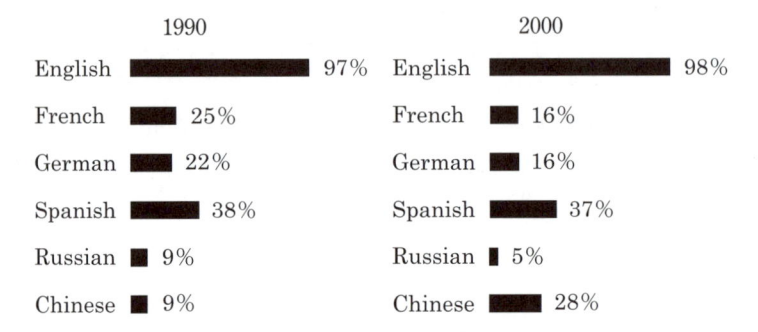

```
        1990                    2000
English  ████████ 97%   English  ████████ 98%
French   ██ 25%         French   █ 16%
German   ██ 22%         German   █ 16%
Spanish  ███ 38%        Spanish  ███ 37%
Russian  █ 9%           Russian  ▌ 5%
Chinese  █ 9%           Chinese  ██ 28%
```

This is a class at B university. The teacher and the students are discussing the graphs above.

Teacher: Maiko, compare the two graphs of the year 1990 and 2000. What do they show us?

Maiko: It is obvious the majority of students still consider English to be the most important language to study. (1) _____ is also still popular. I'm surprised that so many people are studying it, but considering the number of (2) _____, it is understandable that students think it is important. Very few people want to learn Russian. I can understand why. Russian (3) _____. The biggest difference is in the percentage of people who are interested in (4) _____. I guess people think that (5) _____.

Teacher: O.K. Now Taro, what languages are you studying?

Taro: Well, I'm studying English and German here because I have to study two languages, but I'm not really interested in any of the languages offered here. So I've begun studying (6)＿＿＿＿＿ on my own. (7)＿＿＿＿＿＿＿＿＿＿＿＿＿＿＿＿＿＿＿＿＿＿＿＿＿＿＿＿＿.

| 自 由 度 | ★★★☆☆ | 難 易 度 | ★★☆☆☆ |

■ 考え方

　東大ではときに，少なくとも表面上は拍子抜けするくらいやさしく見える問題が出題されることがある。やってみると実際は難しいものもあるし，またひょっとして何かもっとあるのではないかと出題の意図が不安になるくらい，本当にやさしいものもある。しかしどういう問題でも差はつくもので，やさしければやさしいほど指示や問題文を丹念に読み，ぬかりないようにしなければいけない。

　本問は内容的に仮定法を使う必要はないので，その点は気が楽だろう。しかし，仮定法の使い方は練習しなくてよいというメッセージのつもりで出題したわけではない。使うべきときは使い，使う必要がないときには使わないという判断力をつける問題のつもりである。

　思い出話であるが，東大実戦模試に本問を出題したとき，東京出版から発刊されている『大学への数学』の投稿欄に「このあいだの東大実戦の自由英作でどういう外国語を始めたか，という問題があったので，mathematics（数学）と答えたら，×にされた。数学が a language であることは明らかなのに，心の狭い人たちだ」とあったと同僚の数学の先生から聞かされて，楽しい思いをした。その答案は記憶にあるが，こちらとしては別に「数学」が「言葉」であることに異論があるわけではなく，単に本問の文脈に沿わないからである。Taro は「うちの大学の第2外国語のリストになかったので，自分で…を始めた」と言っている。数学を第2外国語として履修させる大学はあまりないだろう。

■ 必要な知識・能力

　折れ線グラフではなく，棒グラフや円グラフの場合は，時系列のデータでないことが多いので，特に時間に関するデータでない限り，時制にはあまり気を遣う必要はない。その代わり割合を表す表現はしっかり学んでおくこと。なお，間違いやすいことであるが，たとえば「66％［3分の2］の日本人が…」などというときは 66% [two-thirds] of Japanese people であって，of を抜いて× 66% [two-thirds] Japanese people としてはならない。似て非なるものが多いので，of の有無は気をつけること。

cf.　There was a 10% reduction. 「10％割引があった」
　　You are two-thirds my age. 「あなたは私の3分の2の年齢です」

解答・解説

T.Y. の解答例

(1) Spanish
(2) ・people who speak Spanish in Spain and Latin America (9 words)
　　・Latin American businesses opening offices in Japan (7 words)
(3) seems very difficult to learn (5 words)
(4) Chinese
(5) ・China is playing a more and more important role in the world, economically and politically (15 words)
　　・as China opens up, there will be more business opportunities (10 words)
　　・Chinese and Japanese relations will grow closer in the future (10 words)
(6)(7)
　　・Arabic: Arabic is very difficult and I like challenges. Also, it's important to understand the Islamic World because it stands between the East and the West (25 words)
　　・Korean: I've been interested in the Korean peninsula since I saw the historic meeting of the leaders of the two Koreas on TV (22 words)
　　・Portuguese: I really like Brazilian culture. Also, relatively few Japanese can speak Portuguese, so if I learn it, I'll have a valuable job skill (23 words)

- B大学における1990年度と2000年度の外国語の履修状況を比べて、その推移に注目した会話が展開されている。

- (1), (4)は言語の名前を入れるのだが、これは英文やグラフを見れば明らかであろう。ここを間違いなく答えてはじめて英作文の問題になる。(1)の答えはスペイン語で、(2)でなぜスペイン語が人気があるかを考えるのだが、but considering the number of ...「…の数を考えれば」とあるから（その後に学生がそれを大切と考えるのもわかる、と続く）普通に考えて<u>スペイン語を話す人の数が多い</u>、などとすればよい。また少しひねって<u>日本でオープンするラテンアメリカのビジネスの数</u>というようなことでもよい。

- (3)はロシア語を履修する学生が少ない理由を考えて書く。ただ5語以上が条件だから、Russian is difficult などというのはいけない。また語数を増やそうとして × *Russian seems that it is difficult* のようにありえない構文で書かないこと。

- (4)は中国語であるが，(5)ではなぜ中国語がこの10年で受講者が増えたかという理由を考える。ここでは比較級など何らかの意味で「増加」したという表現につながるものがほしい。世界で中国の果たす役割が大きくなっている，中国が開放政策をとるにつれてビジネスチャンスが増えている，あるいは日中関係はますます緊密なものになっていくなどという解答例を挙げてみた。
- (6)はB大学には設置されていない語学名を挙げ，(7)でなぜTaroはそれを始めたかという理由を挙げなければならない。英語で言える外国語名が問題文のグラフにあるもの以外にはないというのでは困る。もっともその外国語のつづりを間違えると後は0点という採点基準にはしなかった。ただ何語について語っているのか採点者にわからなければ0点である。アラビア語を挙げた解答例では I like challenges における challenge という語の使い方に注目してほしい。これは「やりがいのあること」という意味である。日本語で言うカタカナのチャレンジは，そのまま英語で challenge と訳すとおかしいことが多い。たとえば「アラビア語にチャレンジする」を，×*I challenge Arabic.* のようには言えない。このように単語の使い方でアピールすることもできる。ポルトガル語について述べた例は標準的な発想。ただし，ブラジルの国語はポルトガル語であることを知っていればだが。また最近の国際政治にヒントを得て Korean というのも選んでみた。

ネイティブの解答例（J.B.）

(1) Spanish
(2) countries in which Spanish is spoken　　　　　　　　　　(6 words)
　　people in the world who speak Spanish　　　　　　　　　(7 words)
(3) is difficult to learn and is only spoken in Russia　　　　　(10 words)
(4) Chinese
(5) it will be useful to speak [know] Chinese, since China is becoming an economic power　　　　　　　　　　　　　　　　　　　(14 words)
(6) Korean
(7) I am interested in learning Korean, because I want to work for a company that is based in South Korea　　　　　　　　　(20 words)
　　[I am learning Korean because I am interested in Korean history and want to study in South Korea after I graduate]　　(21 words)

東大生による解答例① 「軟体動物」君

(1) Spanish

(2) people who speak Spanish in the world　　　　　(7 words)

(3) doesn't have many speakers ~~of it~~ outside Russia　　(6 words)

(4) Chinese

(5) the ability to understand Chinese will ~~give them more~~ be useful for business purposes [speak] ~~chances~~ [open up more business opportunities] in the future　　　　(14 words)

(6) Italian

(7) I traveled in Italy about a year ago, and I ~~got caught by~~ was attracted to its ~~collection of~~ [fell in love with] beautiful arts, relaxing atmosphere, and delicious food　(23 words)

東大生による解答例② 「Cygnus」君

(1) Spanish

(2) people who speak Spanish all over the world　　(8 words)

(3) appears to be less useful than other languages　(8 words)

(4) Chinese

(5) China holds great promise because its economy is growing remarkably (10 words)

(6) Maori

(7) I heard that the Maori people in New Zealand are trying hard to save their language, which was on the verge of extinction, and so I became interested in the Maori language　　　(32 words)

第 3 講

次のグラフを見て，その示すところを与えられた語句を必ず用いて英文で描写せよ。

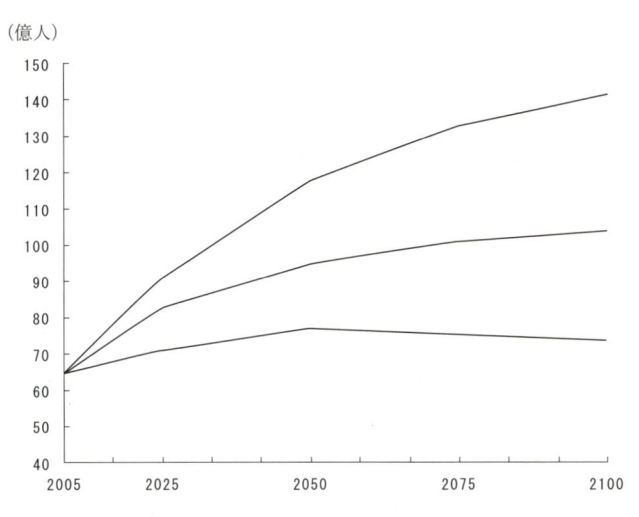

(億人)

[グラフ: 縦軸 40–150 (億人), 横軸 2005–2100, 3本の曲線]

21世紀後半に向かっての世界人口動態3つのシナリオ

語句：three possible scenarios

※ 本問は国連公表のデータをもとに，創作した英作文問題である。教科としての「地理」の知識や表示してあるもの以外の数字の正確さを問題にしているわけではなく，あくまで英作文の問題として取り組むこと。なお，現在は2000年であると仮定して時制を考えること。

自由度 ★★☆☆☆　　**難易度** ★★★☆☆

■ 考え方

本問も自由度の高い問題ではない。目の前のグラフが示していることをそのまま英語で記述できればそれでよい。

■ 必要な知識・能力

第1講と同じであるが，ただし未来のことであるので時制は will を用いた形がよい。時制の議論は難しいが，これは単なる予測なので，もっと確度の高いことを表す be going to do でないほうがよい。

解答・解説

T.Y. の解答例

　This graph shows three possible scenarios for world population growth in the twenty-first century. In one scenario, the population of the world will continue to grow rapidly, reaching 14 billion by the end of the century. In another scenario, the population will also continue to grow but less rapidly, and will level off after reaching about 10 billion in 2075. In the third scenario, the population will grow slowly, peaking at [reaching its peak at] 7.5 billion around 2050, and after that it will start to decrease gradually.　　　　　　　　　　　　　　　　　　　　(84 / 86 words)

- 単に数字を示すだけでなく「増加」,「平準化」,「減少する」のように動きを書くのがよい。上下しないで横に平べったく続くのは level out / off。ただし，これは上がったり下がったりしていたものが平準化することなので，もしそのまま変わらないというのであれば remain unchanged。
- こういうものはどうしても単調になるので，上記の解答例の reaching 14 billion のように分詞構文などを組み合わせて文にメリハリをつけるとよい。
- 「さらに大きく増加／減少する」というつもりで，increase / decrease more / less とすると変な感じがするのは increase や decrease 自体が「数量の増加／減少」の動詞であるのに，それを「数量」に関わる副詞である more や less と組み合わせると，重複あるいは矛盾しているように聞こえるからである。increase や decrease は「様態」の副詞（上記の解答例の less rapidly などを参照）とともに用いるのがよい。
- また it will decrease gradually ではなく it will start to decrease gradually と start を入れて書くほうがしっくり感じる人はネイティブの感覚を持っている。説明は難しいが，ある1時点で変化が開始するのだから continue という「線分」の動詞よりも start to decrease のように「1時点」を表す動詞のほうがよい。その間の機微がわかるようになれば英作力は上級である。
- 数字が大きいので桁に気をつけること。50億は 5 billion で ×50 billion ではない。また 5 billions と複数形にしない。cf.「何十億もの…」billions of …　ついでに言うと「何百もの…」(several) hundreds of …，「何千もの…」thousands of …，「何万もの…」tens of thousands of …（× ten thousands of … ではない），「何十万もの…」hundreds of thousands of …，「何百万もの…」millions of …，「何千万もの…」

- tens of millions of ...，「何億もの…」hundreds of millions of ...。しかし「何十もの…」は通常 tens of ... とは言わず dozens of ... と言う。ちなみに several hundred people は「数百人」で some hundred people は「約百人」である。
- 「21世紀」は the twenty-first century あるいは the 21st century。ちなみに 21 世紀前半／後半は，正しくは the first / second half of the 21st century。
- scenarios のあとに来る前置詞は for が多い。
- the population とは the number of people のことだから，×*the number of population* というのは理屈から言ってもおかしい。
- ×*the number of it* のように of it をつけることはない。
- 「世界の人口」 the population of the world / the world's population / world population / global population
- シナリオを列挙するとき，この場合は First, Second（これは議論の根拠を列挙するとき）ではなく，In the first scenario, ... In the second scenario, ... In the third scenario, ... か，あるいは In one scenario, ... In another scenario, ... In the third scenario, ... のようにする。One scenario is that S V というのもある。
- on the contrary とかを使う場面ではない（➡ p.66）。
- until か after か by かは書き方による。未来のことだから since などはヘン。
- 未来完了，未来進行形はあり得ないというほどのことではないが，余計な苦労をすることになりかねない。ただし，書き方によっては有力なこともあるかもしれない。
- ×*after then*。after は前置詞で，then は副詞であるから不可。 cf. ○ since then（➡ p.17 解説(6)）。ただし since を使うと，主節は文法的にほぼ現在［過去］完了になる。
- 1 つ 1 つの線は a line であって，グラフというのは全体のこと。
- 「何倍に増える／何倍になる［何分の 1 に減る］」を increase や become を使って書くとうまくいかない。比較構文で become を使わずに書く。たとえば「人口は 10 年前の 3 倍になった［3 分の 1 に減った］」は The population is three times [one-third] as large as (it was) [what it was] ten years ago. である。

ネイティブの解答例（T.G.）

The graph shows three possible scenarios for world population growth in the 21st century. Population may level out at around seven billion people before starting a gradual decline, or may continue to grow; slowly, to about ten billion, or rapidly, to fourteen billion.　　　　(43 words)

第9章 意思決定

第1講

A大学では，カリキュラムの一環として，ボランティア活動への参加をとりいれている。あなたがA大学に入学して，何らかのボランティア活動を行うとすれば，どのような活動に参加したいか，それはなぜかを40～50語程度の英語で述べよ。文の数に制限はない。（内容よりも作文能力を問う問題であることに注意せよ。）

（東京大 1999年 2(A)）

自由度 ★★★★★　　**難易度** ★★★☆☆

■ 考え方

今にして思えば，本問が出題された1999年度は，東大英作文の自由度がもっとも高まっていった時期であった。同僚の先生方と，この情勢では来年は一橋大のような語数100語を超える本格的な自由英作の問題が出題されるのではないかと期待（懸念？）したものだった。なお，「内容よりも作文能力を問う問題であることに注意せよ」という注意が指示の中にあったのは1998年（→ p.302）についで2回目であり，またこれが最後である。これ以降この指示が書かれなくなったということは，採点基準の方針が変わったためでなく，このメッセージは浸透したと判断したのではないかと思う。しかし結果的にこの注は，英語にスペリングや明白な文法や語法のミスがない限り，どんな幼稚な内容でも高得点を期待できるという（おそらくは誤った）安易な考えを一部に広めることにもつながった。

語数を除けば，ほぼ完ぺきな自由英作問題である。したがって自由英作に当てはまる対策がそのまま有効となりそうなものであるが，東大受験生は一般的に本格的な自由英作文の練習をしていない。だからこういう問題はやりづらいだろう。トピックとしてボランティア活動というのは，少なくとも受験生の目下の最大の関心事ではないだろうし，またボランティア活動を経験した受験生も少ないであろう。人間は経験も関心もないことについては書きづらい。しかしこれは入学試験なのだし，関心がなくても書きにくくても，条件は他の受験生と同じなのだから，練習のときは知恵を振り絞って少しでもクオリティーの高いものを書くよう努力すべきである。そして本番のときは，やはり人生がかかっているし，時間の制限もきつく，雰囲気も緊迫しているから，結果的に平凡なところで手を打つ，というのはやむを得ない。しかし，普段からその低レベルを目標に

練習していると本番ではそれよりさらに2段も3段も下のレベルになること請け合いである。アイディアというのは才能ではなく，習慣の問題であって出すつもりで練習していれば出てくるものである。

■ 必要な知識・能力

　要は典型的な自由英作だから，自由英作の対策がどれくらいできているかである。東大英作は語数が少ないのが救いではあるが，それだけに常識的なことを正確に書き，体験とか正義感など，何か1つ光るものがあるような内容を考えるようにする。自由英作は小論文ではなく，あくまで英作の試験であるからこそ内容勝負というパラドックスがわかってもらえるだろうか。東大受験生とはいえ，受験生の英作力に大した違いはないから，自分の英語の良さが出て欠点が出ない英文を書くには，まず何を書くかというアイディアを十分練ってからにするのが一番間違いないと知るべし。

　東大英作の場合，語彙は多くなくてもよいが，こういうことを書いてやろう，とねらっているのなら，それを書くのに必要な語彙は自分で開発しておくべきである。たとえば「介護施設」a nursing home，「(メンタル面で)障害のある人」a (mentally) handicapped person，「(老齢などで)身体が不自由な人」people in wheelchairs など。しかしデリケートな話題なので表現に気をつけること。

　また出題当時の時勢を反映してか，カンボジアに行って地雷を除去する，というのも多かった。活動自体には賛成したいが，大学時代に行かなくてもよいのではないか。

解答・解説

T.Y. の解答例

> I would like to teach the game of *go* to elderly people in nursing homes. *Go* is fun for everybody, young and old. It's not difficult to teach *go* to elderly people if you have the knack. I do, because it was I who taught *go* to my grandparents, not the other way round. (54 words)

　著者 (T.Y.) は大学時代囲碁部であった。その体験をもとにしている。ボランティア活動として何をやるか (事実であっても創作であっても) について書く要諦は，人の嫌がることか，無償でもやりたいほど好きなことを，低い目線で書くことである。

ネイティブの解答例（J.B.）

I would like to participate in a volunteer program which involves visiting seniors [elderly people] in nursing homes. Many older people who live in homes don't get many visitors, so they feel lonely. They might enjoy chatting or playing a game with a younger person (, and I would like to hear their stories).　　　　　　　　　　　　　　　（43～52 words）

東大生による解答例① 「軟体動物」君

I would like to join a program to ~~take care of~~ help disabled people. [which provides services to] That is because I think I ~~can~~ could learn many things through the experience, like how they see this society and their life and what ~~can I~~ I can do to support them spiritually as well as physically.　　　　　　　　　　　　　（48 words）

東大生による解答例② 「スピカ」さん

I want to go to a hospital for children and play with them. ~~It~~ That is because [would like to volunteer at]　　　[get to know] [the children] I to want become a pediatrician who ~~can feel~~ knows how the sick children in hospital see things   the children's   only from feel, so I want to ~~stay in the hospital~~ from ~~their~~ point of view, not the doctors' points of view.　　　　　　　　　　　　　　　　　（49 words）

東大生による解答例③ 「Cygnus」君

I would like to work at a home for the aged, because it ~~will~~ would be a great joy to see seniors smile. This experience ~~will~~ would also offer me a valuable opportunity to understand old people's outlook on life, and thereby to broaden my horizons.　　　　　　　　　　　　　　　　　　（44 words）

第 2 講

> あなたが今までに下した大きな決断について，60 〜 70 語の英文で説明せよ。ただし，
> (1) その時点でどのような選択肢があったか
> (2) そこで実際にどのような選択をしたか
> (3) そこで違う選択をしていたら，その後の人生がどのように変わっていたと思われるか
> という三つの内容を盛り込むこと。適宜創作をほどこしてかまわない。
>
> （東京大 2006 年 2(B)）

自由度 ★★★★☆　　**難易度** ★★★★☆

■ 考え方

「適宜創作をほどこしてかまわない」ということは「創作せよ」ということである。受験生は誠実であるから，ありもしないことを書くのを嫌がる。あるいはそういうことをやってはいけないのか，と思っている人も多いだろう。だからここにわざわざ「適宜創作をほどこしてかまわない」と注を入れてあるのである。入試の自由英作文は小論文ではなく，面接の代わりでもない。あくまで試験官から見て「あなたはどれぐらい英語が書けますか」という問いに実例をもって答える，というのが要求されていることである。ただし，律儀に実体験に基づいて書いても一向に構わない。要は「やさしい英語で正確に，少しだけオリジナリティーを感じる」答案を書くことが安全に高得点を取るコツなので，それにふさわしい内容にするには創作を交えたほうが楽だろう，と思うのである。

(3) は明らかに仮定法を要求している。そこを間違えると (3) の配点の大半は吹っ飛ぶと思ったほうがよい。仮定法は東大英作の必修アイテム。

■ 必要な知識・能力

問題の性格からいって，アイディアを思いつかなければ始められない。体験でも創作でも，あるいは指示のように体験に創作を交えたものでも，アイディアを決めること。その際，面白いものを上手な英語で書けるような内容を考えること。受験生は本番では余裕がないから得てして平凡なことを考え，それを書き連ねただけで終わってしまう。本番ではそれでよいが（つまり状況を考えれば仕方がないが），練習のときは時間をかけて面白いものを考えるべきである。普段からつまらないものでも間違いがないからよしとする，という英文を書いていたら，本番ではもっとつまらないものになる。

解答・解説

T.Y. の解答例

One spring night when I was viewing cherry blossoms with Rie, I suddenly felt the urge to confess that I loved her, but I was too shy. Last year Rie sent me a letter from New York. She said she had decided to marry a New Yorker, though she had really loved me once. If I had been braver that night, I might be married with children by now. (69 words)

「T.G.」氏のコメント：

Err … "confessing love to Rie" is used in two different essays I think. Is that OK??

……

*　*　*

　自作であるが，受験生がこういう解答をまねしてほしいと思っているわけではない。自分で読んでも読み返すと恥ずかしい。もちろん100％創作であり（ヒントみたいなものはあるが），そもそも出題の意図はもとより問題の指示を守っているかどうかも怪しい。しかしどうせ自由英作文の準備をするなら，これぐらいのものから考え，そして本番ではそういう爆発力をあえて抑えてほどほどのものを書くのがよい。こもる力は表現されてなくとも，読む人が読めばこれでいっぱいいっぱいかどうかはすぐわかる。

　ちなみに be married with children は「結婚して子供たちと一緒にいる」ということである。誰かと結婚しているなら be married to … 。

ネイティブの解答例（J.B.）

The biggest decision I've ever made was my choice of major at university. I considered computer science or economics, but finally decided to major in French. Had I chosen one of the other subjects, my university experience would have been different, as I would have met different people. My choice also affected my job prospects after graduation. I'd probably be richer if I'd chosen economics, but I still love French.　　　　　　　　　　　　　　　　　　　　　　　(70 words)

これは J.B. 氏の実体験ですね。

東大生による解答例　「軟体動物」君

The biggest decision in my life was [so far / I've made] about which club to belong to [join] in junior and senior high school. There were lots of options, such as a tennis club [the], a soccer club [the], a swimming club [the], and I chose to belong to [join] the tennis club. If I had chosen another club at that time, I would have had different friends, different ways of thinking [a different outlook], and even might not be here now [might be going to a different university now].　(70 words)

「T.G.」氏のコメント：
「入部する」のは join，「所属する」のは belong to。

「軟体動物」君のコメント：
二年間大学生でいると（T.Y. 注：当時）もっと豊富なネタがあるのですが，ここでは受験生の立場になって書きました（T.Y. 注：気を遣ってくれたわけですね）。

第 3 講

> 今から 50 年の間に起こる交通手段の変化と，それが人々の生活に与える影響を想像し，50 ～ 60 語の英語で具体的に記せ。
>
> (東京大　2008 年　2(B))

自由度　★★★☆☆　　**難易度**　★★★☆☆

■ 考え方

　比較的最近の問題であるから，ずいぶんたくさんの受験生の解答例が，まだ記憶に残っている。あまり冴えたアイディアのものはなかったような気がする。第一感で考えると石油などの化石燃料の枯渇とか，環境にやさしい交通手段というようなことであろう。そこからその線に沿ったアイディアでやさしく書けるもの，その (採点官の側の) 予想を裏切るような意表を突くアイディアで考えられるものを考えてみる。

■ 必要な知識・能力

　東大英作の対策として「仮定法」の理解が必要という認識を持つ受験生は少なくないと思うが，実は仮定法にはさらに大きな問題である「時制」についての深い理解が要求されていることを，どれぐらいの受験生が自覚しているかどうか。ただし出題に当たられる東大の先生は，それほど難しいことを要求しているつもりはないのかもしれない。出題してみるとあまりにも受験生の出来が悪いので焦っておられる気配もある (最近は点数開示が行われるし，こちらは実際に受けた受験生に再現答案を提出してもらい採点すると，どういう採点基準であるかある程度見当がつく。問題によってはおそらく出題した時点より甘い採点基準になっていると考えられるケースがある)。時制の難しさは単に英語の理解が足りないからではない。日本語を母語とする人と英語を母語とする人で「時間」の表現の仕方が決定的に異なるためである。難しいことを言うつもりはさらさらないが，本書全体を読んでいただければ，時制について少なくとも著者の知っていること，わかっていることはすべてお伝えできると思う。

　本問で書くように求められているのは「未来」のことである。標準的な英文法では「未来時制」というものは立てないが，実用的には「未来の表し方」を未来時制のようにイメージしていても実害はないと思う。ただし本書では，時制は「現在時制」，「過去時制」の 2 つしかないという原則で記述する。本問と仮定法の関連で言えば，問題文からはあえて仮定法を使わなくともよいが，内容によっては仮定法で書いてもよい。普通に考えれば助動詞の will を基調に書くべきであろう。

解答・解説

T.Y. の解答例

> As was illustrated in the 2007 Tokyo University English (entrance) exam, environmentally friendly UFO-like vehicles that do not run on fossil fuels will be common. Almost all the CO_2-emitting automobiles that now congest our roads will have disappeared, and people will be using these new kinds of vehicles to go anywhere, just as people in the past used bicycles. (58 / 59 words)

- 著者のこの解答例には、例によって採点の先生を驚かせようという魂胆がある。2007年（本問が出題された前年）に UFO の本を読んでいる少年の部屋（あるいは教室）の外で実際に UFO が飛んでいる1コマ漫画をモチーフにした問題（➡ p.224）が出題され、それに悪乗りしたものである。言うまでもなく受験生の手本にしてもらおうという意味ではない。本番でこういうことをやって外すと悲惨なことになる。あくまでアイディアの範囲を広げる参考に、ということである。練習のときにはこれぐらいのことを考えていて、やっと本番では、まあまあ普通だがオリジナリティーを感じさせ少しは見るべきところのあるアイディアが思いつくようになる。

- 著者としては、採点の先生をアイディアで驚かすのが本意なのではなくて、英語もアピールしているつもりである。①さまざまな時制を使い分けていること、②他の受験生があまり知らないような表現を用いて、一味違う知識をさりげなく披露しようとしていることを見てほしい。

① 時制

・As **was illustrated** ...	過去時制
・vehicles ... **will be** common	一般的な未来の表現
・vehicles that **do** not **run** on fossil fuels / automobiles that now **congest** our roads	現在時制

関係詞節中であること、物の固有の性質を表していることから、未来の事柄であるにもかかわらず単純現在時制を用いている。ただしこの類のことを厳密に議論するのは難しい。受験生はそういうものか、ぐらいに考えておけばよい。

・automobiles ... **will have disappeared**	未来完了
・people **will be using** ...	未来進行形

- just as people in the past **used** bicycles　　　　過去時制

2 表 現

- As was illustrated in ...　この As は一般的には疑似関係代名詞と説明されることが多いと思う。それならば As は述語動詞 was の主語であり，その先行詞は後出の主節，environmentally friendly UFO-like vehicles ... will be common 全体。
- Almost は副詞であり，×*Almost of all* と言うことはあり得ない。細かいことながら文法の頻出事項。
- all the ...　必ず all → the の語順（➡ p.349 APPENDIX 6.1）。
- CO_2-emitting automobiles　n-doing N (n-doing が形容詞として N を修飾している) は N that do [does] n，つまりこの場合で言えば automobile that emit CO_2（CO_2 とを放出する自動車）ということ。ちなみに n-done N (n-done が形容詞として N を修飾している) は N that is [are] done by n，つまりたとえば the snow-covered town なら the town that is covered by snow（雪に覆われた街）ということ。これらは文法項目として知っておくべきことである。

ネイティブの解答例（T.G.）

As the world runs out of oil, we will see a trend towards simple, energy-efficient transportation. The vehicle of the future will not be some high-tech personal jet or helicopter, but rather, the humble bicycle. It will be used for shopping and going to school. Better telecommunications will save people from having to travel to work by train or car. 　　　(60 words)

東大生による解答例①　「Cygnus」君

Today we depend on public transportation or cars, but within half a century each of us will come to possess a special device enabling us to go wherever we want in an instant. This change will set us free from the agony of taking crowded trains or being caught in traffic jams, thereby bringing us peace of mind. 　　　　　　　(58 words)

「Cygnus」君のコメント：
　　あまりコメントすることもないのですが…。語数制限もあり，内容が恐ろしく幼稚で，涙が出そうです。別の言い方をすると，ボクの発想力が乏しいということかもしれません。以前どこかで，「変化について尋ねられたときには，その変化の前後を両方説明すべき」と習った記憶があるのですが，それを考慮して，1文目の前半では現状について軽く言及しました。多分いらない心配ですよね。

東大生による解答例② 「軟体動物」君 その1

　The world will be much smaller because of the invention of an airplane which ~~flies~~ *can fly* as fast as ~~rockets~~ *a rockets*. This will ~~have~~ changed businessmen's ~~life~~ *lives*. They ~~can~~ *will be able to* meet ~~important persons~~ *people* thousands of miles away from their ~~countries~~ *cities* and come back ~~at~~ *to* their offices a few hours later. Of course, 'econom~~ic~~*y* class syndrome' will have become ~~an ancient phrase~~ *a thing of the past* for them.

(60 words)

東大生による解答例③ 「軟体動物」君 その2

　Cars will have disappeared because the exhaustion of oil will have forced all nations to stop using cars. Instead of cars, trains and bicycles will be ~~much~~ *very* popular. People ~~can~~ *will be able to* go almost ~~wherever~~ *anywhere* by train, and using free rental bicycles ~~equipped with~~ *available at* every station, they ~~can~~ *will be able to* visit ~~famous~~ museums, go around town~~s~~, see their friends, or go wherever they like.

(60 words)

「軟体動物」君のコメント：
　　本問はネタが見つけにくかったです。頭を絞りましたが，この2つしか思い浮かびませんでした。

　　軟体動物君は少なくとも受験生レベルでいえばアイディアの捻出能力は傑出しているのですが，やはり創作は難しいものなのですね。

第 4 講

あなたには親しくしているやや年少の親戚の子がいる。

彼の両親は2人とも高名な画家であり，彼も絵の才能があるようである。高校の美術の先生も両親も彼の才能を高く評価している。しかし彼自身は進路のことについて悩んでおり，あなたにアドバイスを求めてきた。

彼が言うには自分では周りが言うほどの絵の才能があるとは思えない。また両親を見ていても決して楽な道ではない。絵は嫌いではないが趣味としてやっていければよいし，自分としては大学では理数系の学問を学びたい。ただ学校の成績は美術以外は芳しくないと言う。

それに対するあなたの考えを直接その子に語りかける形で，45～65語程度の英語で答えなさい。

自由度 ★★★★☆   **難易度** ★★☆☆☆

■ 考え方

著者の経験の範囲内でも，大学に行ってさまざまな分野のいわゆる知的エリートを目指すか，芸術やスポーツなどの才能だけがすべてを決める世界を目指すか，考えたことのない人はあまりいないだろう。自分の本音の部分で考えるとよい。こういう問題は英語は二の次である。間違いさえなければ。

■ 必要な知識・能力

- 美術，音楽，スポーツ関連の語彙は豊富にある必要はさらさらないが，出題形式で，本当に自分の関心のある分野の話を書かなければいけないこともあるから，芸術やスポーツの得意なジャンルや種目があれば英語で言えるようにしておくと役に立つ。
- 内容勝負の問題と思うが，そういう場合でも常に英語力をアピールすることは考えておくべきである（中身がないのに理屈があやふやな難しい構文やニュアンスのよくわからない語彙を用いようとするのは逆効果であるが）。
- 著者の解答例は，自慢するほどのものとは思わないが，さりげなく仮定法，Why not? の修辞疑問，sooner or later などのイディオム，比較構文とその応用である［the＋比較級, the＋比較級］を正確無比に書こうとしていることに目を留めてほしい。内容にも多少の工夫をしたつもりである。

解答・解説

T.Y. の解答例 ❶

Well, if I were you, I would definitely study painting at university. Actually, I have always envied you. I wish I were as talented as you are! I think even if you decide not to study painting at university, sooner or later you'll decide it's what you really should do. So why not get started now? The sooner, the better. (60 words)

　著者の解答例であるが，実感でもある。今の世の中，日本の経済がひところの勢いがないといっても，食うだけなら何とでもできる。やりたいことがあればやればよい。才能と努力に自信があるならば。

T.Y. の解答例 ❷

I understand what you mean. It's natural that you are worried about whether you can be successful as an artist. Success can be achieved only by the very talented. But I think you are very talented. Your parents told my parents that you are much more talented than they are themselves. If you have a genius for something, it's your duty to pursue it. (64 words)

T.Y. の解答例 ❸

Everyone says you have tremendous talent as a painter, and I am sure they are right, but even so, you need to consider your own desires. You can't allow others to decide your path in life. I think you should study science at college, (precisely) because it is what you want to do. If that doesn't work out, then go back to painting. (62 / 63 words)

　求められているのは，絵画の才能があるがその道を進むべきかどうか悩んでいる親戚の子に進路についての相談を受けたとして，それに対して与えるアドバイスである。
　自由英作の範疇に入る問題であり，もとよりどういう立場で書いても差し支えない。受験生自身に，また身近な人にもそのような悩みを持っている人は多いだろうから，何も意見が思いつかないということはなかろう。

普通に考えれば才能のあることをやるほうがよいと思われるが，出題の意図としては，別に個々の受験生の実際の人生観を聞きたいのではなく，英文を綴る能力を見たいわけであるから，自分の思いをほとばしるように書いたからといってうまくいくとは限らない。逆にまた自分が実際に思ってもいないことは書きにくい。自分の実際の体験や考えを基にしながらも，同時にどういうことなら正確に書けるかということを踏まえて，書く内容を調整していくのがよい。突拍子もない意見とか皮肉な言い方は採点基準でそれ自体減点されるはずはないが，英文の出来として普通はうまくいかないだろう。またあまりに貧弱な内容だと英文としての誤りはなくても，英作文能力の評価として高得点は望めない。やはり書いている英語が立派であると思われるためには，自分の書ける範囲で説得力のある内容を思いつくように工夫すべきである。

- 解答例①，②は，いずれも絵の道に進めという立場から書いた。解答例①では「励ます」ということを中心にした。「もし私が君だったら」If I were you, ...,「君がうらやましかった」I have always envied you,「僕にも君くらいの才能があったらなぁ」I wish I were as talented as you are などを用いてメリハリをつける。そして「遅かれ早かれ (sooner or later)」絵の道に進むことになるのだろうから，それなら「早ければ早いほうがよい (The sooner, the better)」と結んでみた。
- 解答例②は，「共感」あるいは「理解」という立場で書いた。I understand what you mean. It's natural that you are worried about whether ... などとしたのはその線に沿ったものである。最後は「何かに才能のある人はその道を歩むのが義務である」If you have a genius for something, it's your duty to pursue it. としたのだがどうだろうか。
- 解答例③は，理系の学問をやりたいのだから，そうすればどうか，という立場であるが，この論の趣旨はどちらがよいと言っているのではなく，自分の道は自分で決めろということである。もっともアドバイスを求められたとき，自分で決めることだと言うのは常に正論であるが，また同時に何もアドバイスをしていないとも言えるから，その場合はそれなりに自分で決めることの重要性，あえて自分ならどうするか，この道を選べばこういう可能性とリスク，あの道を選べばこういう可能性とリスクがある，などということを踏まえてまとめる必要がある。表現として You can't allow others to decide your path in life. というのは覚えておくとよい。

ネイティブの解答例（J.B.）

I think you should study something you are interested in at university, rather than studying art because your parents and your teacher say you are good. You must think about what is right for you. If you are more interested in studying mathematics or science, then that is what you should do. You can always come back to art later. (60 words)

> **東大生による解答例①　「軟体動物」君**
>
> I don't recommend you ~~to~~ [that] be an artist just because you are highly [become] evaluated by [your parents and teacher consider you to be talented / rate your skills highly] your parents and teacher. The important thing is whether you have a passion for art or not. If you don't feel a passion for art and are interested in other fields, you ~~can~~ [should] try them. If you swing back to art later, it proves that art is your calling. If not, ~~it's~~ [that's] also OK. [return] (67 words)

軟体動物君の気立ての優しさが出てますね。

> **東大生による解答例②　「Cygnus」君**
>
> "Now you are standing at a crossroads in your ~~career~~ [life]. Since you have not experienced such a situation before, it is only natural that you find yourself [been in] at a loss which path to take. Then, why don't you close your eyes and project yourself mentally into the future. What are you doing there? Do you look happy ~~there~~? You know, you should do what you really want to do, because it is you yourself who will paint your ~~futurescape~~ [future portrait] on your own white canvas. Be true to yourself, listening to your inner voice with willing ears, and you will be able to find your own way." (105 words)

Cygnus 君の華やかで荘重な英文が爆発していますが，若年の親戚の子に対するお兄さん的アドバイスとしては相当違和感ありますね。外していると思います。

第 5 講

　A大学では外国の大学に1年間留学できる制度を設けている。もしあなたがA大学に入学し，その制度を活用して外国の大学に1年間留学するとするならば，どの国に留学して何を学びたいか，そしてそれはなぜかを40〜50語程度の英語で述べよ。具体的な国名や大学，学部名を挙げてもよいし，ヨーロッパで哲学を，あるいはアジアの国で民衆の生活の実態を学びたいというようなことでもよい。文の数に制限はない。（内容よりも作文能力を問う問題であることに注意せよ。）

| 自 由 度 | ★★★★☆ | 難 易 度 | ★★☆☆☆ |

■ 考え方

　自由英作のタイプで言えば「意思決定」型である。「あなただったらどうするか」という出題形式は，一般論的に言えば受験生が一番苦手にするように見える。しかし，それは今の若者に自分の意思がないということではないと思う。個人的に話せばいろいろなことを考えている。ただ，そういう自分の個人的な考えを人前で言わないのが奥ゆかしい，という教育を受けてきただけだと思う。著者はそれを美徳と思うが，言えと言われたら遠慮することはない。思うところを目いっぱい言えばよい。

■ 必要な知識・能力

　自由度の高い問題であるから，自分で自信のあることのみを（アイディア的にも英語のレベルとしても）書けばよい。東大の英作は自由英作といっても特殊であるから，東大対策だけをやっている人に薦めるにはためらう気持ちがあるが，本来本格的な自由英作を課す大学を受ける人は「私の尊敬する人」，「専攻する学問」，「ボランティア」，「趣味」，「教育」，「環境」，その他最近よく話題になること（たとえば裁判員制度など）について，自分の根底の意見だけは英語で言えるようにしておくとよい。

解答・解説

T.Y. の解答例

I'd like to go to England and study mathematics at Cambridge. I have always been fascinated by mathematics. My childhood hero was Ramanujan, an obscure Indian accountant whose genius was recognized by Cambridge university, which made him a professor. Cambridge is the mecca of mathematicians. (45 words)

著者が使ったアイディアは，インド出身の異能の数学者，ラマヌジャンである。本来これは「ヒーロー」型のネタであり，それを「意思決定」型に転用したものである。これも1つの自由英作のコツ。

著者が職業柄，自由英作の解答例を作ることは当然よくあるが「ヒーロー」型では大体用意しておき，著者の場合はラマヌジャンがほとんどである。だからと言って受験生にそのまねをしろと言っているわけではない。本番で神が舞い降りたように冴えたアイディアが浮かぶことはあるが，そのためには普段からある程度オリジナリティーのあることを地道に考え，また他の人や模範解答など感じるものがあればその要諦を心に留めておき（場合によっては暗誦するのもよい），自由英作問題の予習や模試に書いてみて身につけるようにするとよい。

ネイティブの解答例（J.B.）

I would like to study music in Germany or Italy, because of their rich musical traditions. It would be wonderful to study in places where Bach or Verdi composed their great masterpieces. I would also like to observe the role of classical music in modern European societies. (47 words)

> 東大生による解答例① 「軟体動物」君

I would like to ~~learn~~ **study** philosophy in Europe. That is because so far I ~~didn't have~~ **haven't had** many opportunities to ~~learn~~ **study** philosophy in Japan, and I think it would give me important hints for living (really) a good life as a human being, not just living ~~richly~~ **a comfortable [affluent] life**. (46 words)

> 東大生による解答例② 「Cygnus」君

I would like to go to Peru to deepen my knowledge of Machu Picchu, one of the most glorious world heritage**s** **sites**, because why and how it was constructed remains wrapped in a veil of mystery. I hope also to contribute, if possible, ~~toward~~ **towards the** preservation of this celestial city. (48 words)

第 6 講

次の日本文の内容を英語にまとめ，そのあと締めくくりとして感想を一言英語で付け加えよ。

　地球の誕生はほぼ 46 億年前とされる。それから現在に至る地球の全歴史を 1 年にたとえると，1 月 1 日に地球が誕生したとして，恐竜が出現するのは 12 月 12 日，絶滅したのは 12 月 26 日である。現生人類が現れたのはほぼ 10 万年前とされるから，このカレンダーでは 12 月 31 日の夜の 11 時 50 分近くということになる。

| 自 由 度 | ★★☆☆☆ | 難 易 度 | ★★★☆☆ |

■ 考え方

　感想を一言英語で付け加えよ，としたのはアイディアを出す練習用にというだけでなく，事実の記述だけでは問題がやさしくなりすぎるのではないかと考えたからでもあるが，それなしでも結構難しかったようだ。「地球の全歴史を 1 年にたとえると」のところが言えているかどうかはポイントである。

■ 必要な知識・能力

　数量表現，日付，時刻などは入試の英作文で大きなポイントとして取り上げられることはないが，実際は大切なことである。東大の英作文でも目立たないし配点も大きいとは思わないが，かなりの頻出事項である。

解答・解説

T.Y. の解答例

It is said that the Earth is about 4.6 billion years old. Suppose (that) we were to describe the history of the Earth as if it had lasted just one year. In this calendar, the Earth is born on January 1 [1st]. Dinosaurs appear on December 12 [12th], and become extinct on December 26 [26th]. The first Homo sapiens only appears about ten minutes before the end of the year [ten minutes before the new year]. May the new year be a good year.

(72 〜 75 words)

「S.Y.」氏のコメント：
笑いました。入試でこれをやって高評価をもらえるような大学ばかりでもないでしょうが。

* 　 * 　 *

この間たまたま「この卵はどれぐらい日にちが経っている？」「3日くらいだ」というのを英語でどう言うか，と生徒に質問されたが，人間の年齢と同じように "How old are these eggs?" "They are three days old." のように言う。ちなみに数字を英作文で書くときは，原則として，

1. 1から10までは one, two, three, ... ten のように文字で書く
2. 11から100まではどちらでもよい
3. 101から999までは数字で書くのがよい
4. 千, 百万などは thousand, million などを用いて表す

また，この問題のように46億を 4,600,000,000 のように書いていけない理由はないが，単に下手と思われて損するかもしれない。解答例のように丸める努力をするとよい。

ネイティブの解答例（T.G.）

The Earth is reckoned to be 4.6 billion years old. Suppose we represented that period as a single year, with the Earth being created on January 1. On this scale, dinosaurs would not appear on Earth until December 12, becoming extinct on December 26. Homo sapiens would make his appearance on December 31, at 10 minutes to midnight. This means that my own lifetime is like a tiny fraction of a second in the history of Planet Earth ... do I matter?

(81 words)

東大生による解答例 「軟体動物」君

The earth is supposed to have ~~started existing~~ [come into existence] about four ~~point~~ six ~~hundred million billion~~ [billion] [4.6 billion] years ago. Let's compare its ~~whole~~ [the time span of] history to one year, first fixing the birth of the earth on ~~the~~ New Year's Day. ~~Dinosaurs' emerging~~ [The emergence of dinosaurs] on the earth falls on December ~~twelfth~~ [12th], and their disappearance from the earth falls [would fall] on the day after Christmas. Since the human species which we belong to ~~are~~ [is] supposed to have emerged about one hundred thousand years ago, ~~their~~ [its] appearance comes ~~to~~ [at] about ~~eleven fifty~~ [ten minutes to midnight] [would come] [11:50 p.m.] on the evening of December ~~thirty-first~~ [31st] in this calendar. If ~~ten minutes' existing of~~ [during their ten-minute-long presence] [existence] human beings destroys what the earth has fostered for one year, human beings cannot escape the infamous title of "the most foolish species ever on the earth."

(123 words)

「S.Y.」氏のコメント：
よく最後の１文を思いつきますね，実にうまいものです。

第 7 講

> もし他人の心が読めたらどうなるか、考えられる結果について50～60語の英語で記せ。複数の文を用いてかまわない。
>
> (東京大　2012年　2(B))

自由度　★★★★☆　　**難易度**　★★★☆☆

■ 考え方

条件に「他人の心が読めたら」とあるが、後述の fifth tendon 君のように疑問が2つ湧き上がる。自分が人の心を読めるとしたら、人も自分の心を読めるのか、もう1つは自分だけが人の心を読めるとして、その場合、「心の目」を閉ざし、人の心を知りたくないときは知らないで済むようにできるのか、ということである。そこのところを決めてかからないと、解答例の論旨がわかりにくくなる（どういう解釈でもよいが、自分だけが人の心を読める、というなら特に断る必要はない。その他のケースでは解答文中に断ったほうがよいと思う）。

■ 必要な知識・能力

人の心を読むことは絶対に不可能ではないにしても、ここでは仮定法を使うことが要求されていると思う。しかしすでに繰り返して言っていることであるが、全文を仮定法で書く、というのは難しいし（仮定法だけを用いたよい内容の英文というのもあるが、稀である）、アイディアに困る。「事実」の部分を適宜交えて書いたほうが書きやすい。下記の解答例参照。それを踏まえておけば、受験者の個人的な経験（それをむき出しに書く必要はないが）からでも、学業による知見からでも、書くことはいくつも思いつくだろう。

解答・解説

T.Y. の解答例 ❶

> One spring night, I suddenly felt the urge to propose to Rie, but I couldn't. I was a coward. Many years later, she told me that she had long wanted to marry me. How I wished I had had the power to read other people's minds! Then again, perhaps life is fun because people never understand what others really think.　　(60 words)

内容的にはいい年して恥ずかしいが、こういうのでもよいと思う。題意には答えていると思うし、仮定法も用いているから。

T.Y. の解答例 ❷

If I were the only person in the world who could read other people's minds, I would always close my "spiritual" eyes so that I could not see people's imperfections. If it were not possible to close my "spiritual" eyes, I would choose to be a hermit. I would not want to hurt other people or be hurt by them. (60 words)

ネイティブの解答例（T.G.）❶

If I could read other people's minds, I would get the first flight to Las Vegas and sit down to a game of high-stakes poker. I would know when the other players were bluffing and when they really had a strong hand. I would adjust my strategy and soon become very rich indeed. (53 words)

ネイティブの解答例（T.G.）❷

People don't always know why they are feeling sad, frustrated or angry. If I could look into their hearts, I would understand their inner feelings and could help them to live happier lives. Exploring the subconscious, and bringing it up to the world of the conscious, I would be the world's finest psychiatrist. (53 words)

「T.G.」氏のコメント：
下記の解釈も可能？　心が読めるのは「私」ではなく，「人々」で？

ネイティブの解答例（T.G.）❸

If we could see into each other's minds, it would become impossible to tell a lie. But it would also be impossible to be polite to someone you dislike, or to keep your thoughts to yourself to avoid hurting someone's feelings. The result would probably be a more aggressive, perhaps violent, society. (52 words)

　　　　　　　　＊　＊　＊

「grdn」君の感想 〉〉〉

　漫画ばかり読んで育ってきた身としては，「心を読むスキルと言ってもいろいろあるよなぁ」「具体的に思考／感情／行動／記憶のどれを読むんだろう」「発動条件はどうなっているんだろう」などと余計なことを考えてしまいました。

　作問者がポップカルチャーに通じているかが若干気になります。漫画やアニメに影響されて作問者・採点者にとって想定外な解答を書く人もいると思いますし。そして「適宜創作をしてかまいません」と書いていないのが地味に気になりますね。

　そんなわけで問題文を「相手の思っていることが声になって聞こえてくる能力（自在にON／OFF可，指向性あり）が突然あなたに備わりました。あなたにどんなことが起こりますか」と解釈したうえで，解答を2つほど書いてみました。

　ネガティブなことは語彙的に書けないので（「人間不信」とか，一単語で言ったほうがよいのだろうけど言えないのでパスします）ポジティブな方向で。

　心が読めるメリットとしては，
　・相手の願望を的確に言い当てることにより，占い，宗教活動などがはかどる
　・相手の手の内を把握することにより，ポーカー，麻雀をはじめとしたゲーム，将棋，チェスなどで有利になれる
　・組織の中の不平不満を芽のうちに把握，対応し，人間関係を円滑にすることができる
　・相手のしてほしいこと，してほしくないことを的確に把握することにより，恋愛や格闘技で効率良く立ち回れる

あたりがぱっと挙げられそうな気がします。

東大生による解答例①　「grdn」君　その1

　With this ability, I could become a better manager of a baseball club. If I could grasp the signs of the coach's arrogance, the captain's anger, and juniors' idleness and disappointment, over which I often sigh, I could deal with these people with bad feelings in advance, *and* the club would become *a* more relaxing and exciting one.　　　　(56 words)

「grdn」君のコメント：

　「組織の中の不平不満を芽のうちに把握，対応し，人間関係を円滑にすることができる」という方針で1つ書いてみました。どこまで創作がアリかわからなかったので，高校野

球のマネージャーという，現実にありそうなネタにとどめてみました。

　ポップカルチャーでは超常能力を「スキル」と呼ぶのがそこそこメジャーですが，これは ability でいいんじゃないかなぁと。「きざし」は signs でいいのかちょっと気になります。なんとなく junior だけ冠詞を付けずに使ってみました。他はチームに1人しかいないので the で妥当だろうと。sigh over はなんとなく知っていたので，ちょっと構文に凝ってみました。「仲良さと真剣さが両立しているクラブになる」と書きたかったのですが，ambitious や enthusiastic は club が主語じゃ使えないよなぁと思い，exciting にしました。

「T.G.」氏のコメント：
Good English; slightly confusing content. It only makes sense if the author really is a manager of a baseball club. And since he "often sighs" over the emotional weaknesses of the players and coaches, he already seems to have good insight into their inner psychology.

東大生による解答例② 「grdn」君 その2

Using this ability effectively, I could enjoy so many ~~and~~ diverse romances. On a street I could detect which girl ~~feels~~ was feeling lonely without a boyfriend. ~~And~~ I could also praise what she ~~is~~ was really proud of, give her presents that she desire~~s~~d, and then say good-bye when our passion ~~aspires~~ expired. This ability ~~makes~~ would make my life fascinating.　　　　　(55 words)

「T.G.」氏のコメント：
Nicely constructed answer with several clearly differentiated points. I think it should be put in the subjunctive since it is such a hypothetical situation.

「grdn」君のコメント：
「相手のしてほしいこと，してほしくないことを的確に把握することにより，恋愛や格闘技で効率良く立ち回れる」という方針でもう1つ書いてみました。他にもいくつか思いつきましたが，あまり品位を損ねるものは自重しました。detect, aspire あたりの用法が合っている（T.G.注：Zen-zen atte inai ….）か気になりますが，内容以外はそこまで冒険しないで済みました。

東大生による解答例③ 「軟体動物」君 その1

Regarding crimes and justice, our society would be much healthier. Crimes would ~~reduce~~ [be] ~~d~~ dramatically because everyone could ~~notice~~ [sense] what criminals ~~are~~ [were] planning, and arrest[ing] would be much easier because criminals couldn't hide what they ~~have~~ [had] done [them]. Since no one can lie to themselves, innocent people would be judged innocent and guilty people would be judged guilty. (56 words)

* "Reduce" is nearly always a transitive verb. Exception: slimming. "I'm too fat! I want to reduce."

「T.G.」氏のコメント：
A very solid answer, which would surely get a very good grade.

東大生による解答例④ 「軟体動物」君 その2

In regards to medicine, patients would have to face their problems almost alone. ~~Doctors'~~ [A doctor's] duty is not only to inspect, diagnose, and treat patients, but also [to] help them accept their diseases with careful presentation and adequate explanation. This process wouldn't ~~able to take place~~ [be possible] if patients could know directly all the results of their inspection the moment they were done. (60 words)

「軟体動物」君のコメント：
否定的に。なかなか書きにくいかもしれません。あと，文意が少し伝わりにくいかも。

「T.G.」氏のコメント：
Sorry — it does not make sense. Surely patients would still need the expert knowledge of the doctors even if they could see into their doctors' hearts.

> 東大生による解答例⑤ 「軟体動物」君 その3

A lot of joy would be ~~deprived~~ **lost** in such a world. For example, we could never enjoy playing card games or board games like chess and shogi. We would never ~~expect and excite about~~ **enjoy** **anticipation and excitement such as wondering** romantic ~~things like~~ "who does she really like?" because we would already know the answer before asking. We would lose the joy of imagination. (58 words)

「軟体動物」君のコメント：
「心が読めないからこそ，ゲームや恋愛のドキドキ感が成り立つ」という路線。100 words とかになれば，「相手を傷つけたかもしれないという心配（→思いやり）も，他人の心が読めたらやらなくなる」という風に話を広げていくところです。

軟体動物君にしてはえらく基本的な受動態の誤り。[S deprive 人 of 物]の受動態だから［× 物 is deprived］という形はない。

「T.G.」氏のコメント：
A very good answer — just a couple of grammatical weak spots. (Actually, although cards or *shogi* would be very boring if one player could read the other player's mind, these games might be quite interesting to play if *both* players could read each others' minds ... I wonder what would happen.)

* * *

「fifth tendon」君の感想 〉〉〉
問題文を読んで2つの疑問が生じました。
「他人の心が読める」のが社会の人すべてなのか，書き手の自分だけなのか。
「考えられる結果」とは社会にとってなのか，自分にとってなのか。
もちろんどちらでも妥当な作文をすればよいとは思うのですが，より簡単なのはすべてを「自分」に引きつけて書く方法でしょうか。最初に社会への影響やらいろいろ考えた結果，自分には書きづらい作文でした。

東大生による解答例⑥ 「fifth tendon」君 その1

If one could read others' feelings, our society would be less comfortable to live in. For the functioning of society we sometimes make use of white lies, which would be impossible if we could easily know each other's feelings and thoughts. Knowing all the others' feelings is quite different from understanding others. (52 words)

「fifth tendon」君のコメント：
このように社会への影響を考えると、「社会をうまく回すための社交辞令ができなくなる」という程度しか思いつきませんでした。

「T.G.」氏のコメント：
Good answer. The last sentence is debatable, I feel.

東大生による解答例⑦ 「fifth tendon」君 その2

If I could know others' minds, I would be unable to go out and see friends for fear of knowing their real opinion of me. I am not a particularly good person and others must inevitably have some fault to find with me, though they would never tell me in person. Knowing all that would be unbearable. (54 words)

「fifth tendon」君のコメント：
個人に引きつけてもネガティブなことが思い浮かびます。映画の『サトラレ』は主人公が自分の心を他人に読まれてしまう、という話でしたか。あと、藤子不二雄の漫画にもそういった類の話があった気がします。他人の心を読めるようになった主人公が、最後は人との交流を避けて隠遁生活に入ってしまう話だったかと…。

「T.G.」氏のコメント：
Very good answer.

> 東大生による解答例⑧ 「Cygnus」君
>
> The art of mind-reading would save me from being disappointed by the gap between what other people say and what they really think or feel. At the same time, however, I would never ever realize how much my heart would throb when I could nurture a true friendship or love with someone else, beyond the barriers of mind. (58 words)

「Cygnus」君のコメント：
きっと誰もが一度は考えたことがありそうな内容なので，書きやすかったことでしょう。「考えられる結果」について書くように指示されており，漠然と「思うところ」を書かせた前年度（2011年 ➡ 次ページ）に比べると自由度は低くなっています。もしかすると，前年度は多種多様な解答が出現し，採点者を悩ませたのかもしれませんね。

相変わらず Cygnus 君の解答はすごいと言えばすごい。しかし模範解答として受験生に推薦するのはためらう。少し気取りすぎではないか。

「T.G.」氏のコメント：
Well, there is really nothing wrong with the English here. I imagine this answer would get full marks. But what about the content? I find it slightly embarrassing. Too sententious ... bombastic ... pretentious?
　Yes, I just read your（T.Y. 注：著者のことです）own comment ── I could not agree more（慣用表現「全く賛成！」）. 気取りすぎ！

「M.H.」氏のコメント：
ここのやりとりは楽しいですね。

「S.Y.」氏のコメント：
私は若い人の「気取り」は擁護したいと思いますし，とりあえず英語で気取ることができて，それがネイティブにきちんと伝わるのは本当にすごい。

第10章　議論

第１講

> 次の英文を読み，その内容について思うところを50〜60語の英語で記せ。ただし，understandとpainは，それぞれ一回しか用いてはならない。
>
> It is not possible to understand other people's pain.

（東京大　2011年　2⒝）

自由度 ★★★★☆　　**難易度** ★★★☆☆

■ 考え方

　指示に「ただし，understandとpainは，それぞれ一回しか用いてはならない」とあるのは，現実に毎年受験生の答案には，少ない語数に限られた東大英作文の中で，同じ語が繰り返し用いられている例があまりにも多いので（はないかと忖度する。模試とか個人的に添削を頼みに来る著者の生徒もそうだから），それを注意するメッセージでもあるのではないか。東大英作文は少ない語数でいかに自分の英語力と内容の表現力を表せるか，というテストなのだから，そういう指示がなくても繰り返しを避け，文を引き締めるのは当然である。そういう意味では「同じ」語はもちろん，「類義語」，「反意語」もできるだけ使わないほうがよい。これは東大英作文に限らず，自由英作文一般の注意である。それではとても語数分のアイディアが出てこない，というのは言い訳である。練習すれば必ず短い時間で書きやすくかつよい内容を思いつくことができるようになる。

　東大の英作文に限ったことではないのだが，問題の形式について悩まされることがある。たとえば一橋大の過去問にWrite 120 to 150 words of English about one of the topics below.というのがあり，その３つのトピックの１つがStarting foreign language education at a very early age is a good idea.「(小学校における) 外国語教育は早く始めるほうがよい」である（老婆心から注意を。languageには可算名詞と不可算名詞があるが，受験生が使う文脈では大体可算名詞と思えばよい。foreign languageはまず可算名詞でa foreign languageとすることが多い。ではなぜここでforeign languageと無冠詞になっているか，と言えばここのforeign languageは形容詞として，不可算名詞として用いられているeducationを修飾しているからである。education自体も可算，不可算と両方あるが）。指示がwrite about the topicであり，そのトピックは単な

る平叙文だから，「英語を（小学校で）教えることはよいことである」という前提で議論しなければならないのか，それはナンセンスであると反論を書いてもいいのか，また自分や身近な人の体験談を書いたりしてもいいんだろうかと悩む受験生はいるだろう。著者はその opinion / idea / statement に賛成，反対，どちらか旗幟鮮明にして自分の意見を述べればよいと思う。ちなみに一部の本にあるが I agree *to* the opinion. というのはよくない（ほぼありえない）。「意見／考え／陳述」にでも「人」にでも，賛成／反対する，と言うときは I agree / disagree with you / your opinion / the idea. と with を使う。to を使うのは自分自身も参加するようなことについてであると言われる。たとえば I agree to the plan. とか。しかし著者は，そういうときでも agree / disagree to ... のような訳ありの表現を使わないほうがよいと思っている。他に participate in ... とか support などを使った，安全でわかりやすい言い方がいくらでもあるのだから。ついでに言うと受験生は「(S が) V することに賛成・反対である」というのを意外と苦手にする。

　話を元に戻して本問では何を書くべきか。自由英作文なのであるから賛成，反対，体験，何でもよいと思うが，トピックが「他人の痛みを理解する」ことに関してであるから「情緒」と「論理」の両面から考えるのがよく，「情緒」の部分に触れずに抽象的に論理だけで議論を展開しようとしても苦労すると思う（不可能でもないと思うが著者がいろいろやってみたとき難しかった）。それから，自分自身の体験とか人から聞いたエピソードをもとにしたほうが楽ではないだろうか。以下の著者，ネイティブ，元東大生の解答例とコメントを見て自分で考えてほしい。

■ 必要な知識・能力

　このトピックであるなら仮定法で書く必要はないはずである。ただ，ストーリー仕立て，エピソードの紹介のようなものを導入に使うなら，時制には注意すべきである。語彙は各自の手に届く安全な範囲にとどめ，内容の新鮮さで勝負したほうがよいように思う。

解答・解説

T.Y. の解答例 ❶

John Lennon once remarked in his lyrics that God is a concept by which we measure our pain. If that is right, it won't be easy to understand even our own, never mind other people's. Unless you are God, you shouldn't try to realize how other people really feel, or you may hurt them even more.　　　　　　　　　　　　　　　　　　　　　　　(56 words)

- God is a concept by which we measure our pain. というフレーズはジョン・レノンの *God* という曲にある。著者は若いころ 60 〜 70 年代のアメリカンポップス，そしてそのあとビートルズをよく聴いた。今でも聴けばわからない歌詞はないし，そのほとんどは思い出すことができる。英語の勉強のつもりでやっていたわけではないし，役に立つだろうと思っていたわけでもないが，結果的には著者の英語習得によい影響を与えたと思う。だから受験生に音楽を聴いて歌詞を覚えなさい，などと言うつもりはないが，英語に関してやって無駄なことというのはない，とも思う。
- never mind には意味合いが少々異なった使い方がいくつもある。普通に「気にしないでいいよ」という意味でももちろん使うし，解答例 (even our own pain, never mind other people's) のような場合だと「自分自身の痛みすらわからない。ましてや他人の痛みはなおさらわからない」と let alone「…はなおさら〜しない [できない]」と似た意味になる。あと，人にものを聞いたり頼んだりしたあと自分で，あるいは別の理由で聞いたり頼んだりしたことが解決してしまった場合，たとえば電話番号を交換台で調べてもらっていて自分で思い出した時，"Never mind, operator."（交換手さん，もう結構です）のように言う。
- it, this, that の使い分けは存外難しい。項を改めて説明する (➡ p.190)。

T.Y. の解答例 ❷

I long assumed that I could understand other people's pain. When I heard that a friend's father or mother had died, I always sympathized and often cried. But I was wrong. I knew nothing. My mother died on December 21st 2008, one year and three days after my father's death. It felt like the end of the world.　　　　　　　　　　　　　　　(58 words)

- 解答例は，その解答例を作成したときの時代や個人的な出来事をどうしても反映する。上記の著者の解答例は，父，母とほぼ1年の間をおいて見送ったが，そのころ書いた解答例である。今なら書かないと思うが，本書の解答例はそういう個性ができるだけ反映されるような方針で作成することを目指し，何も考えずに「よくあるパターン」みたいなものだけでできる答えは書かないようにした（そういうことしか書けない問題もあるが）。そしてそういう努力・工夫には大きな意義があると思ってこの参考書を作成している。だから，模範解答例（ネイティブとか著者の）には時に個人的な事情や考えが過剰に反映されていると思われるものがあるのもご理解いただきたい。ただし，解答を依頼した（元）東大生たちはあまりそういうことを書かない。人生の長さの差か，そういうことは書かないようにしているのかは，本人たちにあえて聞かなかったのでわからない。解答としての評価には影響しないと思う。
- ちなみにT.G.氏の教えてくれた形容詞でvicarious「〈楽しみや悲しみなどの感情が〉（想像上）他人の経験を通じて自分のことのように感じられる」というのがある。

T.Y. の解答例 ❸

> On TV, I saw a woman, a victim of the recent Sendai 'Quake, talking to an interviewer. She said she had been unable to contact her husband for two days. She was faintly smiling, but her voice was trembling with a suspicion of tears in her eyes. I thought if I couldn't understand her pain, I wouldn't be human.　　　　　　　　　　　　　　(59 words)

- これは2011年3月11日の地震津波のあとテレビで，津波の被災者がご主人と連絡がとれないとき，心配しているとは口に出さず，事実として「2日間連絡がとれないのです」とのみ語っておられたのを目にした経験がもとになっている。微笑みながらただ目には<u>うっすらと</u>（a suspicion of）涙が浮かんでいた。テレビの画面からでもそれはわかった。
- 時制を注意して見てほしい。「出来事の描写」は，時系列で出来事が次々に移っていくときはすべて単純過去形が基本。その付帯状況や背景は分詞構文や過去進行形で表す。出来事の起こった順番と記述の順番が逆転しているときは過去完了形。ただし過去完了形はできることなら使わないほうがよいので，あるところを過去完了形で書いても1回だけでよく，たとえその過去完了形で書いた出来事と同じ時間帯の出来事，状態が出てきても過去完了形を使う必要は基本的にない。前後関係がわかればよいのである。最後に仮定法を用いて書いた文での否定は修辞的。みんな人間なのだからこ

の人の悲しみはわかるであろう，と言いたいのである。

ネイティブの解答例（T.G.）❶

A friend of mine had the horrible experience of being stabbed with a knife. I asked him how it felt, and he said "it felt like being hit with a hammer." Yet people talk about feeling a "stabbing sensation." In fact it is very difficult to describe one's own pain, and virtually impossible to understand that of other people. (59 words)

T.G. 氏自身の意見によると，これは風変わりであるから薦めないとある。確かにあまり趣味がよいとは言えないが，「他人の痛み」を文字通り「他人の肉体的な痛みは実感できない」と解する答案もあってよいと思うのであえて入れた。

ネイティブの解答例（T.G.）❷

(I agree with the statement.) When some close friend suffers physical injury or loss, our feelings are always mixed. Of course, we feel sorry for what has happened, but often there is also a feeling of relief that it happened to him and not to me. One step detached from the situation, we can never really understand other people's pain. (55 / 60 words)

東大生による解答例① 「fifth tendon」君

I agree with the ~~saying~~ **statement***. Sometimes we act as if we were truly sorry for someone who is in despair. Actually, however, we feel a kind of superiority when being kind to him, or sympathizing with him. ~~It is~~ **We are** not understanding but enjoying his pain. We will never know his misfortune the way he does unless we ourselves undergo it. (60 words)

* saying ≒ ことわざ

「fifth tendon」君のコメント:
「内容について思うところを」とは賛否を問うているわけではないと思うのですが、適当に書き出して崩壊したので賛成意見を書いてみました。「真の sympathy を心得た人はわずかである」という、どこかの入試で使われた論説文を思い出し、それに沿って書いてみました。賛否を書くのでなければ、自分の思い出話でも語ればいいんでしょうか？

東大生による解答例② 「grdn」君

I agree with this idea. People ~~have different~~ **differ by** sex, age, ~~job~~ **occupation**, ethnicity, and religion. Different people have different values and senses. We have such diversity that it is doubtful that we can understand other people's pain. However, we can stay silently with other people so that we can always comfort, often relieve, and sometimes cure them. (56 words)

「T.G.」氏のコメント:
Quite a good answer. Maybe grdn should try a bit harder to specify whether we are talking about physical or emotional pain.

東大生による解答例③ 「軟体動物」君

When we try to understand other people's pain, we usually ~~count on our~~ **assume that we have** similar feelings and experiences. However, we can never feel the same way as they feel, because we cannot become others. The important thing is to keep trying to imagine their feelings **while humbly acknowledging** ~~modestly, knowing~~ this limit. It's a continuous effort to take us nearer and nearer to them. (60 words)

「軟体動物」君のコメント：
いい解答を作ろうとはまり過ぎないことが肝心かもしれません。自分は昔，1回目にサッと思いついた内容のメモを作り，2回目に何か修正があったら加えてそれから英語に直してみました。

東大生による解答例④ 「スピカ」さん

Every person has his own history. When someone tells you about the ~~sad thing~~ **sadness** he ~~faces~~ **endures**, you might feel that you share his feeling. However, there are always things that he does not tell. For example, he will not tell you ~~about~~ his whole life history, and personal history affects how we feel when we feel pain. (57 words)

> 東大生による解答例⑤ 「Cygnus」君 その1

This morning, while waiting for the subway, I got such a severe stomachache that I writhed about on the platform. But, ~~what a shame~~ *shamefully enough*, no one lent me a helping hand. Some even said that I was just giving a performance to draw attention. In the midst of onlookers, I cried out loud, "So this is life?" (57 words)

「T.G.」氏のコメント：
パワフルな文章だけど，出題者はこういう事例的な話を求めているでしょうか。

> 東大生による解答例⑥ 「Cygnus」君 その2

The pain that made you shed tears countless times during your lifetime ~~are~~ *is* now turning a transparent blue and falling ~~to~~ *on* me from heaven. Holding up these trembling hands of mine, I'm waiting here, with my skylight open, for the moment when the tear-stained white flower will bloom all over again, in the depths of my heart. (57 words)

天才 Cygnus 君の面目躍如。

> 東大生による解答例⑦ 「Cygnus」君 その3

How long do I have to think of you to feel your pain myself? Always you look close enough to touch, and yet your heart is still a long way off. If I could be reborn and choose to be you, how wonderful that would be! You may say I'm joking, but this is my true wish. (57 words)

第2講

> 次の英語で示された見解に対して，賛成，反対，いずれかの意見を英語で述べよ。賛成の場合は I agree with this idea で，反対の場合は I disagree with this idea で書き出し，その語句を含めて 40 ～ 50 語程度にまとめること。文はいくつに分けてもよい。（内容よりも作文能力を問う問題であることに注意せよ。）
>
> Young people in Japan should have the right to vote in elections from the age of eighteen.
>
> （東京大　1998年　2(A)）

自由度　★★★★☆　　**難易度**　★★★☆☆

■ 考え方

これは語数制限さえ多ければ，一橋大のような本格的な自由英作である。

このような本格派の自由英作は，英作文の究極の形である。東大受験生は一般に自由英作とはいっても，語数や内容に制限のあるものを主としてやっているので，試験場で語数の多い，自由度の高いものが出題されるとひるむらしい。しかし東大を受験する人なら文法，語彙の基礎はできているはずだし，他教科の教養も十分にあるのだから，その気になればむしろ得点源になるはずである。昔から繰り返されている問題，人権や死刑制度，戦争と平和，価値観の多様性，あるいは現代もっとも語られる話題，たとえば環境問題（global warming など）や教育（特に英語教育，さらに詳しく言えば，英語の初等教育からの導入の是非，国際語としての英語の位置づけ，日本における英語への取り組み方についての提言など）について，普段から別段英語でなくてもよいから自分でよく考えておき，模試や練習問題でその思索が生きる問題を見たら，自分の考えを述べるには何が足りないかを積極的にチェックする努力が望ましい。

■ 必要な知識・能力

「まっとうな議論」より強いものはない。こういう若者と大人というテーマのとき，まっとうな議論をするには2つの基本線がある。1つは the right「権利」と the duty「義務」の問題である。たとえば「18歳ともなれば高校を出て働いて所得税を払っている人も多い。納税義務を果たしているのに基本的人権である the right to vote がないのは fair とは言えないのではないか」など。あるいは「18歳は本当に善悪の判断がつく年齢なのか」（Are 18-year-olds really mature enough to tell right from wrong?）のように。

解答・解説

T.Y. の解答例

I agree with this idea. If there is a war, it is not we old people but young people who will actually be on the battlefields. They should be allowed to have a say about matters which may decide whether they will live or die.

(45 words)

参政権の問題を戦争と絡めて論じた。戦場で実際に戦うことになるのは多くは若者である。

ネイティブの解答例（J.B.）

I agree with this idea. By the time they are eighteen, young people are responsible enough and mature enough to make informed decisions. They are ready to begin their university studies and to plan their future lives, so they should have an interest in who will govern the country.

(49 words)

東大生による解答例① 「スピカ」さん

I disagree with this idea. I think young people do not have enough knowledge and experience ~~about in what way the government can govern~~ regarding government and policy ~~well~~ [or]. So, if they get the right to vote, they ~~will~~ may (easily) ~~get~~ be tricked by false [are given] promises made by politicians ~~advertisement of the statesmen~~ and vote without really thinking ~~by~~ for themselves.

(50 words)

10 議論

東大生による解答例② 「軟体動物」君

I disagree ~~about~~ **with** this idea. It is true that students graduate from high school at the age of eighteen, but ~~it~~ **that** does not mean they are ~~matured~~ enough to have ~~their right~~ **informed [knowledgeable]** opinions about politics. They still need to know **more** about Japanese politics in order to distinguish good politicians from those who only ~~speak nicely~~ **make nice speeches in order** to ~~be~~ **get** elected. **[say things people want to hear]** (58 words)

東大生による解答例③ 「Cygnus」君

I disagree with this idea. Just imagine what eighteen-year-old boys and girls are like. They have limited life experience, and are too young to make ~~a judgment, of their own free will~~ **their own [informed] judgments**, without being affected by others. In addition, they are wholly indifferent to politics.   (45 words)

第 3 講

次の手紙はある雑誌がこの 20 世紀の終わりにあたって「我々は昔に比べてよりよい世界に生きているのか」と題した特集記事に対する投書である。(1)のアの Yes，イの No のうちいずれかを選び，その記号を解答欄に記した上で，一貫した内容になるよう，(2)，(3)の下線部にそれぞれ 5〜10 語の英文を書け。

To the Editor :

　I read your article, "Are we living in a better world?" with utmost interest. My answer to the question is (1) [ア "Yes, I think we are."　イ "No, I don't think we are."] True, (2) ＿＿＿＿＿＿, but (3) ＿＿＿＿＿＿ .

　　　　　　　　　　　　　　　　　　　Sincerely,
　　　　　　　　　　　　　　　　　　　Jiro Karamoto

自由度 ★★★★☆　　**難易度** ★★☆☆☆

■ 考え方

　こういう問題をこういう語数で論じるのは本来無理である。しかし，東大の自由英作文ではときどきそういうことが要求される。やはり本来問われているのは作文力なのであって，内容そのものではないからであろう。ただそれは内容について考える力がなくてもよいということではない。裏打ちするものがあれば，それはたとえ短い語数でも表れる。

■ 必要な知識・能力

　本問は言い方を変えれば，科学や経済の発達が人間の幸福の増進につながっているかということを「対比」（➡ p.65）の形で表せるか，という設問。

解答・解説

T.Y. の解答例 ❶

(1) ア ("Yes, I think we are.")
(2) there is still poverty and misery everywhere in the world　(10 words)
(3) nowadays there are more opportunities to improve one's situation
　　　　　　　　　　　　　　　　　　　　　　　　　　　(9 words)

T.Y. の解答例 ❷

(1) ア ("Yes, I think we are.")
(2) regional conflicts are still breaking out　(6 words)
(3) there probably won't be any more world wars　(8 words)

T.Y. の解答例 ❸

(1) イ ("No, I don't think we are.")
(2) there are many more billionaires nowadays　(6 words)
(3) the gap between rich and poor has widened enormously　(9 words)

T.Y. の解答例 ❹

(1) イ ("No, I don't think we are.")
(2) people know a lot more about foreign cultures　(8 words)
(3) many have lost interest in their own culture　(8 words)

- 「我々は昔に比べてよりよい世界に生きているのか」という質問に対する賛成，反対の理由を挙げる。ただし，True, … , but ~ という形になっているから，もしイエスなら前半に否定的なことを書き，後半に肯定的なこと，ノーなら前半に肯定的なこと，そして後半に否定的なことを書かねばならない。また前半と後半が対立しているからといって，単純に後半が前半の裏返しになっている，たとえば True, there are more rich people, but there are also more poor people. のようなものは満点にはならない。賛成，反対2例ずつ挙げておいた。

- 賛成例は「貧困や悲惨さ／悲惨なことは今でもあるが，それから抜け出す機会は多くなった」，あるいは「地域間紛争はまだ勃発するが，世界大戦の可能性は低くなった」とするもの。
- 反対例は「大金持ちは増えたが，貧富の差は拡大した」，あるいは「人々は外国の文化には詳しくなったが，自国の文化には興味を失った」とするものである。

ネイティブの解答例（J.B.）

(1) ア（"Yes, I think we are."）
(2) there is a lot more pollution nowadays　　　　　　　　(7 words)
(3) our standard of living and life expectancy have risen significantly
　　　　　　　　　　　　　　　　　　　　　　　　　　(10 words)

東大生による解答例①　「軟体動物」君

(1) イ（"No, I don't think we are."）
(2) we've got much richer and now have plenty of things　　(10 words)
　　　[become]　　　　　　　　　　　　　　[material goods/possessions]
(3) I am afraid that we've got spiritually poorer　　　　　(8 words)
　　　　　　　　　　　　[become]

東大生による解答例②　「Cygnus」君

(1) イ（"No, I don't think we are."）
(2) we have become better off than ever　　　　　　　　　(7 words)
　　　　　[much better off, materially speaking / in the material sense]
(3) we have become much poorer in spirit　　　　　　　　(7 words)

「T.G.」氏のコメント：
It's interesting that Nantai Dōbutsu and Cygnus have almost the same answer. The idea that Japan has got richer materially but poorer spiritually is virtually a national ideology these days. But is it really so?

第 4 講

老人に対する公的援助は手厚いほうがよく，またひとりひとりの労働力にとって税金は少しでも安いほうがよいのは言うまでもないことであるが，この2つはともすれば対立する事柄である。次の英文の質問に対する答えの形であなた自身の考えを40～50語程度の英語で述べよ。文の数に制限はない。答えは必ず I agree あるいは I disagree のどちらかで始めること。（内容よりも作文能力を問う問題であることに注意せよ。）

Do you agree or disagree with the idea that we should pay more taxes in order to provide better care for old people?

自由度 ★★★★☆　　**難易度** ★★★★☆

■ 考え方

この問題を，おそらく受験生は苦手にすると思う。なぜなら老人福祉は彼らにとって一番実感の薄い問題の1つだろうからである。しかし，避けて通れない問題だし，長く生きていれば立場が徐々に変わってくる。視点の問題であるが，トピックとしては少子化 (low birthrate) と高齢化社会 (aging society) は表裏一体の日本の深刻な問題であり，それゆえにこれからも頻出問題であり続けると思う。年金 (pension) とも合わせ，各人が考えるべき問題である。入試対策で答えを暗記して足りる，というのはかえって回り道である。手本となるものを学ぶというのはもとより大切であるが。

■ 必要な知識・能力

- 語彙として，介護施設 (a nursing home)，障害のある人 (handicapped people)，認知症 (dementia) のような語彙は一通り心得ておくとよい。
- ボランティアとか介護の問題を考えるとき，目線の低さを心がけるべきと思う。上から目線というのは印象が悪い。「自分も多くのことを彼らから学べる (I can learn a great deal from them.)」，あるいは T.Y. の解答例のように，上記の [考え方] でも触れたが，「将来の自分自身の問題でもある」と人の立場に想像力を働かせて。

解答・解説

T.Y. の解答例

I agree. When you are young and healthy, you might think it's absurd to pay a lot of taxes for the sake of old people. But you'll get old yourself and will eventually need someone to help you. When you are paying taxes, imagine you are supporting yourself as you will be fifty years from now. (56 words)

- 税金はいろいろな種類があるので pay taxes と複数形で書くのが普通。
- 「老人のために〈若者が税金を払う〉」は，単に *for old people* とするより for the sake of old people とするほうがはっきりする。あまり神経質にならないほうがよい問題だが，昔日本のタバコの箱に「健康のため，吸いすぎに注意しましょう」という警告の訳として Don't smoke too much for your health と書いてあったそうだ（著者はタバコを吸わないので記憶がない）。「この英語がわかるようなら英語のネイティブではない」というコメントを聞いた覚えがある。日本語の「…のために」と英語の前置詞句 for ... のカバーする領域はかなりずれているのである。

「T.G.」氏のコメント：
Yes, the meaning is unclear. It should be "For the sake of your health, don't smoke too much."

- When you are paying taxes, imagine you are supporting yourself as you will be fifty years from now という締めくくりに意のあるところを汲んでほしい。仮定法や命令法，修辞疑問などが自然に使えるなら（わざとらしいのは逆効果だが）文にメリハリが出て華やかに見える。なお，Suppose SV とした時の V は直説法も仮定法もありうるが，内容に関わりなく Imagine SV の V は直説法である。情景をまざまざと目に浮かべるから，というのがネイティブの説明である。

ネイティブの解答例 (J.B.)

I agree with this idea. I think it is society's responsibility to assist old people, especially if they cannot afford the products or services they need. The most efficient and fair way for the government to raise the money necessary is by increasing taxes for people currently working. (48 words)

東大生による解答例 「軟体動物」君

I agree with this idea. This country ~~today is supported by~~ [is where it is today because of [thanks to] the work of] people who are now old, and the ⌣current⌣ working generation ~~today~~ will also get old and retire in the future. It is morally right that old people should be provided with better care at the expense of young people's luxury. (50 words)

第 5 講

次の英文を読み，その内容について思うところを 50 〜 60 語の英語で記せ。ただし，emotion と reason は，それぞれ一回しか用いてはならない。

Emotion is more powerful than reason.

自由度 ★★★★☆　　**難易度** ★★★☆☆

■ 考え方

「言語」とは「時間」，「空間」，「論理」，「感情」などを運ぶ a vehicle (乗り物) に例えることができるだろうが，入学試験の英作文という視点で見た場合，採点の客観性という意味では，感情の表現は出題するのも，解答を書くのも，採点するのも難しい，と思う。しかし，東大の英作文は試せる限りのことは試そうという出題方針であると思われるので，このような問題も取り組んでみる意味はあると思う。アプローチは自由である。さまざまなバックグラウンドの人たちの解答例を楽しみながら参考にしてほしい。なお，いずれの解答例も指示を厳密に守っているのみならず，類義語，派生語も極力使わないように配慮をしている。その点にも注目して。

「ただし，emotion と reason は，それぞれ一回しか用いてはならない」という指示は，2011 年度の東大の 2 (B) の問題を模したものであるから，本書に収められた p.294 の第 1 講を参照してほしい。一言で言えば，東大の英作は語数が少ないから，繰り返しは極力避けるべきである。得点は 1 語あたりの情報量によって定まると考えればよい。その意味では語数に関係なく，少なくとも幼稚で不要な繰り返しは避けたほうがよい。類義語や反意語，派生語を使っても繰り返しを避けたことにはならない。ただバランスを保つためとかリズムや韻を踏むための繰り返しはその限りではないが，その境地にたどり着いている人は東大に上位で合格した受験生の中にも数えるほどだろう。

文法・語法・語彙が一定のレベルを満たしているなら，そこから先は内容勝負である。もちろん英語に勝負をかけてもよいが，リスクを伴うし，達者でこなれた文体もよいことであるには違いないが，入れ物がよくとも中身がなければ自由英作としては印象が悪い。印象から言えば，多少素朴で硬質な文章でも新鮮さや真剣さが伝わってくる作品のほうが若々しくてよいと思う。もちろん再受験なども正式に認められているのだから，年齢を重ねた人たちが人生経験を反映してもっと若い人たちより深みのある内容の英文を書くことをためらうことはない。

■ 必要な知識・能力

ネイティブ (T.G. 氏) の解答はもとより，現・元東大生の英作文力は一般の東大受験生と比べものにならないほど高い。東大受験生だからと言って受験生が彼らのような英語を書く必要はないが，現実に受験生の中にはこういう人たちもいる，ということはわかっていたほうがよい。

解答・解説

ネイティブの解答例（T.G.）❶

When the Fukushima nuclear power plant melted down on March 11, some people living in Tokyo panicked and escaped to Osaka or even left the country. In fact the level of radiation was not very dangerous, but the emotional fear of radiation was stronger than any calculation based on reason. (50 words)

この解答は2011年3月11日に起きた東日本大震災の直後に書かれたものである。今から見ればまだ検証の終わってないことにも言及してあったりして，ジャーナリズム的な正確さからは異論があろう。またT.G.氏自身も今は少し別の意見を持っているかもしれない。しかし試験の答案と新聞の解説とは違うから，これはその時の偽らぬ感想だったのだと思う。

ネイティブの解答例（T.G.）❷

When people talk about marriage, they often say that true love is more important than material benefit when choosing a life partner. In fact, however, statistical surveys show that most women would much rather marry a rich man than a poor man. Emotion is not necessarily more powerful than reason. (50 words)

解答として著者が口を出すことではない。友人としてT.G.氏のために言えば，氏は論理的な思考をする人であるとともにとてもロマンティックな人である。

* * *

「grdn」君の感想 >>>

・reason は文脈的に「理性」「合理的判断」といった意味だと判断しました。

・emotional や reasonable など，派生語についてはどうなのでしょうか？ 使わないほうが無難とは思いますが（T.Y. 注：こういう気配りをするのが東大英作で高得点をとる人の特徴。逆に言えばこういう優秀な生徒にこういう形式的なことで頭を悩まさせるのはよいことではない。出題者側に工夫があってしかるべき）。

・feeling や judgment は使い放題ですか？ 乱用しすぎると見栄えが悪くなりそうですが。

・↑を書いていて初めて，十数年間，judgment を judgement と書き続けていたのに気づきました（笑）

東大生による解答例① 「grdn」君 その1

We sometimes make mistakes or ~~insensible~~ **bad[poor/rash]** judgments because of unpleasant feelings such as anger, jealousy, and laziness. ~~It is sure that~~ **A**actions driven by such feelings and without consideration **certainly** make us ~~comfortable~~ **feel** ~~and~~ **so** we tend to behave in such a way, but, when we have to make a sensible judgment, we should control emotions and behave with solid reason.　　　　　　　　　　　　　　　(59 words)

「T.G.」氏のコメント：

Rather stilted. It could be said in 30 words, leaving space for a concrete example.

「grdn」君のコメント：

「私たちはしばしば感情に任せて非合理的な行動／判断に走る。感情に任せた人生は心地よいかもしれないが，ここぞという時は理性的な判断を下さなくてはならない」という方針で書いてみました。やや reason 寄りです。

東大生による解答例② 「grdn」君 その2

A life filled with emotion is very pleasant. Both a romance with a lover who we really love and a fight with hateful enemies ~~are~~ [can be] very exciting. ~~Without turning the page of textbooks, such~~ passionate people [P] are often recorded in history. It is sure [certain] that they often make ~~insensible~~ [rash] judgments, but we can avoid ~~in advance them with~~ [them by applying] reason. (59 words)

「T.G.」氏のコメント：

"Pleasant" and "exciting" are two different things, used rather loosely here. The reference to passionate people in history doesn't make much sense without any examples. It's a weak answer, alas.

「grdn」君のコメント：

emotion 寄りに書いてみました。「感情に身を任せた人生は快く，そうした人間がえてして歴史に名を残している。そうした人間が陥りがちなミスだけ，理性的に把握すれば問題はない」という方針で書いてみようと思いましたが，具体例が長引いてしまって十全には書けませんでした。その1よりは題意を汲み取れたような気はします。

東大生による解答例③ 「grdn」君 その3

I strongly agree with this idea. During [my] last summer vacation, I did a part-time job at a seaside clubhouse. Its snacks, services, location, [and] cleanliness were fairly good, but another clubhouse ~~where simply~~ [staffed by] cute and sexy girls ~~work~~, ~~and~~ [but] otherwise ~~poor one~~ [inferior,] was in fashion. I convinced that business ~~with~~ [based] ~~only~~ [on] reason [alone] can't defeat one skillfully stimulating men's emotions. (58 words)

「T.G.」氏のコメント：
 This is not really answering the question. I don't quite know what a clubhouse is, but there is nothing irrational about going to a place because there are sexy girls there.

「grdn」君のコメント：
 具体例中心で，emotion 寄りに書いてみました．試験だと，ひょっとするとこれの評価が一番高くなるかもしれませんね．具体例を中心に「理性的に頑張るだけでは，感情を巧みに刺激してくる連中に勝てない」という方針は，他にも，
 ・小中学校のいじめを無くそうと先生たちが努力しても無くならなかったが，イケメンが「いじめ，かっこ悪い」と言う CM が流行ってからいじめが無くなった．
 ・昨今の任天堂，ソニーなどの古典的ゲームメーカーの低迷と，GREE，モバゲーなどソーシャルゲーム（中毒性を刺激し，巧みに課金させる）の盛況．
 ・（やや重い題材ですが）脳死体からの臓器移植について，遺族が後に訴えたことがあり，違法の判決も出た．
などもありそうですね．
 3つ書いていて思いましたが，50〜60語という制限は，理屈だけ述べるにはやや長い気もしますし，具体例を転がすには少々短いような気もします．

 いずれの解答も grdn 君としてはいまひとつ．サービス精神があるのが（入試の採点官に対しても，著者に対しても，後輩たちに対しても）彼のいいところだけど，今回はハズシていますね．

　　　　　　　　　＊　＊　＊

「fifth tendon」君の感想 〉〉〉
 Emotion is more powerful than reason.「感情は理性にまさる」
賛成：恐怖や驚きなどに支配されれば理性が働かなくなってしまうということを述べるために具体例を挙げました．日常生活の中でそのような場面に遭遇する機会はあまりないのでなかなか難しいと思いました．
反対：たぶんこちらのほうが簡単なのではないかと思います．感情に支配されがちな場合でも人間は落ち着いて理性的な行動をとれる，ということを述べてみました．

東大生による解答例④ 「fifth tendon」君 その1

　　I agree with this idea. If we saw something unexpected ~~in daily life~~ **and terrifying**, say a bear in the kitchen, we would be unable to stay calm and might take wrong actions. When we are struck with strong emotions such as fear, surprise, and anger, we easily get into a panic and cannot act according to reason.

(55 words)

「T.G.」氏のコメント：
Slightly stilted English, but it makes good sense and answers the question.

「fifth tendon」君のコメント：
「台所に熊」というのは田舎だとありそうです（実際にニュースでありましたよね）が，受け取ってもらえるかどうか。

a bear in the kitchen というところを読んで笑ってしまった。fifth tendon 君本人を知っているともっと面白いのだが（冗談を言うタイプには見えないので）。

東大生による解答例⑤ 「fifth tendon」君 その2

　　I disagree with this idea. Even when the big earthquake hit Japan last spring, people in Tokyo didn't get into a panic and stayed calm. They helped each other and acted according to the rules. This shows that we can ~~practice~~ **maintain** our reason ~~against~~ **in the face of** strong emotions such as fear and anxiety.

(50 words)

「fifth tendon」君のコメント：
時事ネタで書きました。

東大生による解答例⑥ 「fifth tendon」君 その3

I remembered my ex-girlfriend, ~~in~~ from my high school days. She was beautiful and everyone envied me, but she was not a reasonable person and often lost her temper when things didn't go the way she wanted. I didn't like it and we broke up when we graduated. Since then I've disliked girls like her. They are too emotional.　　　(58 words)

「T.G.」氏のコメント：
I understand what fifth tendon is saying, but I doubt this would get a very good grade because it does not really answer the question. Trying to be too clever?

「fifth tendon」君のコメント：
昨年度にいただいたコメントを参考に賛否ではなく「キーセンテンスから連想」する形で1つ書いてみました。「訳わからずで感情的になりやすかった恋人」というのはもちろん創作です。また，emotion と reason を直接使わず派生語にして使いましたが，それはカウントされるのか，それとも0扱いになるのか，そんなことは考えなくてもいいんでしょうか。

東大生による解答例⑦ 「Cygnus」君

I was in a paradise governed by reason. Surrounded by a crowd of androids, I was forced to behave like them. One day I wondered if I'd be a real android before long, and bent down by the roadside. ~~Then,~~ There I found a wild flower swaying in the wind. How beautiful it was! I was, after all, a half-finished android.　　　(60 words)

「Cygnus」君のコメント：
最初に別のものを作ったのですが，意味を取り違えていることに気づき，作り直しとなりました。

詩を書くようなノリで，非論理的な部分が出てきますが，こういうのも楽しいかなぁと思い，そのままにしました。60 語だと本当に短いので，展開が強引になってしまいます。まぁ，突っ込みどころ満載なので，批判的検討にはうってつけではないかと…。きっと他の方が，ちゃんとした解答例を書いていると信じています。「これは，あまりにもひどすぎる…」という評価ならば，別の解答例を書くので，遠慮なく言ってくださいね！

「T.G.」氏のコメント：
A beautiful little prose-poem. Unlike some of the other answers, I think it does answer the question in an indirect, quite sophisticated way. I just hope the examiners would agree with that assessment.

Cygnus 君の天才ぶりは既に見てきた。華やかな語彙と詩的な構成は他にもあるが，この作品では優しさと悲しみとがファンタジーとして表れている。本書中，Cygnus 君の作品としては著者の一押し。

*　　*　　*

下記はコンサルタントおふたりの解答例である。本問に限っての，本書では唯一（唯二か）の解答例。駿台のテキストや模試の英作の模範解答のレベルを支えているのはこういう人たち。感謝の念を表すつもりで使わせていただいた。

模範解答例❶

If this means that emotion influences our lives more, then this is true. Everything we do is done because we want to experience feelings such as happiness, pride, or love — or because we want to avoid feelings such as sadness, fear, or loneliness. Reason just helps us get, or avoid, these feelings. It is just a tool. (57 words)

「T.G.」氏のコメント：
Splendid answer.

模範解答例 ❷

In the case of certain powerful emotions like love and hate, this may be true. We do sometimes have strong feelings about other people which we cannot explain rationally. However, in general I think that most human social interaction is based on reason. If it weren't, I don't believe any society could survive for long. (55 words)

「T.G.」氏のコメント：
Another splendid answer.

APPENDIX

APPENDIX

● 1. 仮定法

仮定法 (Subjunctive Mood)：英語の仮定法は歴史的な事情から，本来はもっと多様な法が存在したのだが，現代の日本で通例行われている英文法では法は，直説法，命令法，仮定法の3種類のみに分類される。本来別系統のさまざまな法が合流してできたと思われるので，受験生が仮定法を理解するためには，以下の3つ（1. 条件節と帰結節，2. 仮定法を用いた慣用表現，3. 仮定法現在）に分けて理解することが実用的であると思われる。

● 1.1　条件節と帰結節（if 節と主節）のパターン

① **直説法** …… 起こる可能性が確かにあることに用いる。したがってこれは仮定法ではないのでここに入れるのは本来はおかしいのだが，受験生の便宜のため（　　）内に入れて表示する。

例　If it **rains** tomorrow, I *won't* go.

なお，if 節中では未来のことでも現在形で［= will などを用いずに］表す。

② **仮定法過去** …… 現在の事実の逆の状況を想定して述べるのに「過去形」が使われる（もう少し厳密に言えば，それが現在の事実であるかないかは棚上げして論ずるときに用いる。したがって時にはそういうこともあり得る，という場合にも使われる）。be 動詞の場合は主語に関係なく were を使う。ただし現実には If I was busy などとすることも多い。その場合は仮定法であるかないかについてさまざまな説があり（標準語法ではない，いや，仮定法のバリエーションとして正しい，そうではなくて直説法の過去形が非現実を表している，など），どれももっともな根拠があるが，受験生は規範文法として自分が使うには were と決めておくほうが安全。

条件節	帰結節
If S ＋ V（過去形）…,	would＋原形　（—するだろう） S could＋原形　（—できるだろう） might＋原形　（—するかもしれない）

例　If I **were** you, I *wouldn't believe* such nonsense.

③ 仮定法過去完了 …… 過去の事実の逆の状況を想定して述べるのに「過去完了形」が使われる。

条件節	帰結節
If S＋V（過去完了形）…,	would have p.p. （―しただろう） S could have p.p. （―できただろう） might have p.p. （―したかもしれない）

例 If I **had known** you were coming, I *would have bought* some wine.

cf. ②と③の混合パターン（条件節に仮定法過去完了が使われ，帰結節に仮定法過去を受ける形が使われる）

例 If I **had taken** that plane, I *would be* in Hawaii now.

※1.1の各節中の時［Time］，時制［Tense］を考えるにあたってのポイントは，次のA，B，Cの3つである。

A. 現在のことであるか過去のことであるか（英語には未来時制がないので文法的には未来のことは現在のこととして処理する）。

B. 現実（的なこと）であるか非現実（的なこと）であるか。

C. 条件節と帰結節（if節と主節）中の動詞の形が違うのでよく頭に入れること（この点があやふやな受験生はきわめて多い）。

補足1 ifの省略と倒置

仮定法を用いたif節のifが省略され，その後にある主語＋助動詞（またはbe動詞）が倒置されている形がある。文語体の英語だが，入試では最頻出事項の1つである。

（パターン）

（仮定法過去）	if S were …	→	were S …
	if S should ―	→	should S ―
	if S were to ―	→	were S to ―
（仮定法過去完了）	if S had p.p. …	→	had S p.p. …

例 **Were the picture** genuine, it would be worth millions of euros.
　　（＝ If *the picture were* genuine, …）

Had you taken a taxi, you would have got here on time.
　　（＝ If *you had* taken a taxi, …）

Should you change your plans, please let me know.
　　（＝ If *you should* change your plans, …）

（補足2）　if 節中の should（主節中ではなく）の取り扱い

　if 節中で should が用いられるのは，仮定法の鬼子のようなものであり，他の項目とはバランスを欠いているということをわかっていたほうがよい。

　たとえば Ben E. King あるいは John Lennon の曲としても有名な Stand by Me のリフレインに，♪ If the sky that we look upon should tumble and fall ..., I won't cry ... というのが出てくるが，「天が崩れ落ちてくる」というのは常識的に考えられないから非現実の仮定と思うのだが，I won't cry のほうは明らかに現実の自分の決意を直説法で表しており，こういう組み合わせは本来ないはずである（ロックやポップスの英語がどれぐらい文法的に信頼できるか，ということはあるが）。また前記の例文，**Should you** change your plans, please let me know. は主節が命令法になっている。こういう組み合わせは If ... should の部分を仮定法と考えると時制の整合性に欠けるように感じられる。

　したがって if 節中の should の時制と法の判定は止め，「If ... should の方にはあり得ることも，あり得ないことも用いられ，主節は直説法や命令法が多く，現実的な意思表示に用いられることが多い」と覚えておくのがよい。

（補足3）　if S were to の形について

　文法の教え方はわかりやすく整合性があればそれでいいと思うので，教える先生方によって教え方が違っていてもそれに異論を唱えるつもりはない。ただ著者は時制を現在時制と過去時制の2つしかない，と教えるほうがわかりやすいと思うから if S were to do を仮定法未来と教えることには反対である。be 動詞の後に不定詞を作る to が来て，さらにその後に原形不定詞が来る。助動詞的機能を持つ be to［予定，義務，（be to be p.p. と to の後が受動態の時に限り）可能性など］の be の部分が仮定法になっただけであって，特に時制が変わっているわけではない。見た目の違いを本質の違いと思わないこと。

　なお，この if S were to do は話題の仮定ともいわれ，「もし宝くじで一等に当たったら，…」 if you were to win the first prize in a lottery, ... など，話題のための話題（悪く言えば時間つぶしの話題）に使われることがよくあるが，それだけ自由英作文のトピックを提示する文に用いられることがしばしばある。

325

APPENDIX

●1.2　仮定法を用いた慣用表現

(a)　**S wish(ed) (S) + (V)**　「(S) が (V) する／である [した／だった] ならいい [よかった] のになぁ」

　　(V) が wish(ed) と同時なら (V) は仮定法過去

　　(V) が wish(ed) 以前の時なら (V) は仮定法過去完了

　実現が不可能あるいは極めて難しいと考えられる願望を表す。仮定法の過去を使うか過去完了を使うかは, 願っている時と同時かそれ以前かで決まることに注意する。

　例　**I wish** I *had* a fax.　　　　　　　（ファックスがあればいいのになぁ）
　　　I wish I *were* a bird.　　　　　　（自分が鳥ならいいのになぁ）
　　　I wish I *could* speak English fluently.（英語がペラペラ話せたらなぁ）
　　　I wish it *would* stop raining.　　　（雨がやんでくれたらなぁ）
　　　I wish I *hadn't said* such a thing.　（あんなこと言わなけりゃよかった）

　直説法と仮定法の時制の一致は, 直説法同士の時制の一致と, あるいは仮定法同士の時制の一致と, 理屈が異なる。たとえば上記の **I wish**（直説法現在）I *had*（仮定法過去）a fax. であるが, その場合の意味は「今ファックスを持っていないのだが, あればいいのになぁ」と今思うということである。これを **I wish**（直説法現在）I *had had*（仮定法過去完了）a fax. とすると「昔ファックスを持っていなかったのだが, あればよかったのになぁ」と今思うということである。**I wished**（直説法過去）I *had*（仮定法過去）a fax. とすると, その場合の意味は「今ファックスを持っていないのだが, あればいいのになぁ」と昔思ったということである。これを **I wished**（直説法過去）I *had had*（仮定法過去完了）a fax. とすると「昔ファックスを持っていなかったのだが, あればよかったのになぁ」と昔思ったということである。

特講！

> **I wish** it *were* not raining.（雨が降っていなければいいのになぁ）は，今現実に目の前で雨が降っているのだが，それが嫌だなぁ，と言っているのである。つまり現実は It is raining. である。では **I wish** it *didn't rain* so much in England. はどういう意味であろうか。仮定法を考えるときは，常に「では現実はどうか」と考えるのがよい。最初の例とは異なり進行相ではなく単純相であるので，現実は It rains so much in England. になる。これは直説法現在時制単純相であり，rain は進行形をとれない動詞ではないので「普遍・不変の真理」あるいは「習慣的な行為」である。すなわち今雨が降っているかどうかは関係なく，イングランドは降雨量の多い地方だという意味である。したがって **I wish** it *didn't rain* so much in England. の意味は「イングランドは雨の多い地方だが，それは嫌でもっと雨の降らないところであってほしい」という願望を表しているのである。今降っている雨が止んでほしいということではない。

(b) **S V as if (S) + (V)** 「あたかも (S) が (V) する／である [した／だった] かのようにSV」

      (V) が V と同時なら (V) は仮定法過去

      (V) が V 以前の時なら (V) は仮定法過去完了

① 仮定法過去の例

    I don't like her. She talks **as if** she *knew* everything.

    He talked **as if** he *were* rich, but he wasn't.

② 仮定法過去完了の例

    How can you act **as if** nothing *had happened*?

    He looked **as if** he *had seen* a ghost.

③ as if ＋直説法

    口語的な表現では，as if の後に直説法が使われることがある。特に，単に「…らしい」，「…のようだ」といった様子を表す以下のような表現では直説法が多く用いられる。

    例　It looks **as if** it*'s* going to rain.

        She looks **as if** she *is* rich.

        We've missed the bus. It looks **as if** we*'ll* have to walk.

        It sounds **as if** his story *is* not true.

④ as if ＋節以外のもの

as if の後に以下のように節以外のものがくることがある。

例　He opened his mouth **as if** *to say* "No," but he didn't.

Children were running, **as if** *blown* by the wind.

He moved his lips **as if** *trying* to speak.

（補足）

as if S V の V について（以下に述べることは as でも if でもなく as if に限った注意である。間違えないように）は，現在の英語では内容にかかわりなく，直説法が来ることが多いが，受験生の態度としては，「大いにありうること」なら直説法，「あまりありそうにないこと，ありえないこと」なら仮定法を使うのがよい。英作文ならそれが間違いない。ただし，実際の英語ではその点は混沌としている。

また as if S のあとに仮定法が来る場合，were doing（進行相），had p.p.（完了相）以外の単純相としては，were，knew など進行相にならないガチガチの状態動詞に限るものと考えるのが安全。確かに原理的には，前ページの I wish it didn't rain … と I wish it weren't raining … の違いと同様，The sushi tasted as if he made it every day のごとく，明らかにその時限りのことではなく，習慣的な行為が as if のあとに典型的な動作動詞の単純過去形を用いて表されることはある。しかし受験生諸君のことを考えると，「いろいろある」を「何でもよい」と勘違いされることを筆者は最も恐れる。東大の過去問（1998 年度 2 (B) の (b)）の解答例として，as if he were barking … / as if he had seen … などはよいが，× *as if he barked* … など動作動詞の過去時制（仮定法ではあるが）単純相などは不可というのもあったし，I wish の場合と違って，as if の後に来るのは大概その場の状況をたとえとして描写するために用いることが多いのであろうから（少なくとも入試英作では），ルールとして上記のごとく覚えておくほうが現実的。

(c)　その他

① **It is (high / about) time S ＋ V**（仮定法）「もう（とっくに／そろそろ）S が V してもよい頃だ」

例　**It is (high / about) time** you *went* to bed.

② **I'd rather S ＋ V**（仮定法）「むしろ（できれば）S に V してほしい」

例　**I'd rather** you *didn't* do that.

● 1.3　仮定法現在

　以下のような動詞の後に続く that 節内では，述語動詞に動詞の原形と同じ形（仮定法現在）が用いられる。

$$S + \boxed{V} + ... \text{ that (S)} + \underline{\text{(V)}}$$

↓　　　　　　　　　原形 or ((英)) should ＋原形

> 命令・要求
> 提案・決定

命令 … order
要求 … demand, require, insist
提案 … suggest, recommend, propose
決定 … decide

> 例　He **insist**ed that I *be* there.
> I **suggest**ed that he *start* early.
> The doctor **recommended** I *rest* for a few days.
> The chairperson **proposed** that the plans *be* changed.

注1　上にあげた動詞でも，上記の意味ではない場合は，that 節内で普通の動詞の形が用いられる。

> 例　The old man's cool response **suggested** that he *was not interested* in my offer.
> （この suggest は「提案」ではなく「示唆・暗示」の意味）

注2　以下にあげたような「必要な；重要な」といった意味を持つ形容詞を用いた that 節内でも同じ動詞の形が使われる。（➡ p.337　3.1 (d)）

It is **essential / desirable / important / necessary** that (S) (V) 〜

> 例　It is **desirable** that the candidate *be* familiar with computers.

● 2. 不定詞と動名詞

● 2.1　不定詞の形容詞的用法 (N to do)

　不定詞の形容詞的用法は，名詞とそれを修飾する to do の間に，以下の①～④のどれかの関係が成立している必要がある。

① 修飾される名詞が，不定詞の意味上の主語になる場合

例　He has *a lot of good friends* **to help** him.

　　He was *the first man* **to climb** Mt. Everest.

② 修飾される名詞が，不定詞の意味上の目的語になる場合

例　He has *a big family* **to support**.

　　I want *a novel* **to read** on the train.

※修飾される名詞が不定詞に続く前置詞の意味上の目的語の場合もある。

例　Give me *something* **to write with**.

　　The poor people have no *house* **to live in**.

③ 「名詞＋to do」が「動詞＋to do」，「形容詞＋to do」に由来している場合

例　She has *a tendency* **to talk** too much.

　　　（< She *tends* **to talk** too much.）

　　He has the *ability* **to do** the work.

　　　（< He is *able* **to do** the work. ）

④ 以上のどれにも当てはまらないもの。不定詞が直前の名詞の内容を具体的に説明する場合など。

例　You have no *right* **to say that**.

　　What's the best *way* **to solve the problem**?

その他　courage, reason, chance, power, turn (順番), effort, attempt, opportunity, money, time, place　など

注1　「私には住む家がない」を×I have no house *to live.* と書くのは上の②に違反しているので誤りだが，「私には住む場所がない」であれば，place という単語が④のグループに属するので，I have no place *to live.* と言える。この場合，文末に in をつけても誤りではないが，通例省略される。

注2 上の①の形は修飾される名詞に first とか last などがついたときなど，ある程度慣用的な言い回しに多く用いられる。①のような SV 関係が成り立つからといっていつでも使えるわけではないので，英作文で濫用すべきではない。たとえば，「彼が昨日ここに来た人です」を *He was the person to come here yesterday.* と書くのは不自然で，そういう場合は関係詞を使って He was the person who came here yesterday. と書くほうがよい。

●2.2　to + doing 形の慣用表現

以下にあげる表現の to は前置詞なので後には原形でなく動名詞を置くことに注意。

I'm not **accustomed to** *getting* up so early.

I'm **used to** *living* on my own.

We're really **look**ing **forward to** *seeing* you again.

I **object to** *being* spoken to like that.

　　(cf.)　I have a strong objection **to** *being* treated like this.

What do you say to *going* to the theater tonight?

He is decorating the house **with a view to** *selling* it.

I can use computers, but **when it comes to** *repairing* them, I know nothing.

I **prefer** skating **to** *skiing*.

She **admit**ted **to** *stealing* the money.

●2.3　V to do と V doing で意味が異なる動詞

目的語が to 不定詞の場合と動名詞の場合で意味が異なるものを以下にあげておく。

◆ remember

　　例　Remember *to turn* the lights off before you leave.（—することを覚えている）

　　　　I don't remember *signing* a contract.（—したことを覚えている）

◆ forget

　　例　Don't forget *to do* your homework!（—することを忘れる）

　　　　I'll never forget *meeting* my husband then.（—したことを忘れる）

注　日本語の「覚えている／いた」，「忘れる／忘れた」の部分から判断して，「過去のことは動名詞」などと考えてはいけない。「私は昨晩ドアの鍵をかけ忘れた」

は「かけることを忘れた」の意味だから I forgot *to lock* the door last night. であり，
× I forgot *locking* ... ではない。

◆ **try**

例　He tried *to eat* raw fish, but he couldn't stand the smell.（―しようとする）

He tried *eating* raw fish, but soon he began to feel sick.（―してみる）

注　tried to の場合は「しようとしたが，実際にそれを行ったかどうかは不明」という
ニュアンスだが，後に but が続き，その動作を行えなかったことを表すことが
多い。tried doing は「何かを試そうとして実際にやってみた」という意味で，実
際にその行為を行ったことを意味する。

◆ **regret**

例　I regret *to inform* you that your offer was turned down.（残念ながら―する）

I really regret *leaving* the party so early.（―したことを後悔する）

注　regret to の形に続く動詞は，say, tell, announce, inform など「言う」の
意味を持った動詞にほぼ限られる。

◆ **stop**

例　On the way home I stopped *to buy* a newspaper.（立ち止まって―する）

He never stops *talking*.（―することをやめる）

注　stop は「―するのをやめる」という他動詞の用法の場合は動名詞のみ目的語
として使うことができる。したがって，stop to do という形の to do は目的語では
なく目的を表す副詞用法だと考えられる。上にあげた 1 つ目の例文は「新聞を買
うために立ち止まった［それまでしていた作業を止めた；手を止めた］」の意味で，
それを慣用的に「立ち止まって―した；（それまで何か他のことをしていた）手を
休めて―した」と前から訳し下すことが多い。

◆ **go on**

例　She went on *to explain* the importance of the product.

（他の行為に引き続いて―する）

We don't want to go on *living* here for the rest of our lives.（―し続ける）

●2.4　代不定詞

同じ動詞が2度目に to 不定詞で現れる場合，反復を避けるために動詞を省略して to だけを残すことがある。この to を代不定詞という。

例　I got the job, although I didn't expect **to**.

"Let's go for a walk." "I don't want **to**."

① 否定形は not to

例　He went there alone, though I told him *not* **to**.

② be は残す。

例　She hasn't been promoted yet, but she ought **to** *be*.

●2.5　動名詞が受け身の意味を表す場合

動詞 need は「－されることが必要である」という意味のとき，目的語に動名詞を置く場合は，受け身の形 (being p.p.) にはせずそのまま need doing の形で受け身の意味を表す。

例　That sofa **needs** *cleaning* again.

(＝ That sofa **needs** *to be cleaned* again.)

This computer **requires** *repairing*.

Your hair **wants** *cutting*.（＝ Your hair **needs** *cutting*.）

注　want doing の形は主にイギリス英語。

注　なお worth という単語は動詞ではないが，同じように考えることができる（➡ worth の語法については p.341 3.5)。

例　That museum **is** really **worth** *visiting* if you have time.

333

APPENDIX

●2.6　doing 形の使い方に注意する語法

　以下の慣用表現に使われている doing 形は，歴史的な経緯としては，本来は in doing のはずで，現在でも in の残った形はある。その場合は明らかに動名詞である。しかし実用英文法はあくまで現代の英語をもとに，わかりやすさと合理性を中心として説明すべきである，とする立場から言えば，この表現における doing は動名詞か現在分詞か，という議論をすることは受験生にとってはあまり意味がないと思う。形容詞や動詞の語法の１つとして使いこなせるようにすることが肝要である。

(a)　**be** ＋［形容詞］＋ **doing**

　　例　She **is busy** *studying* for her exams.
　　　　Spring **is late** *coming* this year.

(b)　**V** ＋ **O** ＋ **doing**

　　例　I **spent** a whole evening *writing* letters.
　　　　Don't **waste** time *checking* the figures.
　　　　He **had** no **difficulty** *deciding* who to vote for.
　　　　I'm **having trouble** *getting* the car started.
　　　　We **had a good time** *playing* cards.
　　　　I **had a hard time** *finding* her house.
　　　　We **took turns** *looking* after him.

●2.7　for doing について

※この件に関して重要事項が (a)，(b)，(c) と３つある。

(a)　for doing は (in order) to do ［不定詞の副詞的用法「目的」］と排他的な関係にある。言い換えれば for doing が使えるときは (in order) to do は使えないし，(in order) to do が使えるときは for doing は使えない。また for doing は述語動詞の表す行為の目的を示すことはできない，という風に言うこともできる。

　　○ I went out **(in order) to take a walk.**　(in order) to do は「行為の目的」を表す。しかし，× I went out *for taking* a walk. とは言えない。ここで注意すべきは，○ I went out **for a walk**. とは言える，ということである。この例は２つのことを示している。１つは先にも述べたように for doing は (in order) to do ［不定詞の副詞的用法「目的」］と排他的な関係にあるということと，もう１つは for ＋［本物の名

詞（動名詞や that 節や不定詞ではなく，たとえば book や hatred など本来の名詞）］と for ＋［動名詞］では事情が異なる，ということである。後者は，英作文には広く当てはまることであって，たとえば読解では，本物の名詞，不定詞の名詞的用法，動名詞，that 節，whether / if の接続詞による yes-no question の間接疑問，who，which，when，what など疑問詞に導かれる間接疑問，また紛らわしいが先行詞を内に含む複合関係代名詞の what（あるいは whatever や whichever）に導かれる関係詞節などは，いずれも名詞であることさえわかれば支障はないが，英作文では各々同じ名詞とは言っても事情が異なることを理解する必要がある。

(b)　S V X for doing の構文が成立するとき，繰り返し述べたようにそれは副詞として「行為の目的」を表すために用いられるのではない。これらは「賞罰，謝罪」等の理由を表す。以下の例参照。

> 例　I apologized to my teacher **for being** late.
> He was stopped **for speeding**.
> Mr. Tanaka was awarded a Nobel prize **for devising** a very ingenious scientific technique.

(c)　for doing のもう 1 つの重要な用法は，ある名詞の「本質的な用途」を表すことである。形としては次の 2 パターンで現れるが，本質は同じである。

N is for doing / N for doing

> 例　This knife is for cutting cheese.（この形に不慣れな受験生は多い）
> a knife for cutting

ここに煩わしい問題がある。下記の 2 文はいずれも正しい。

① This tool is (used) for measuring altitude.
② This meeting is to discuss tomorrow's agenda. (➡ p.345 4.2)

①の場合は N is for doing の構文である。それに対して②は N is to do の構文である。訳して言えば①は「この器具は高度を計るためのものである（高度計である）」であり，②は「この会議は明日の議案を検討するためのものである」とでもなろうか。①のこの器具は壊れるまでは高度を計る器具であり（つまり高度計はずっと高度計である），それに対して②のこの会議は今回だけで，終わってしまえばあとは意味はない。つまり前者は一般的，半永久的な用途，本来の存在理由であるのに対して，後者は個別的，一回性の用途あるいは存在理由と言えるのではないか，というのが著者の問題提起である。

これは N to do (不定詞の形容詞的用法) と N for doing の違いにも現れる。

I bought a magazine to read on the train. と言ったときは車内で読む雑誌を買ったのであって，別に車内読書用の雑誌というものがあるわけではない。その雑誌は家でも喫茶店で読んでも不都合はない。ただこの場合は車内で読む，ということである。それに対して I bought a magazine for reading on the train. と言えば車内で読むのに適した雑誌，製本段階からそういうつもりでデザインされ，家で読むより，喫茶店で読むより，車内で読むのに便利さが際立つ雑誌，ということである（そういうものがあるのかどうかは知らないが）。実際には water to drink と water for drinking の間には言うほどの差はないようであるし，drinking water（この場合の drinking は動名詞）とも言える。しかし，こういうことを面倒がらずにやるのが，効率的な英語学習であり，質の高い英語を身につけるための最良の方法であるとも言える。

●2.8　S be to do について

もし文として S be to do という形が現れたら，文法的可能性は大きく分けて２つある。

① １つは **be to do** が助動詞的に働くとき（➡ p.324 1.1 補足３）

> 例　The plane is to [will] arrive at 8.
>
> You are to [should] do as you are told.
>
> This flower is to [can] be found only on this island.

② もう１つは **S be to do** が第２文型になっているとき

> 例　My dream (S) is (V) to go to France (C).
>
> （➡この形をとれる名詞のリストは p.345 4.2）

問題は，前項で論じた ② This meeting is to discuss tomorrow's agenda. が，①と②のどちらなのか，あるいはどちらとも異なるのかを，判定しにくいことである（著者は現時点では，不定詞の形容詞的用法であり，補語 (C) である点では②に近いが，名詞的用法である②とはやはり異なる，と考えている）。専門的に言っても結論は出ていないはずである。受験生はこういいう分類にエネルギーを使わず正しく読み書きができるために役に立つ，わかり易く正確に運用できる文法をしっかり学び，それと同時に今のようなことも英語の一側面であるから，考えてみてもよいが（頭はよくなると思う），英語には分類しきれないものもあるということの例として心に留めておくとよい。ちなみに辞書によっては ② を上記①の助動詞の最後に付け足し的に入れている。

3. 形容詞・副詞の用法

●3.1　It is ＋ [形容詞] ＋ that ...

　この構文で使える形容詞（または名詞）のうち主なものを以下に示した。また使用不可能にもかかわらず学生の英作文に散見するものは×で示した。

(a)　可能性

> (un) certain, (un) likely, (im) possible, (im) probable,
> × dangerous, difficult, easy

注1　したがって，たとえば「私にとって英語を話すのはやさしい」を×*It is easy that I speak English.* と書くことはできない。○ It is easy for me to speak English. のように不定詞を使って書くか，主語を変えて，○ I can speak English easily. と書く。

注2　It is *sure* that ... については誤りではないという意見もあるが，そのような正誤の判断が分かれる表現を英作文で使うのは賢明ではなく，避けるべきである。

(b)　明白性・真実性

> clear, evident, obvious, true

(c)　感情（意外性・驚きなど）

> astonishing, curious, natural (当然の), peculiar, strange, surprising

注　これらの形容詞をこのパターンで使った場合，that 節の中で，「話し手の主観や感情」を強調する should が使われることがある。
　　例　It is surprising that he **should** say so.
　　　　≒ It is surprising that he say**s** so.（彼がそんなことを言うなんて驚きだ）
　　　　ただしこの should を使わない場合も多い。なお，この「感情」を表す should を以下の(d)の仮定法現在の代用の should と混同しないこと。上記の文は should を用いなければ普通に直説法の says となる（3単現の s に注意）。下記の(d)と比較すること。

(d) 望ましさ，重要性

> desirable, essential, important, necessary, right

注 　この場合 that 節の中では仮定法現在の原形（あるいは should ＋原形）が使われることが多い。

例 　It is important that every child **should** have the chance to go to college.

「すべての子供に大学に行く機会が与えられることが重要である」（実際に与えられているかどうかではなくてそうあるべき，という<u>規範</u>）

≒ It is important that every child **have** the chance to go to college.

（仮定法現在。every で始まる語は単数扱いなのに has ではなく have であることに注意）

≒ It is important for every child to have the chance to go to college.

（It is ＋［形容詞］＋ to do の構文。意味的には should や仮定法現在と同じく大体「現実にそう」というのではなく，「もしそうであるならば」という<u>規範的な意味</u>になる）

≠ It is important that every child **has** the chance to go to college.

（直説法現在。これは「現在事実としてすでにすべての子供に大学に行く機会が与えられている，そのことが大切である」という意味である）

　実際にネイティブがすべてこれらのことを厳密に使い分けているわけではないが，英語の原理の根幹にかかわることであるから自分の頭で考えてよく理解すること。

(e) よい（幸運な）

> fortunate, good, lucky

※以下はこの (a) ～ (e) を通しての注記。

注1 　感情を表す happy，sorry は必ず人間が主語となり，× It is happy [sorry] that ... のようには使えない。（➡ p.339 3.3 ② も参照）

注2 　a pity や a miracle といった一部の名詞も，It is ＋［名詞］＋ that ... のようにこのパターンで使える。

注3 　It is ＋［形容詞］＋ that ... と It is ＋［形容詞］＋ to do とを比べると，もちろん両方のパターンで使える形容詞も多いが（ただし，同じ意味になるかどうかは難しい議論である），後者の形を許す形容詞のほうが格段に多い。

●3.2　It is ＋ [形容詞] ＋ to do

　この It is ＋ [形容詞] ＋ to do という構文で使える形容詞の中には，to do の目的語を文の主語にして，以下のような書き換えが可能なものがある（このような形は専門用語でタフ構文と呼ばれる）。この場合，主語は，to do の目的語も意味上兼ねることになり，to do には見た目上は目的語がないことになる。

> 例　It is easy **to find** *the house*.
> 　　　 ≒ *The house* is easy **to find**.
> 　　It is very difficult **to please** *our new boss*.
> 　　　 ≒ *Our new boss* is very difficult **to please**.

　この構文で使える主な形容詞のうち，以下のものは頻出するので覚えておくとよい。

> comfortable, dangerous, delightful, difficult, easy, hard, impossible, interesting, painful, pleasant, tough

　ちなみに impossible はこのリストに載せても possible は載せないことになっている。このリストに載せるべきか否かについてはグレイエリアがあるので，S be ＋ [形容詞] ＋ to do の研究（➡ p.95 コラム）で詳述する。

注1　元の文の to do の直前に意味上の主語（for ... の「…」）がついている場合は，その「…」を文の主語にして書き換えることはできない。

> 例　It is dangerous *for you* to climb the mountain in winter.
> 　　　 = The mountain is dangerous *for you* to climb in winter.（○）
> 　　　 = *You are* dangerous to climb the mountain in winter.（×）

注2　この書き換えはあくまで構文上可能という意味であって，書き換える前と後の文の意味がまったく同じということではない。上の例で言うと，The house is easy to find. というのは，ある特定の家を話題にして，その家の性質・特徴（この場合は「見つけやすい」）の説明に重点が置かれ，It is easy to find the house. というのは to find the house（その家を見つける）という行為が「簡単かどうか」に重点が置かれている。

注3　このような書き換えができるかどうかは形容詞による。たとえば，necessary といった形容詞を使った場合は，上のような書き換えができない。

> 例　It is necessary *for you* to buy a computer.
> 　　　 = A computer is necessary *for you* to buy.（×）
> 　　　 = *You are* necessary to buy a computer.（×）

このパターンの書き換えができない形容詞には，主に次のようなものがある。

> important, natural, necessary, possible, strange

注4 It is ＋ ［形容詞］ ＋ to do の形で使えない形容詞の中で，特に誤って使われがちなのが，sure, likely, certain の 3 つである。ただし，It is unlikely [sure / certain] to rain. の It は，形式主語の it ではなく天候を表す it なので，この文は正しい文である。

●3.3 主語に注意すべき形容詞

英作文で誤りやすいものを例文とともにあげてみた。

① convenient → 人間を主語にはできない

（×）*Are you convenient* to meet me tomorrow?

→ （○）**Is it convenient for you** to meet me tomorrow?

注 「便利な；都合のよい」という日本語に対して，条件反射的にこの convenient という形容詞を使う学生が多いが，英作文で誤用が目立つ単語の 1 つなので，濫用は避けたほうがよい。

> 例 「都会のほうが買い物に便利だ」
>
> △ Shopping is more convenient in the city.
>
> → Shopping is easier in the city.

② happy, sorry → 人間が主語

（×）*It is happy* [*sorry*] for me to hear that.

→ （○）**I am happy** [**sorry**] to hear that.

（×）*It is happy* [*sorry*] that you passed [failed] the exam.

→ （○）**I am happy** [**sorry**] that you passed [failed] the exam.

③ sure, certain → 意味は同じでも使える構文が異なることに注意

(a) They are **certain** [**sure**] that he will come.

（彼らは彼が来ると確信している ［主語の確信］）

(b) He is **certain** [**sure**] to come. （彼が来るのは確かだ ［話者の確信］）

= I'm **certain** [**sure**] that he will come. （彼が来るのは確かだ ［話者の確信］）

(c) It is **certain** that he will come.　　　　（彼が来るのは確かだ［話者の確信］）

　（×）It is *sure* that he will come. ← この形は誤りとされる（➡ 前述 p.336）。時折，高名な作家の文にも見るが，標準英語としては間違いとされる。受験生の立場としては避けるべき。

④ **likely** → 既出であるが，It（仮主語）is likely to do. は不可だが，It（天候）is likely to rain [snow]. などは可。

　He is likely to arrive late.
＝ **It is likely that he will arrive** late.

　（×）*It is likely for him to arrive* late.

　　（ただし，この形は近年許容度を増しているが，受験生は避けたほうがよい）

●3.4　比較構文で many / much を使う場合の注意点

① 「同数の…」や「できるだけ多くの…」などの意味を表す場合，**as many / much**［名詞］**as** という語順になることに注意。

　例　He knows as **many** *English words* as I do.

　　　（× He knows English words as many as I do.）

　　　Read as **many** *books* as possible.

　　　（× Read books as many as possible.）

　　　He earns as **much** *money* as I do.
　　　　　　　　　（形容詞）

　　　（× He earns money as much as I do.）

　cf.　○ He loves music as much as I do.　「彼は私と同じだけ（大いに）音楽が
　　　　　　　　　　　　　　（副詞）　　　　　好きだ」

注1　**much** には形容詞の他に，代名詞，副詞の用法もある。代名詞の場合，そのまま他動詞の目的語として使えるので as much as の形になる。

　例　He earns as **much** as I do.
　　　　　　　 V　　　 O

注2　副詞の場合，理論上は以下のような文もありうるが，実際にはあまり見かけない。

　例　I wish you success as **much** as your parents do.　（much は wish を修飾）

② much は「はるかに；ずっと」の意味で比較級の強調に用いられる。

例　This wine is **much** *more delicious* than that wine.

ただし more が many の比較級である場合は，much ではなく **many** で強める。

例　There were **many** (×much) *more people* than we had expected.

注1　more ＋［複数名詞］の前に強調語として much は使えないが，a lot や far などは置くことができる。

注2　more ＋［不可算名詞］の場合は，much で強調できる。

cf.　much more water [money]　（はるかに多くの水［金］）

●3.5　worth の語法

worth は辞書によって「前置詞」と書いてあるものもあれば「形容詞」と書いてあるものもあるが，基本的に後には名詞や動名詞が置かれる。たとえば，「京都は訪れる価値がある」は worth を用いて次のように表せる。

① 　Kyoto is **worth** visiting.

② 　It is **worth** your while to visit Kyoto.

③ 　It is **worth** while visiting [to visit] Kyoto.

④ 　It is **worth** visiting Kyoto.　（今ではこのような形も用いられる）

注1　①の形で書いた場合，主語の Kyoto が動名詞 visiting の目的語も兼ねているのがこの構文の特徴である。したがって，この形では文末を自動詞で終えることはできない。

× This music is worth listening.　→　○ This music is worth listening to.

注2　③にあるような worth while は最近では worthwhile と 1 語で綴られる傾向がある。また，①と③の表現を混同した次のような形では誤りとされる。

× Kyoto is worth while visiting.

●3.6 限定用法では使えない形容詞

形容詞には「限定用法」（名詞の前に置いて直接その名詞を修飾する用法）と「叙述用法」（補語で用いられる用法）がある。たいていの形容詞にはこの2つの用法があるが，以下の形容詞には叙述用法しかないので名詞の前に置くことはできない（誤文訂正問題で頻出！）。

> afraid, alike, alive, alone, asleep, awake,
> aware, ready, unable, worth

例 × an *asleep* child → ○ a *sleeping* child

注 限定用法か叙述用法かによって意味が異なる形容詞もある。たとえば，present という形容詞は All the members were *present*. のように叙述用法で使うと「出席して（いた）」という意味に，All the *present* members knew it. のように限定用法で使うと「現行（メンバー）」の意味になる。

●3.7 形容詞の配列順序

名詞の前に複数の形容詞を並べる場合，英語には以下のような語順で並べるという原則がある。

配列順序 →

限定詞	序数	基数	評価	大小	新旧	色	出身	材料	名詞
A the these some	first second	two three	good kind	big small	new old young	white black	American French	wooden	

例 I like **her new Austrian** ski boots.

Do you know that **lovely tall young French** girl?

Look at **my new leather** walking shoes.

●3.8 頻度を表す副詞

頻度を表す副詞には主に次のようなものがある。

> (a) frequently, often, sometimes, usually
> (b) always, ever, never, rarely, seldom

これらの品詞を置く場所のおおまかな目安は以下のとおり。

① 一般動詞の前（和文英訳でこの形を書く場合，動詞に 3 単現の -s をつけ忘れやすいので注意すること）

例 He **always** *wears* those shoes.

We **often** *go* there.

She **seldom** *reads* newspapers.

② be 動詞や助動詞がある場合は，最初の（助）動詞の後

例 John *is* **always** late.

I *have* **always** wanted to visit China.

We *have* **never** been invited to one of their parties.

注1 ただし，(a) のグループの副詞は文頭や文末に置くことがある。

例 **Sometimes** I *drive* to work.

I *go* there quite **often**.

注2 (b) のグループの副詞は原則的に文頭や文末には置けない。always と never は命令文の文頭であれば置ける。

例 **Always** *stop and look* before you cross the road.

Never *ask* her about her marriage.

ちなみに，否定の語句（never, rarely, only, etc.）が文頭に来るときも倒置が起こる。

cf. **Never** *have* I seen such a beautiful child.

● 4. 名詞の用法

● 4.1 ［名詞］＋ 同格の that 節 (N that S V) ／
［名詞］is that S V (N is that S V)

　名詞の中には直後にその名詞の内容を説明する，いわゆる「同格の that 節」を置くことができるものがある。ただし，どんな名詞でも「同格の that 節」を続けられるわけではない。「同格の that 節」が使える主な名詞はだいたい次のような名詞に限られる。

① 「発言」の内容を説明するグループ

> assertion（主張），comment, news, promise, reason, remark, rumor, saying（ことわざ），statement, suggestion

② 「思考」の内容を説明するグループ

> belief, doubt, dream, faith（確信），feeling, hope, idea, impression（感じ），knowledge, notion（考え），opinion, thought

③ 「可能性」の内容を説明するグループ

> chance, possibility

④ 「特徴・長所・短所」の内容を説明するグループ

> characteristic, advantage, disadvantage

⑤ その他

> fact

> **注1**　以下の名詞に続く that 節は，厳密に言うとその内容を説明しているわけではないが，文法上は同格として扱われる。
>
> > proof（証拠），evidence（証拠），sign（兆候）
>
> たとえば proof that he stole it は「それを盗んだこと」が「証拠」なのではなく，「それを盗んだこと」の「証拠」，「それを盗んだこと」を証明する「証拠」のことである。

> **注2**　後に that 節をとる動詞の名詞形は，「同格の that 節」を続けられることが多いことは覚えておくとよい。

例 the *thought* that ...　　 (< I *think* that ...)
　　 the *belief* that ...　　　(< I *believe* that ...)

重要　上にあげた「同格の that 節」を続けられる名詞は，The *idea* is that S V ... のように [名詞] is that 節の構文でも使えるものが多い。ただし例外なく重複するわけではない。たとえば the ... thing is that S V のように，thing は [名詞] is that S V 構文をとれる名詞の 1 つであるが，一方で× ... *thing* that S V のように，「同格の that 節」をとれそうでとれない名詞の代表でもある。濫用しないよう注意 (以下の (a)，(b) を参照)。

(a) [名詞] is that 節の構文で使えても同格で使えない名詞の例

> answer, difference, joke, plan, secret, **thing** など

(b) 同格で使えるが，[名詞] is that 節 の構文では使えない名詞の例

> doubt, knowledge, saying など

補足　the [名詞] is that 節の慣用表現

　以下の表現は that 節の中身に話の焦点があるので，文頭の the [名詞] is that の部分は以下の訳例のように副詞的に軽く訳すほうがよい。

例 **The fact is that** we were divorced.　(実は…)
The truth is that she didn't want to see you.　(本当は…)
The trouble is that his mother is in the hospital.　(困ったことに…)
The point is that he didn't go there.　(問題は…)

●4.2　S be to do

　以下のような名詞は，主語に用いた名詞の具体的な内容を，be 動詞の後に to 不定詞を続けて表すことができる。

(a) 願望，目標，意図

> aim, ambition, desire, dream, goal, hope,
> intention, object, objective, plan, purpose, wish

(b) 方法，手段，仕事

> function, idea, job, method, policy, proposal, way, work

例 His **dream** was to give up his job and live in the country.

The **purpose** of our visit is to see our grandchildren.

The best **way** to see this country is to travel on foot.

注1 上にあげた名詞の中には，the を伴ったほうが自然なものと，one's（所有格）を伴ったほうが自然なものがある。

注2 way は頻繁に用いられるが注意が必要で，常に何らかの修飾語を伴って使われる。その際，The *best* [*easiest*] way is to do のように前に形容詞を置く形もあれば，the way *to do* とか the way *of doing*，the way (*that*) *SV* のような形で後置修飾される形もある。なお「－する方法」の意味の場合は way to do も way of doing も可能で，特に to do は今後とるべき，あるいはまだ実現できていない行動，of doing は一般論を述べる場合によく用いられる。なお，on the way（道中）here / the way（方法）to come here は way の意味が違うので，「ここに来る途中」は on the way here であって，× on the way *to come* here ではない。

●4.3 数えられない [不可算] 名詞

英語の名詞には数えられる [可算] 名詞と数えられない [不可算] 名詞がある。この区別はあくまで文法的なもので，実際に目で見て数えられるかどうかで判断するのは難しいものがたくさんある。

◆数えられない名詞（誤りやすいもの）

> advice, baggage, friction, fun, furniture, grass, homework, information, news, progress, software, weather, work（仕事）

◎数えられる名詞との具体的な違いは以下の通り。

数えられない名詞は，

① 不定冠詞 a，an や数詞をつけられない。

② 複数形がない。

③ many や few，a few で修飾できない。（a lot of は可）

注 なお，上にあげた名詞の中には意味によっては可算名詞になるものもある。

例 the **works** of Shakespeare（シェークスピアの作品）

347

APPENDIX

5. 動詞の用法

5.1 自動詞だと誤りやすい他動詞

（日本語につられて余計な前置詞をつけないよう注意：以下＝印の前置詞は不要）

address ~~to~~ the audience	聴衆に話しかける
answer ~~to~~ the question	その質問に答える
cf. the answer *to* your question	あなたの質問への回答
approach ~~to~~ the town	その町に近付く
attend ~~to~~ the meeting	その会議に出席する
cf. attend *to* his business	仕事に精を出す
contact ~~with~~ you	あなたと連絡を取る
enter ~~into~~ the room	その部屋に入る
cf. enter *into* negotiations with ...	…との交渉を始める
discuss ~~about~~ the matter	その件について話す
cf. talk *about* the matter	その件について話す
influence ~~on~~ children	子供に影響を与える
cf. have a great influence *on* ...	…に大きな影響を与える
marry ~~with~~ him	彼と結婚する
cf. be married *to* him	彼と結婚している
mention ~~about~~ the accident	その事故について触れる
obey ~~to~~ the doctor	医者（の言うこと）に従う
oppose ~~to~~ the plan	その計画に反対する
cf. be opposed *to* the war	その戦争に反対している
reach ~~to~~ the station	駅に着く
cf. arrive *at* the station	駅に着く
resemble ~~to~~ my father	父に似ている
visit ~~to~~ Kyoto	京都を訪れる
cf. pay a visit *to* a friend	友人を訪ねる

5.2 第4文型で使う主な動詞

bring *me* a glass of water	私に水を一杯持ってくる
buy *you* a cup of coffee	あなたにコーヒーをおごる
cost *me* ten dollars	10ドル費用がかかる
give *my wife* a present	妻にプレゼントをあげる

hand *her* a memo	彼女にメモを渡す
lend *him* my dictionary	彼に私の辞書を貸す
owe *him* a dollar	彼に1ドル借りがある
pass *me* the salt	塩を私に回す
read *them* fairy tales	彼らにおとぎ話を読んできかせる
save *us* a lot of time	私たちの多くの時間を節約する
send *him* a fax	彼にファックスを送る
show *me* your passport	私にあなたのパスポートを見せる
spare *me* a few minutes	私に数分割く
teach *us* history	私たちに歴史を教える
tell *my parents* the truth	両親に本当のことを話す
write *her* a letter	彼女に手紙を書く

●5.3 句動詞と目的語の位置

get up や take off のように，動詞の後に副詞や前置詞が添えられて1つのまとまった意味を表す熟語を「句動詞」と呼ぶ。句動詞には以下の①〜③のパターンがあるが，特に②，③のように目的語が置かれる場合，それを置く位置には十分注意する必要がある。これらには大きく分けて以下の3つのパターンがある。

① 自動詞＋副詞 …… 目的語は置かれない。

> 例　I usually **get up** at seven. / The plane **took off** on time.
> Fire **broke out** during the night.

② 他動詞＋副詞 …… 目的語は他動詞の目的語なので，副詞の前に置いても，後に置いてもよい。ただし，目的語が代名詞の場合は必ず副詞の前に置く。

> 例　I **turned** the light **off**. / I **turned off** the light.
> She's asleep. Don't **wake** *her* **up**.　注　wake up *her* は誤り。

③ 自動詞＋前置詞 …… 目的語は前置詞の目的語なので，たとえ代名詞でも，必ず前置詞の後に置く。

> 例　I'll be **wait**ing **for** *you*.
> He feels bad about his failure now, but he'll **get over** *it*.

注　get over ...（…を乗り切る［克服する］）の over は「…を越えて」という意味の前置詞なので，get *it over* とはならない。

● 6. その他

●6.1　限定詞

　名詞を修飾する語句には，その名詞の「性質」・「形状」などを表す純粋な形容詞の他に，その「定」・「不定」の区別や「数」・「量」の制限などを表す限定詞（determiner：決定詞あるいは限定辞ということもある）と呼ばれるものがあり，以下のような種類がある。

(a) 冠詞	a(n),　the
(b) 人称代名詞の所有格	my,　your,　his,　her,　its,　our,　their
(c) 指示形容詞	this,　these,　that,　those
(d) 不定系の形容詞など	some,　any,　no,　each,　every,　either

※この他に疑問形容詞（what, which），数詞（one, two, three ...）や all, both, half, such なども特殊な限定詞として扱うことがある。

●これらの限定詞の使用に際しては，以下のことに注意を要する。

① (a) ～ (d) の限定詞は，1つの名詞に2つ以上重ねて使うことができない。

　　例　× *this my* book,　× *a my* house

　注1　もし「この私の本」と表現したければ，this book *of mine* のように言う。

　注2　「今日の新聞」を学生に英語で書いてもらうと「特定の新聞だから」といって the をつけて× the today's paper と書く誤りをよくおかす。この場合，paper という名詞に，the と today's という2つの限定詞が同時に使ってあるので誤りで，the は付けてはならない。ただし，一見同じような形でも the boy's house（その少年の家）は正しいが，その理由がわかるだろうか？ この場合，最初の the は house ではなく boy にかかっており，the boy 全体が所有格になって house という名詞にかかっているので問題はないのである。

② all, both, half は the, 及び上記 (b), (c) の語の前に置く。

　　例　*all those* people,　*both his* parents,　*half the* apple

③「数詞［数量形容詞］」と「一般の形容詞」を同時に用いる時は，必ず「前者→後者」の順序で用い，限定詞はそれらの前に置く（➡ p.342 3.7）。

　　例　*two old* books,　*the three little* pigs

④ 序数詞, the next, the last は，通例，数詞の前に置く。

　　例　*the first two* chapters,　*the next three* weeks

●6.2 語順に注意する表現

1) **such** / **what** ＋ a / an ＋〔形容詞〕＋〔単数名詞〕

　　例　It was **such** a shock. / **What** a beautiful garden!

　　また，複数名詞や不可算名詞を用いることもでき，その場合，当然 a / an は用いない。

　　例　**What** nice people they were!

　　　　It's **such** fine weather.

2) **too** / **as** / **how** / **so** ＋〔形容詞〕＋ a / an ＋〔単数名詞〕

　① この場合，名詞は可算名詞の単数形が原則。

　　例　a *heavy* stone　　　　→ This is **too** *heavy* a stone to lift.

　　　　a *good* singer　　　　→ He is **as** *good* a singer as his father.

　　　　in a *short* time　　　　→ in **so** *short* a time

　　　　　（such を用いるなら in **such** a *short* time となる）

　② ただし，形容詞が many や few，much や little など数量形容詞の場合は不可算名詞や複数名詞とも使える。

　　例　Mary spent **so** *much money* on clothes that she had little money left.

　　　　Too *many cooks* spoil the broth.

　③ なお，quite，rather という副詞も a / an の前に置かれることがある。

　　例　They had to wait **quite** a long time.

　　　　It was **rather** a nice present. / It was a **rather** nice present.

　　注　2007 年に東大で出題された，会話文の要点をまとめる自由英作の問題（➡ p.203）を解いてもらうと，「難しすぎる英語を聴く」という意味の英語を書こうとして×*listen to too difficult English* とする学生が多い。しかしこれは上のルールに違反するので誤りである。もし「難しすぎる英語を聴く」と書きたければ，たとえば listen to English which is too difficult のように書かなければならない。

6.3　助動詞 have p.p.

① **will have p.p.** は「(…までに) ーしてしまっているだろう」という未来完了形を作るのに用いられる。

例　He *will have finished* the job by noon.

② 過去のことに対する推量や後悔などを表す。

・**cannot [couldn't] have p.p.** 「ーしたはずがない」

例　He *can't have eaten* all those cakes.

You *couldn't have seen* Bob this morning. He is in Australia now.

・**may [might] have p.p.** 「ーしたかもしれない」

例　I don't know where it is. I *may have thrown* it away.

・**must have p.p.** 「ーしたに違いない」

例　This movie seems very familiar. I *must have seen* it before.

・**need not have p.p.** 「ーする必要はなかったのに (実際はーした)」

例　We *need not have ordered* so much beer. No one has drunk any (of it).

・**should have p.p.** 「ーすべきであったのに (実際はーしなかった)」

例　You *should have been* more careful.

・**should not have p.p.** 「ーすべきでなかったのに (実際はーした)」

例　You *shouldn't have said* a thing like that.

注　上の②と形は同じでも，have p.p. の部分が「完了」の意味を表している場合がある。この場合は過去のこととは限らない。

例　He *should have arrived* by this time.

By tomorrow I *might have changed* my mind.

東大英作の徹底研究

著　　　者	山口　紹
発　行　者	山﨑　良子
印刷・製本	株式会社日本制作センター
ＤＴＰ組版	杉浦　理香

発　行　所　駿台文庫株式会社
〒101-0062　東京都千代田区神田駿河台1-7-4
小畑ビル内
TEL.編集　03(5259)3302
販売　03(5259)3301
《③ − 352pp.》

©Tasuku Yamaguchi 2013
落丁・乱丁がございましたら，送料小社負担にてお取
り替えいたします。
ISBN978-4-7961-1084-6　　Printed in Japan

駿台文庫 Web サイト
https://www.sundaibunko.jp